北洋军阀（二）

溃败灭亡

毕泽宇 等◎著 蔡登山◎主编

当代中国出版社
Contemporary China Publishing House

2018 年 · 北京

版权合同登记号　图字：01-2017-1928

图书在版编目(CIP)数据

北洋军阀．二，溃败灭亡 / 毕泽宇等著；蔡登山主编．-- 北京：当代中国出版社，2018.11
ISBN 978-7-5154-0885-9

Ⅰ．①北…　Ⅱ．①毕…　①蔡…　Ⅲ．①北洋军阀史　Ⅳ．① K258.2

中国版本图书馆 CIP 数据核字（2018）第 255804 号

出 版 人　曹宏举
策划编辑　隋　聃
责任编辑　隋　聃
责任校对　康　莹
装帧设计　胡椒设计
出版发行　当代中国出版社
地　　址　北京市地安门西大街旌勇里 8 号
网　　址　http://www.ddzg.net　邮箱：ddzgcbs@sina.com
邮政编码　100009
编 辑 部　（010）66572264　66572154　66572132　66572180
市 场 部　（010）66572281　66572161　66572157　83221785
印　　刷　北京润田金辉印刷有限公司
开　　本　720 毫米 × 1020 毫米　1/16
印　　张　20.5 印张　1 插页　280 千字
版　　次　2018 年 11 月第 1 版
印　　次　2018 年 11 月第 1 次印刷
定　　价　59.00 元

目录

001 【导读】北洋军阀的倏兴与倏灭 / 蔡登山

001 从褚玉璞、毕庶澄说到靳云鹗 / 鲁　柴
010 韩复榘与冯玉祥 / 王念康
030 韩复榘脱离冯玉祥的前因后果 / 江　平
043 冯玉祥抽后腿·吴佩孚摔得惨 / 老随员
067 吴佩孚凭通电成霸业经过 / 中州散人
077 吴佩孚兵败入川记 / 李　寰
081 又谈吴佩孚 / 章君穀
092 我随吴大帅入川 / 毕泽宇
101 吴玉帅游川 / 杨　森
108 吴佩孚得全晚节内幕谈 / 星　卢
127 将军与诗人 / 王培尧
——吴佩孚、杨云史遇合悲欢
190 郭松龄倒戈之失败及其影响 / 王盛涛
196 张作霖、曹锟亲家变冤家记 / 朱冠文

213 张作霖被炸殒命经纬 / 赵庆升
222 民初东北第二号人物吴俊升 / 帘外风
232 张少帅为什么要杀杨宇霆? / 金人俊
239 北洋官场现形记最后一幕 / 薛观澜
265 北洋成败纵横谈 / 射陵外史

【导读】北洋军阀的倏兴与倏灭

蔡登山

谈到“北洋”这名词，它和“南洋”是相对称的。在清同治五年（一八六六），加两江总督（辖今江苏、安徽、江西，驻节南京）以五口通商事务，授为南洋通商大臣；而在同治九年（一八七〇），又加直隶总督（辖今河北，兼巡抚，驻天津，冬季封河，移驻保定）以三口通商事务，授为北洋通商大臣。这是“北洋”和“南洋”名称的开始。

一八九五年十月，袁世凯奉命于小站练兵，所用将校人员，一部分为淮军宿将，一部分是天津武备学堂毕业生。除首领袁世凯外，当年的小站旧人几乎囊括了后来北洋军阀中的重要人物，如“北洋三杰”：王士珍、段祺瑞、冯国璋；后来担任各省督军或巡阅使的“李纯、曹锟、吴佩孚、王占元、陈光远、段芝贵、倪嗣冲、陆建章、张怀芝、张敬尧、田中玉、卢永祥、齐燮元、孙传芳”等。就连闹复辟的张勋，也曾一度投身小站，而小兵出身的冯玉祥，还有孙岳等革命党，当年也都是袁世凯部队出身的。除了一干武人之外，袁世凯还在日后的升迁中笼络了一批文臣，如徐世昌、朱家宝、周自齐、梁士诒、曹汝霖、陆宗舆、王揖唐等，这些人也随着北洋系势力的消长而浮沉，并在清末民初的政治舞台上显赫一时。民国以来的“北洋军阀”，大抵孕育于此时。

后来，袁世凯继李鸿章之后做过直隶总督，也就是北洋大臣，而他自己又有一支当时最有力量的军队，因此他的这支军队就被称为北洋军。北洋时代是中国近代史上的一个重要阶段，也就是指民国初年（一九一二）

到民国十七年（一九二八）。袁世凯在世时，北洋派是完整的，也可以说就是袁世凯派，袁死后，则各自称雄，谁也不肯服谁，于是形成了分裂，皖系、直系之名才告出现。直皖战后，奉系又露头角，直、奉战后，国民军系脱颖而出，加上所谓鲁系、新直系、辫子军等，真是你方唱罢我登场，像走马灯一样，一幕接一幕。

皖系以段祺瑞为领袖，徐树铮、曾毓隽为谋主；直系比皖系复杂，因为它分为前后两个阶段：前一阶段的直系是以冯国璋为领袖，曹锟、李纯、王占元、陈光远为著名巨头。冯国璋交卸代总统职务后，他的直系领袖身份也告结束，从此直系的正戏开场，主角是曹锟和吴佩孚。直系衰落后，还有所谓的新直系，是指的孙传芳。奉系自始至终都以张作霖为领袖。国民军系又称西北军系，也就是冯玉祥系。鲁系（又称直鲁军系）的成立，是北洋军阀的尾声，是指直隶督办李景林和山东督办张宗昌的联合；可是国民军系被击败后，这支直鲁联军却以张宗昌为主体。

北洋时代军人干政，军人窃国，祸国殃民。《北洋军阀（一）：雄霸一方》收集许多北洋旧人如薛观澜、薛大可、李北涛等人的直接观察，有许多不为人知的秘辛。另外，江平的《冯玉祥杀害徐树铮的原因和经过》一文，为此事件抽丝剥茧，逼近真相。金典戎的《我与冯玉祥的一段渊源》，则对冯玉祥在泰山时期又有贴身的观察。朱家桥的《曹锟贿选丑闻》一文，则对于曹锟贿选总统的经过有极其详细的描述，引用当时的电文、当时北京的报纸报道，是不可多得的史料。历史的真相常在细节中，由于有这些细节，我们才能更看清一些真相。

北洋军阀十七年中，表里万端，变化百出。冯玉祥以倒戈将军出名，开始他以一个混成旅长驻防湖北，通电反对段祺瑞；这是第一次倒段合肥之戈。民国四年（一九一五）他驻防成都，反对陈宧将军，这是第二次倒四川将军之戈。民国十三年（一九二四）二次直奉战，他受张作霖收买，回师北京，囚禁总统曹锟于延庆楼，以致直军大败；这是第三次倒曹、吴之戈。民国十四年（一九二五）他密令驻廊坊旅长张之江，劫杀合肥亲信徐树铮，并在北京威胁段执政下野；这是第四次又倒合肥之戈。至于与阎锡山合作，搞起中原大战；这算是第五次倒国民政府蒋主席之戈。不过他没料到自己会死于黑海之中，所以机变多者，终死于机变。

大抵吴佩孚之成功，皆能于险中求胜。是以哀兵愤兵，一鼓作气而得之。幸其所遇之敌，初为皖系之骄兵，此次又为奉张之惰兵。但他于胜果，未能多加计虑而善为运用，是以徒能耀彩于一时，而不克收成于久远。他于二次奉直战争丧败之余，力持不入租界之矢言。初则遵海而南，继则溯江西上，犹复徘徊郑洛，栖迟鸡公山，小住黄冈，托庇岳阳，以迨汉口查家墩之复出；其辗转奔投之经过，与坚毅硬干之精神，实非历来下野人物所能望其项背！

北洋政局，前后十七年间，自总统、国会、内阁，以至大军阀之起伏、小军阀之升沉；如戏剧之一幕一幕、如弈棋之一局一局；或由于派系战争之胜负、或由于依附势力之消长，倏兴倏灭，遂演成这一期间动乱之历史。《北洋军阀（二）：溃败灭亡》一书正见证这段历史。

从褚玉璞、毕庶澄说到靳云鹗

鲁 柴

自清末剿平捻军后，山东省历任之军政首长，都采保境安民、休养生息的政策，使此盐铁之邦，平安无事达三十余年。入民国后，虽有日本假道攻青岛之役，但仅胶东一隅短期内受到骚扰。这安康局面直到民国十四年（一九二五）张宗昌督鲁而大变，山东以一省之财力，养二三十万大军，多次作战，使鲁人苦不堪言。

投效张宗昌得任军长

张宗昌部下的高级将领褚玉璞、毕庶澄、程国瑞、许锟、王栋，均山东人而为祸桑梓；“庆父不除，鲁难未已”，这是斯时山东人攻张之口号。关于张宗昌之趣事，散见于报章杂记者已多，兹将助桀为虐之褚玉璞、毕庶澄二人之荒唐事，概述于后。

褚玉璞（字蕴山）山东省汶上县人，家贫，以推小车营生，一度在徐州火车站做脚夫，虽可糊口，唯赡家则不足，后与乡人结伴赴东北，结识了张宗昌。

毕庶澄（字琴舫）山东省文登县人，家距石岛渔港（该港早即有电灯公司）不远，户大人众。滨海居民，多以打渔为业，不愿终身做渔夫的青年，或从军（海军较多），或由烟台渡渤海去关外（山东人呼东北为关外或关东，指山海关之外）谋生，毕庶澄亦渡海赴关东，但不肆力于垦殖，而加入张宗昌集团，干起打家劫舍的勾当。

张宗昌于民初在江西被陈光远缴械，解散其众，张只身逃往上海，后以刺陈其美（英士）案，不能留沪，往投吴佩孚，未被录用，仍返东北投效张作霖。当第一次直奉战争，张作霖败退关外，整军经武，以张宗昌能收罗绿林英豪及白俄难民，委为别动队司令。民国十三年（一九二四）秋，直奉第二次战争，吴佩孚一败涂地，奉军李景林、张宗昌分别由喜峰口、冷口先入长城以内，论功行赏，所以李督直、张督鲁。张宗昌并乘机收编吴之残部，得数万人。褚玉璞、毕庶澄竟得出任军长。

踌躇满志一身兼八职

一九二五年春，张宗昌率褚、毕二部人马护卫卢永祥（子嘉、山东济阳人，属皖系，江浙战争时下台）逐苏督齐燮元，褚留南京，毕随张到上海。

褚玉璞驻南京下关某大旅社楼上，秘书、副官、马弁等驻楼下。有陈元复（伯初）君，安徽舒城人，北京大学毕业，乃笔者中学同学，原驻该旅社楼上，被驱往对门之小客栈中。一天，褚接张电，适秘书外出无法译电，副官报告："对门客栈有一位大学生能译。"褚立命邀请，当陈君译妥电文，褚因不识字，再烦告知内容并请代复，相谈甚欢，面约陈君出任军部秘书。褚氏以后继李景林为直隶督办，陈君一度任秘书长，惜染鸦片嗜好，北伐成功后，褚死于烟台，陈氏潦倒，客死天津。

迨奉军南下，姜登选督安徽，杨宇霆督江苏，邢士廉驻淞沪，褚玉璞乃返济南代张宗昌坐镇。一九二五年秋，孙传芳在苏皖边境举行秋操，志在驱逐奉军。张学良、杨宇霆突到上海挽张宗昌一同北去，奉军放弃沪苏皖地盘，退驻冀东，而命张宗昌返济南，褚玉璞则率部到徐州布防，毕庶澄坐镇青岛。斯时，毕氏身兼八职：一、胶澳督办；二、青岛市长；三、渤海舰队司令；四、第八军军长；五、胶济铁路护路司令（六、七、八已忘记）；衣锦荣归，踌躇满志！

一九二六年夏，张宗昌率褚玉璞组直鲁联军入北京，发表褚为直隶督办。

驻军上海长住温柔乡

到了一九二七年春，在苏浙的孙传芳被国民革命军一举击溃，孙氏只身逃往北京，面谒张作霖，作秦庭之哭，直鲁联军奉令南下，褚玉璞驻南京，毕庶澄率渤海舰队及第八军驻上海。褚玉璞部被贺耀祖、程潜部队攻击，未坚守南京，即撤军北去，毕部亦奉令撤退。

毕庶澄在上海，因与长三堂子名妓富春楼老六结露水之缘，竟忘身在前线，流连香闺，不知人间何世！致大军无主。其参谋长冯象鼎，河北省人，日本士官生，与国民革命军中之若干高级将领，为留日同学，早有意献身革命阵营，经取得毕氏同意，向国民革命军代洽投诚，改编为国民革命军第四十一军，毕为军长，冯为副军长，因此毕部安心留沪，不战亦不撤。

后来，毕部受共产党与驻淞沪之二十二师攻击而溃败，毕庶澄连夜逃上渤海舰艇驶返青岛。

赴济南被捕立即枪决

张宗昌在徐州闻毕庶澄返青岛，惧他引导革命军由青岛入鲁，立与由南京撤退之褚玉璞会商，由褚遄返济南，假张宗昌名义召集军事会议。毕奉电令，考虑至再，认为陆军虽失而舰队完整，虽受处罚，谅无死罪，并商诸胶济铁路警务处长马龙标（与张、褚等均绿林出身）偕同赴济南，褚玉璞到车站欢迎，偕赴西关何宗莲将军寓（何系兖州镇守使何丰钰之父，淞沪护军使何丰林之叔），欢宴后，毕、马两人均下榻何公馆。深夜，忽报张督办电话请毕氏接听，毕在蒙眬中一跃而起，趋邻室接听电话。刚入室，身后有人以枪抵心，饬勿动，立加手铐，牵至户外荒地立即处死。同来之马龙标亦照样被处死。

褚玉璞与毕同一命运

一九二八年秋，笔者到北京，奉派至公安局工作，一九二九年阴历元旦后，偕好友王德钧（子美）赴天津访王揖唐。某夜，王及夫人邀约我们同往天津中原商场看京剧，在座尚有周秀文（国会议员、张宗昌督鲁时之东海关监督）。剧未终，周君先退，夜亦未归，第二天下午周君返言："齐燮元等直系之失意军人，鼓动褚玉璞赴烟台游说刘珍年（河北省南宫县人、保定九期，原任张宗昌部方永昌军之参谋长，逐方而盘踞胶东十余县。此时刘珍年早已接受国民革命军第二十一师师长职，师部设于烟台东海关监督公署内）。褚玉璞到达烟台，刘氏欢宴之于师部，酒醉饭饱之余，褚氏道明来意，劝刘接受日本人[①]之支援，循胶济铁路入济南，举兵反抗国民革命军。刘不同意，当夜即将褚氏处死于师部内之后院，用麻袋装尸抛入海中。"

笔者于一九三二年春到烟台视察电灯公司，时值周秀文乡长复任东海关监督，邀驻公署内，谈及褚氏到烟台说刘经过，并指告处死地点，使我亮着百支烛光电灯，一夜不敢入睡。

张宗昌、褚玉璞、毕庶澄均鲁籍军阀，祸鲁三载余，造了无数罪孽，结果，均在鲁境饮弹身亡，这也可以说是报应循环也。

拥戴吴佩孚屡立战功

写罢褚、毕两人横死经过，意犹未尽，下面再谈直系军阀靳云鹗的若

① 斯时日本福田师团占青岛、济南及胶济铁路沿线各县镇。

干趣史。

靳云鹗字荐青，山东济宁人，民国七年秋即任北洋政府驻河南郑州第八混成旅旅长，其所部前身，系由前北洋陆军第三镇第九标统带徐占凤所辖而改编者，向称精锐。民国八年冯玉祥率军入开封，驱赵倜，杀宝德全。因扩张其实力，遂将第八混成旅升编为第四师，靳氏仍任师长。

靳云鹗一向拥戴吴佩孚，屡立战功。迨至民国十五年国民革命军北伐，一路势如破竹，吴由湘鄂节节退守河南，与革命军在武胜关成胶着状态。时吴佩孚驻节郑州，号令不行，环境极劣，张作霖乘机率其所部安国军入豫，外借助吴之名，实行攫夺之计。河南督军寇英杰主张联奉，靳则力主反奉。遂团结在豫各军，成立河南保卫军，推靳氏任总司令，设总部于漯河，并南联武汉以为犄角之势。未几奉军渡过黄河，靳率部北上，迭与奉军激战于许昌、漯河之间。不料所部将领高汝桐阵亡、刘培绪被虏，以致锐气尽挫，不可收拾！吴佩孚见大势已去，沿汉入川。靳氏残部旋被冯玉祥解决，靳则东遁入皖，至艾城招集残众，意图再举。讵行至禹城，又被韩复榘缴械，遂一蹶不振。

河南居天下之中，为用武必争之地。郑州至武胜关一带地区，是河南的心脏要津，靳云鹗队伍驻防此地达数年之久，兵精将悍，虽实力有限，亦足以称雄争霸。杜甫诗云："奇兵不在众，万骑救中原。"可见兵在精不在多，自古已然；不然的话，在北洋军阀中以靳云鹗的地位来说，实无一谈的价值。

接任鸡公山工程局长

要谈靳云鹗，就要先提笔者认识靳氏的经过。我曾亲眼看到他平日生活与处世情形，择其较有趣味者略述一二。

民初那几年河南省长张凤台腐化无能，督办冯玉祥凶悍骄横，在此一段灰暗时期，令人失望。我当时还是一个二十余岁的青年，认为河南已无法再行留恋，遂离豫赴北京。不料所谋皆不成，逋负日增，形神俱瘁，对宦情益淡，心如槁灰，适有挚友魏君由开封来访，谈及河南鸡公山工程局某局长因忤犯靳氏已被撤职软禁，而当时交涉署谢署长获知北京国务院郭秘书长系我之近亲，时国务院总理靳云鹏又为靳云鹗之胞兄，意欲邀我接任工程局长，借以缓和情势。我在百无聊赖中，欣然接受，应约而往，并带舍亲介绍函晋谒靳氏。靳云鹗和我一见面，谈得颇投机，话匣打开，便长篇大论地说道："该局前任局长被人控告贪污，非撤换不可。其腐败情形，不可胜数。如鸡公山上不添种树木，路坏了也不检修，路灯也不装设，入夜满山黑漆漆、对面不见人，只知偷工减料、拼命赚钱，必须大大整顿。你要知道，鸡公山为避暑胜地，每年炎夏中外人士来此旅居者极多，观瞻所系，应加注意。"

靳氏连说带训的说了一大套，即当面指派我继任局长，并嘱我以后只要肯尽力办事，遇有困难他绝对做我的后盾，全力支持。我自接事后，赶拟计划，筹措经费，虽困难重重，均能一一克服。种树、修路、装灯等均次第完成，因此靳氏对我印象极佳。

袁世凯笼络人手段高

当时靳氏司令部秘书兼军法处长某君适为我之旧同学，不久某君随靳氏来鸡公山小住。靳在山上建有别墅，于是我与某君二人早餐都是靳氏座上客。他高卧烟榻之上，问这问那，无话不谈。最奇者靳氏竟问及我国农历二十四节气每节气定名的意义？及前清知县起至总督止出衙门起轿前的一对大锣敲几下？过桥又打几下？出城须打几下？虽然都是无关紧要的问题，可是要解答确是很不容易的。有时谈起袁世凯，靳氏说：有一次老袁叫他办事，去辞行时，袁问此行需款多少？就答以需要多少。袁说此数不够不够，所给的出差费用出乎他意料之多。老袁并说无钱不能办事，尽管使用不要节省，可是生命重要，千万不可冒险行事，将来国家借重你的地方多得很云云。足见袁世凯笼络人的手腕之一斑。

军阀杀人凭个人喜怒

靳氏批阅公文常在晚间鸦片瘾过足之后，口含香烟，目光炯炯，踞案而坐，我的同学某君则坐在左边，将本日应行处理之军法案件一一递给他看，他略为过目，不假思索，就予批示：罪重者斩决（杀头）；其次者枪毙；情节轻微者陪绑（与执行死刑人犯同时上绑，押往刑场看行刑后仍解回司令部）。事前并不告知，虽幸不死，亦足以使你吓得魂飞胆落。

靳氏批示公文常有错误或者小题大做，每由同学某君婉转向之解释，请他改批，如遇情绪不好，往往偏执己见、一意孤行。兹举一事以作佐证：

有一青年冒充十四师军人（即靳氏所辖部队），带人不购票乘搭平汉铁路火车，被宪兵查出，捕获解送司令部，靳氏以事关军誉，非判死刑不可。但军法处长某君认为应予从轻发落，责打后交地方官处理。唯靳意坚决。执行之日，这青年对监刑官说："我因家贫无力奉养老母，所以做此不法勾当，身上存有百元，请转交我母收用，则感恩不尽。"行刑后靳闻知此情，对某君说："我办错了！原来此人乃是孝子，死者不能复生，我另给五百元与他老母好了。"当时军阀多以喜怒为刑赏，能如靳氏承认错误者尚不多见。

团长糊里糊涂被杀头

靳氏自称河南保卫军，并设司令部于漯河。此时奉军当其前，革命军蹑于后，冯玉祥又从中掣肘，四面楚歌，情绪愈益暴躁，以杀戮泄愤，无辜被害者不计其数。民国十五年农历正月初四日晨，我在郾城十四师司令部，见由舞阳县来司令部的一位团长，服装齐整，春风满面，向我们拱手贺年。约过半小时，靳氏突升坐大堂，传此团长审问，简单地只问了几句话就退堂了，洪副官长气喘吁吁地跑到参谋处说这家伙通敌有据，总司令要他的脑袋。不多时武卫团卫士十余人上前，不问皂白，对此团长先打几记耳光，接着拉开纽扣，撕破上衣，并用粗绳五花大绑，另有两人挟他左右臂，拳打脚踢，推的推，拉的拉，到了车站广场，令他跪下，早有在刑场等候的执刑人手起刀落，顷刻身首异处，血如泉涌，流溢满地。有几个士兵把所预备的馒头，就在血泊中乱蘸，据说此物可治噎食病，真奇事也。事后与卫士谈起行刑之前，对付犯人何以要连打带骂？据说犯人受到这种辱骂、痛楚、威胁，刺激他的脑筋，在此杂乱非常当中，昏头昏脑的犯人就很容易被制服；倘不如是，或会发生其他的麻烦。

我有一次随靳氏由鸡公山至郑州，路过漯河，靳氏下车查防，有一士兵不知靳氏是他的最高长官，未向靳敬礼，靳乃大怒，立召营长面斥并记大过，由营按级处罚，足见他训练部属之严。

肯注重文化总算难得

记得民国十二年九月某日，靳氏的副官来到鸡公山工程局，对我说："警察局长、公益会长都已齐集将军别墅，将军请你即去，有事面谈。"我即随之前往。靳氏正在抽鸦片，见到我欣欣然有喜色，做手势请我坐。有顷，靳说："此次巡防路过新郑县，据县知事姚延锦报告：八月二十五日当地绅士李锐在园中凿井灌溉，掘地三丈余，发现古器，得大鼎一、中鼎二，正在继续发掘，但为县府禁止，我（靳自称）得报即派员告知李锐，以此项先代文物，允宜归为公有，李已遵从。我又派工兵协助开掘并监视。"

靳又对我说："你是世家，对于古物定有研究，我带回了五件请你鉴别。"

我见靳氏所携回者，有铜器三件、瓦器二件。记得该次发掘事一直到十月十七日才结束，其中以铜器最多，皆宗庙祭品，兽牙碎骨次之，瓦器贝货亦有三百余件，玉玦五件。近世发现在学术上最有贡献者，殷墟卜文与正始石经之外，即新郑出土之古器为最著，其贵重可知。虽经王国维考证、关伯益解释，引经据史，中多模棱疑似之语，尚难采信。靳氏虽为武夫，曾自著《新郑古器图志》一书，只详其款识尺度，不作考证，非常得体。靳为一军阀，竟能如是注重我国文化，总算难得！

戒除烟瘾经营铁工厂

靳氏好莳花种竹，他别墅内满园花木，美不胜收。他居楼上，楼下是卫士住所。靳氏如准备下楼，随从副官即按电铃，楼下卫士们立刻排队等待，靳氏至何处，均跟随左右。有一日，靳约我同去赏菊，前呼后拥，警卫森严。他说鸡公山风景绝佳，古人所说："采菊东篱下，悠然见南山。"这两句诗就是为我们现在的意景写照了。可惜跟着许多人，实在有点煞风景。靳氏的案头及办公室里一本书都没有，可是说起话来倒还儒雅。

某次因逢湖北督军萧耀南生日，河南督军张福来上山与靳氏同往武昌拜寿，警察局长欧阳君递了一本折略（报告），将鸡公山上情形写得详详细细，事前不让我们知道，等到大家谒见张督军福来时，欧阳局长先将折子面递与张，张是行伍出身，不识字，接着折子，面作苦笑，口说我眼睛不好，随即大呼一声："来啊！把我眼镜拿来。"随从副官便立正答一声"喳！"张又说："你折子写得太长，让我带回去详细看吧。"官场中怪现象往往弄巧成拙，此之谓也。

自民国元年至十一年，各省兵变及内乱战役，据统计达一百七十九次之多。我生不辰，遭此乱世。"九一八"事变后，有一日在北京西山饭店邂逅靳氏，他告诉我：鸦片瘾已戒除了，现在山东经营铁工厂。并约我到鲁一游，当年的富贵患难，已告烟消云散，回首前尘，不禁有隔世之感。

韩复榘与冯玉祥

王念康

永平秋操实弹革命

韩复榘少年时期在家乡闯了祸，连夜逃离家乡，千里迢迢跑到关外去从了军，在清军第二十镇当上了一名二等兵。

当年二十镇（师）的统制官是张绍曾，参谋长刘子清，第四十协（旅）协统潘承楹、第八十标（团）标统范国璋，第三营管带，便是韩复榘的老长官冯玉祥。

从军后，韩复榘和张绍棠便被送到关外新民府，二十镇的驻防之区，方才抵达，便开始了十分严格的训练。因为宣统三年辛亥（一九一一）八月，二十镇就要参加永平秋操了。永平秋操系在直隶永平府举行，永平府包括河北卢龙、迁安、抚宁、昌黎、乐亭、临榆六个县，和一个滦州，恰好在山海关以内，府治设在卢龙，民国以后即告废去。[①] 以光绪皇帝的胞弟——贝勒载涛为大元帅。东军总统官冯国璋，副总统官第六镇统制吴禄贞，第二十镇统制张绍曾。西军总统官舒鸿阿，副总统官哈汉章和田献章。最妙的是，清廷举办这一次大演习，连双方胜负谁属，进退日程，全都在事前安排好了。由于西军统帅是满人，东军统帅是汉人，所以清廷硬性规定：八月十九日东、西二军开操，十九日满人的西军先败，退守石

① 按照清廷的预定计划，永平秋操分为东西二军。

夫寺庄。二十一日西军再受挫，退保古冶。二十三日满人的西军便转败为胜，汉人的东军直退坨子头、柏树庄。二十四、五、六日议和，二十七、八两日阅兵，二十九日宴会、罢操。

清廷规定西军胜而东军败，用意在于显示满人强而汉人弱，借以耀武扬威，镇压革命。可是，汉人的东军之中却有许多激进的革命分子。他们正在酝酿一项秘密计划。那便是在秋操时全军官兵一律装上实弹。不但不理清廷的预定胜败计划，而且他们要痛歼清军，实施武装革命，一鼓作气打进北京皇城去！

韩复榘穷途末路去投军，算是给他赶上了一场大热闹啦。

利用秋操武装革命的秘密计划，系由二十镇的革命同志，和第六镇统制、同盟会会员吴禄贞，和另一位同盟会会员第二混成协（混成旅）协统蓝天蔚所共同筹商决定。很可惜的，由于事机不密，终被清廷所发觉。于是立即采取紧急措施，用釜底抽薪之计，决定不使吴禄贞的第六镇官兵参加。二十镇呢，则以第七十八、七十九两个标的官兵为主体，并且选拔标（团）级以上军官，参与其中，合编为一个混成协。换言之，便是由一个师的人马，削减为两个团。

然而，凑巧之至，第七十八、七十九两标官兵之中，偏偏革命分子最多，连二等兵韩复榘、张绍棠都受了感染，成为革命分子，他们的顶头上司：八十标第三营管带冯玉祥，却更是革命分子的中坚人物，身为军中秘密革命团体武学研究会的幕后主持人。还有七十九标第一营营副王金铭，第二营营长施从云这两位更是往后不久滦州起义失败，被清吏逮捕斩首的辛亥年革命先烈，韩复榘和张绍棠，也就成为了武学会中的会员。

乍出关，到新民府，受过一个短时期严酷的训练，二等兵韩复榘又要随同二十镇八十标三营开拔，从新民府坐火车到滦州，参加永平秋操。然而，临到火车升火待发之时，时在宣统三年阴历八月十九日，公历一九一一年十月十日，蓦地消息传来，辛亥革命、武昌起义。清廷登时吓慌了手脚，下令续发部队立刻停止行进。冯玉祥和他的那一营官兵又下火车，被截留了下来。第七十九标王金铭、施从云和张建功的三个营，却由于是先头部队，已经到达滦州了。

冯玉祥在沈阳参加过了东三省总督赵尔巽所召开的紧急会议，被巡防营五路统领张作霖，用毛巾包了一颗伪炸弹，把在场力主独立易帜的革命分子全给唬住了。赵尔巽有张作霖保驾，悍然决定“保境安民”，使东三省独立化为泡影。

此时，清廷竭尽全力，分化并且消灭北方革命党的力量。第六镇统制官吴禄贞在石家庄遇刺身亡。二十镇统制官张绍曾调任有名无实的长江巡阅使。第六镇归于反革命派掌握，第二十镇官兵则被东调西遣，整得四分五散。韩复榘所属的第八十标被调到山海关内的海阳镇，防范革命军登陆。八十标的第一营王石清部居右，第二营郑金声部在左，第三营冯玉祥部派在中央后方，充作预备队，韩复榘乃是其中的一名小兵。

王怀庆狡计脱重围

冯玉祥一到海阳镇，王金铭便自滦州夤夜来访，商定滦州和海阳镇在烟台民军登陆秦皇岛时一致响应，占领山海关，分向奉天（沈阳）和北京进击的革命方针大计。可是，当王金铭回到滦州准备积极部署，革命同志白雅雨却先已自天津赶到，他因为南北和议行将破裂，革命军情势危殆万分，于是急于发动华北起义，遥为南方革命军声援，同时有以震慑安居北京的清廷。所以他一到滦州便虚张声势，大肆宣传。王金铭、罗玉祥他们的行动犹待保密，白雅雨和滦州同志们却在滦州街巷遍贴起义文告，公开声讨清廷。因而使乍回滦州的王金铭大惊失色，手足无措。终以形势无可挽回，乃有滦州师范学堂召开紧急会议，会中一致主张破釜沉舟，立即起义。

于是，十一月十二日，滦州宣布成立北洋军政府，宣布独立，以王金铭为大都督，施从云为总司令，白雅雨为参谋长。当晚联名发出通电，全体主张共和。

檄文发布后，清廷为之大震。那时候袁世凯已经由清廷开复起用，到了北京。他知道通永镇守使王怀庆和王金铭的哥哥王金镜、施从云的哥哥施从滨，拜过把子，是结义兄弟，就派他到滦州去疏导抚慰，企图利用私人感情，使王施二人打消起义独立之举。王怀庆奉命以后，轻车简从，直到滦州军营。王金铭、施从云念在旧谊，倒也亲自出迎。可是王怀庆见了施王二人，劈头一句就说："你们做得不对，不该这么乱来！"

王金铭却哈哈大笑地回答他说："王大哥，您来得正好，正好帮着咱们干。我已经向同志们宣布过了，把我的大都督让给您。您不干也得干，否则，您休想走得了。"

施王二人把王怀庆让到办公室里，办公室里已经聚有许多革命同志。他们见到了王怀庆，立刻将他团团的围住，争先恐后，慷慨激昂地陈说利害，晓以大义。可是狡狯成性的王怀庆却始终置若罔闻，缄口不语。这时候，便恼怒了一名排长张振甲，霍地拔出手枪来，顶住王怀庆的胸口，高声说道："你要不干，咱就开枪！"

王怀庆的脸色顿时就变了，他扮上了笑脸，向在场的革命同志说："既蒙列位抬爱。我也只有勉为其难，追随各位，干一场轰轰烈烈的事业！"

同志们信以为真，不虞有诈，听了王怀庆的话，马上就爆起了热烈的欢呼："王大都督万岁！""走！咱们都进城去，拥护王大都督，登台拜将，宣誓就职！"

革命同志们簇拥着王怀庆，走到军营门口，军官骑马，目兵徒步，组成一个浩大的行列，直奔滦州城去。殊不知，王怀庆心怀鬼胎，一路上都在想着脱身之计。临到滦州城北紫金山，县城业已在望。施从云、王金铭为郑重起见，先行带队入城，预事布置宣誓就职场地，而命第三营管带王建功负责护送。于是，王怀庆便把握时机，在马背上和王建功窃窃私语，许以重利，要王建功倒戈反向，重新投入清军阵营。这王建功也是见利忘义、反复无常的小人，他居然就答应了。于是，二王巨奸立刻便串演一出双簧来。王怀庆一面勒紧缰绳，一面暗踢马腹，马匹一疼，又跑不开，便踢足长嘶，乱蹦乱跳，王建功佯问："大都督，您的坐骑怎么啦？"

王怀庆便故意提高声浪答道："我这匹马是生口，野性未驯，大家快走开些，不然会出乱子！"

众人一听，自然而然的勒马后退，让出一个大空档来。王怀庆一见有机可乘，连忙放松缰绳，再猛加一鞭，便泼剌剌地往西飞奔。革命同志眼见王怀庆开溜，上了他的大当，当下就拉开嗓门大喊："追上他，别让他跑了！""追不上，便毙了他罢！"

二等兵当上了司令

当时，施从云、王金铭走在前头不远，听到后面人声鼎沸，情知有变，立即带队回奔，从斜刺里穿出去追赶王怀庆。可是王怀庆是骑兵出身，骑的又是一匹骏马，革命同志一时无法赶得上。王金铭立命所部的神枪手黄云水连开数枪，只是，王怀庆早已跑出马枪的射程以外，再也打他不到了。

跑了个王怀庆，革命同志又是懊恼，又是气愤。大伙儿都到滦州城里的军政府集合，举行紧急会议。会中群情激昂，士气如虹，一致主张一不做二不休，先发制人，立刻组军进袭天津，直捣北京。当场推举了各路带队长官，将校目兵，一律平等，都有选举权和被选举权。从此决定了如次的人选：

中路司令	石敬亭	军法处长	陈涛
右路司令	鹿钟麟	警务处长	张注东
左路司令	韩复榘	交际处长	欧阳藩
骑兵司令	张之江	军务处长	凌钺
骑兵副司令	张树声	敢死队长	熊朝霖
后援军右翼司令	郑金声	谍报队长	李子峰
左翼司令	王石清		

值得注意的是：七位正副司令和四位处长两位队长，除了韩复榘是一位列兵以外，其余的全是军官。由此一点也可以想见：韩复榘韩老二在二十镇里一定很得人缘，而且奔走革命，想必干得也很起劲。还有一层，革命军的阵容，表面上看诚然声势浩大，可是实际上能够拉得动的队伍，只有施从云和王金铭的两个营。

领军将校选出，革命军正待誓师出发。然而，王怀庆实在是太狡诈，他一逃到开平，便打电报到秦皇岛，要秦皇岛的清军军官，拍了一个假电报给滦州的施从云和王金铭等，在电文中说："南军政府派来兵轮三艘，载革命军北伐。请滦军暂待，俟南军由秦皇岛开到后，增厚兵力，共取天津。"

这一封假电报果然把施王二将骗了，二营革命军立刻中止进发，专等秦皇岛方面的"南方革命军"开到，两军合在一处，直薄津京。他们全然不知业已中了王怀庆的缓兵之计，王怀庆在发过伪电报以后，迅即将他所部之淮军马队第四、第五两个营，部署在北宁铁路两侧，预作防堵。然后即致电北京，报告袁世凯，指陈滦州革命军终将出诸一战。袁世凯正在挟清廷以抗民军，倚民军而胁清廷，企图利用鹬蚌相争之局，渔翁得利。因此，他又谎报军情，把滦州两营革命军的声势说得如火如荼，造成北京城里风声鹤唳，草木皆兵。同时，他又在暗中调兵遣将，打算一举尽歼革命军。十一月十五日电令第三镇统制曹锟，指派第六协协统陈文运，亲率第十二标汪学谦火速驰往开平，归王怀庆指挥痛剿。十六日下午五时，陈文运便率队乘火车抵达。王怀庆见援军已到，先将他自己的骑兵后撤，再叫陈文运带的一个标（团）换防。陈文运一共带来了足额的三个营，还有两连炮兵。王怀庆还怕不是革命军的对手，又下令将铁轨拆去一大段。

当袁世凯、曹锟、王怀庆、陈文运星夜调兵，严密部署，业已完成了作战准备时，滦州城里的革命同志，还在苦等"自秦皇岛来援的南军"。十一月十四日当天，除了领军将校，又推选出如下的军政部各部部长：计为秘书长周文海、民政部长朱佑保、军政部长郭凤山、外交部长孙谏声、财政部长刘现云、司法部长李亿珍和教育部长刘兰圃。

张建功滦州叛同志

十一月十五日，华北革命同志和爱国同胞，在滦州大校场举行规模盛大的集体就职典礼，宣布滦州独立，正式成立北方革命军政府。朱佑保等各部长、韩复榘等诸司令，还有各处处长、各队队长一齐出席，宣誓就职如仪。当天滦州民众欢欣鼓舞，额手同庆滦州光复，还我初服；又有天津各国领事，推派俄国领事的代表前来道贺，承认民军为交战团体。王金铭、施从云并款以盛宴，尽欢而散。在那个时候，人人兴高采烈，意气昂扬，谁也想不到大祸即将临头。

就职典礼后，由王、施领衔，各部长各司令联名，韩复榘当然也在其内，致电袁世凯、南方革命军外交代表伍廷芳、京津各国公使、总领事，正式宣告独立。在那一天，王金铭和施从云，又给他们两人的胞兄，时在汉口前线冯国璋部下，与武昌革命军黄兴、黎元洪作战的协统（旅长）王金钰、标统（团长）施从滨，革命军方面的两个弟弟，向清军方面的两个哥哥劝降说："现闻和议有决裂消息，果尔则大局不堪设想。此间业已宣布独立，千祈联合前敌军队从速反正，主持共和。兄等为大局计，亦即为兄弟计也。专此奉闻。"

这也是辛亥革命时期，一段漏闻已久，今始补出的佳话、趣闻。

王金铭、施从云等又在十一月十六日行誓师礼，檄告全国同胞，誓言："即日振旅京津，廓清余孽，俾大功克定，重开黄帝之山河；非种驱锄，尽逐白山之苗裔。洗二百年来奇辱，会看赤日之重升，拯大千世界沉疴，快捣黄龙而痛饮。用告同胞，咸使知悉。"（殊不知，大批清军业已云集开平了。）

等到十一月十六日傍晚，革命同志方始获得本军侦探转来消息，秦皇岛拍来的电报是伪造的，开平铁路沿线刻已密布清军。同志们听后益增愤慨，一致表示愤不欲生，直攻津京的计划决不变更。因此，王金铭大都督下令全军开拔，按照预定战略，由白雅雨参谋长发号施令，派出如下的四路革命军：

第一路　以凌钺所率领的敢死队，会同王金铭攻占天津直隶总督衙门。

第二路　熊飞随同施从云总司令，攻占天津南、北两段警察署。

第三路　以张良坤率领义军一连，攻占重要据点北洋造币厂。

第四路　以参谋长白雅雨率领义军一部，攻占天津新车站后，加以固守。

临出发前调兵遣将时，最值得注意的是，先前选出的各路司令、副司令，如像韩复榘、石敬亭、鹿钟麟、张之江、张树声、郑金声、王石清等一概不见了。出发之前，众人正在军政府内议事，蓦地枪声一响，接下来便是众枪齐发，疾如骤雨。原来是张建功所部叛军，环立在滦州城墙上，居高临下，集中火力向军政府射击。打得军政府里的革命同志全无还手之力，唯有寻觅死角，或蹲或卧，避免给枪弹射中。这一僵持，居然便是两个多钟头。等到枪声渐渐稀落，革命同志们方自楼梯扶手逐一滑到楼下走廊，依同志们义愤填膺所发表的意见，就该冲出去，先解决张建功所部。可是王大都督却说："大敌当前，像这样的自相残杀，我实在是于心不忍。我们还是赶快到车站去，按照预定计划，攻永平，拿下天津来。"

计议既定，可是军政府四面受围，怎样冲得出去呢？王大都督雍容镇静，指挥若定。他派出一批射击高手，冲到门外，以精确的射术，压制叛军的火力，然后一面开枪，一面奋力突围而出。城墙上的叛军当下便弹如雨下，并力邀击，使得突围的革命军颇有伤亡。不过绝大多数都安全通过火网，一口气冲到滦州车站，登上火车，鼓轮疾驶。

冯玉祥海阳被扣押

当时，王大都督身先士卒，他和敢死队队员同在火车前列，其余革命同志都在后头车厢，全军共七百余人，还有一部分革命同志先已在滦州城里壮烈牺牲了。午夜十二时许，壮志凌霄的革命军列车从滦州车站，方只行驶十五华里，轰然一声巨响，列车出轨。王大都督连忙下令同志们跃出车厢，伸手不见五指之中，枪声四起，革命军立即伏地还击，原来是革命军和清军探访队谭庆林部遭遇上了。探访队是清军斥堠，人数不多，当然不是七百余名出柙猛虎革命军的对手。于是渐呈不支，谭庆林便躺在地上吹起停战号来。讵料这一阵号音引起了革命军的误会，以为清军是要投降，因而也就喝令停火，居然又让谭庆林误认系革命军归降罢战。正好在这时候，清军协统陈文运等闻讯带队赶到战地。

这真是一次极其不幸的天大误会，革命军欢声雷动，王金铭、施从云昂首挺胸，直赴清军阵地，接受“投降”。他和陈文运等劈面相逢，展开了一场唇枪舌剑的辩论，陈文运脸上骤然变色。“把这两个‘叛贼’绑起来，就地枪决！”

王施二将这才晓得他们是自投罗网了，两位革命志士意态自若，从容就戮。枪声响后，革命军的七百余健儿情知不妙，纷纷夺路而逃。惊天地泣鬼神的滦州起义，就此以悲剧终场。

清廷早在滦州革命军出动的同时，先就派人缴下冯玉祥的枪械，把他关了起来，还两天两夜不让他进饮食。王怀庆还拍电报来命将冯玉祥处死。不过冯玉祥在部队里人缘还好，所以有许多人代他向标统范国璋求情，范国璋怕犯众怒，不想在海阳镇杀他。便派一名跟冯玉祥蛮要好的执事官梁喜奎，带几名弁目，把冯玉祥押解到保定交给保定知府处置。

梁喜奎把冯玉祥押到北京城，也是冯玉祥命不该绝，凑巧他的老上司、姻丈陆建章（冯玉祥的元配刘氏是陆建章夫人的远房侄女），正自广东潮州镇守使转任京防营务处。梁喜奎特地去求见陆建章，陆是袁世凯跟前的红人，担得起这副重担，他当下就跟梁喜奎说："梁执事官，你是我的部下，冯玉祥也是我的部下，不但如此，你们二十镇的长官：潘统制、萧协统、范标统，也没有一位不是我的旧部。你现在把冯玉祥交给我，我自会让你交差。"

就这么几句话，冯玉祥算是从鬼门关口逃了回来，他就此留在陆建章的身边。

冯玉祥被扣押，被递解，他那一个四十协八十标第三营，所部官兵几乎有一半以上都是革命同志。连冯玉祥都险遭杀身之祸，韩复榘等一帮人也就拔脚开溜，各奔前程。韩老二才当了一年多的兵，拿到手的薪饷随手而光，他又开始流浪，困窘之状不难想象。不过喜在这一次流浪的时间并不久长，从辛亥年底到民国元年壬子四月，他正在穷途末路中，便欣然打听到老长官冯玉祥的消息了。

原来，冯玉祥在陆建章那儿孵了几个月的豆芽，宣统逊位，国父让"贤"，袁世凯渔翁得利，如愿以偿，当上了中华民国临时大总统。民国元年正月，经过一次北京兵变，使袁世凯痛下决心，重新编练备补军。袁将该军分为前后左右中五路，派他的心腹爱将陆建章为左路统领，下辖前后左右中五个营，他自兼中营营长，其余的四个营长则为后营大儿子陆承武、左营老干部董士禄、右营为亲信龚广翼，前营便是远房内侄女婿冯玉祥。

冯玉祥复任营长，便奉派带了中营前哨哨长（排长）宋哲元等，到河北景县一带去招兵。在景县耽了七天，一营新兵全部招齐。往后的冯家名将曹福林、佟麟阁、刘汝明、石友三、过之纲等，都是那一次招兵招来的。当年刘汝明将军只有十七岁，就因为他念过些时私塾，能够读书识字，便派二哨哨官（连长）刘子宾，擢升为文案（司书）。由此可见当年新兵程度之一斑。

结束流浪二度投军

二十镇逃亡在外的革命同志，听说冯玉祥又在当营长了，开始络绎地投奔于他。第一个赶到的是李鸣钟，冯玉祥派他为中哨哨长（排长）。到了元年四月间，韩复榘也听到了冯玉祥东山再起的消息，他邀集了几位老同志：谷良民、谷良友、张维玺一道去投奔，冯玉祥先命他为后哨文案，不久改任什长（班长）。

一当上什长，韩复榘就能一个月拿六两银子的饷。他揣摩得透冯玉祥的脾气，在北苑受训、北京值勤时期，也很卖劲努力，因此他在备补军中升迁相当得快。二年八月陆建章奉袁世凯之命成立警卫第一、第二两个团，他仍旧援用陆家子弟兵的作风，发第一团团长冯玉祥，第二团团长陆承武。冯玉祥便从老二营里挑出一批老干部，跟着他自己水涨船高，各升一级。因此韩复榘又从班长升级为排长。

韩跟随冯玉祥，跑到河南商水周家口去招齐了第一团的新兵，再押运新兵回北苑训练。方才操演了两个月，便被派到河南新乡去剿一股转战五省、席卷万里的巨匪（白狼）。韩复榘跟冯玉祥从新乡转战四方，到了三年二月二十二日，陆建章升任第七师师长，将原有的警卫一团、二团扩编为十三、十四两个旅。第十三旅长是后来做过财政总长、国务总理的贾德耀。十四旅旅长便由冯玉祥坐升，韩复榘便也同样的一年一晋级，当上了连长。

北洋第七师奉袁世凯之命，由潼关西上西安，限令抢在白狼窜抵以前到达，布阵堵击。实则是袁世凯另有阴谋，他一俟陆建章的第七师全部开进陕西，便发表陆为陕西督军，取陕西革命元勋张凤翙而代之，陆建章算是又为老袁夺了一省的地盘。

韩复榘自此随同第七师在陕西驻防，二年癸丑二次革命失败，北洋军势力笼罩全国，袁世凯趁此机会大举扩军。陕西方面，他将先已入陕的张敬尧第三混成旅扩编为第七师。原第七师的两个旅，改为第十五混成旅贾德耀，十六混成旅冯玉祥。至于陆建章的长公子陆承武，却反倒落了后，他权充督军署卫队团长。

冯玉祥一当上混成旅旅长，风光可就大不相同了。当时军制，旅辖于师，混成旅却和师同样的直隶陆军部，明明地高了一级。更何况，一旅只辖六营步兵，一混成旅就辖有十营之多。

当年在冯玉祥的部队之中，明眼人很容易看得出来。冯玉祥对他营级以上的干部，大都不满。除了他的参谋长宋子扬，是日本士官炮科毕业，学有专长，少校参谋蒋鸿遇，保定军官协和第一期生，曾是蔡松坡部下的骑兵营长，还有速成军官学校出身的上尉参谋刘郁芬，一团二营营长杜占鳌，二团一营营长陈正义以外，几乎没有一个团长、营长是他所满意的。其原因正在于营级以上的干部任用他做不了主，这些人一个个都有后台、有来历，是他一介旅长冯玉祥所动不了的。

升任混成旅旅长后，冯玉祥一朝权在手，便把令来行。他为了积极从事培养干部，相继设立了三个训练机构：随营干部学堂、军官教导团和高级军事训练班，分别训练低中高级干部人员。中级干部训练出来，再派到次一级的训练机构，训练次一级的干部，依次类推。所以，但凡冯玉祥所赏识的，往往都在这些训练机构里进进出出，受训训人，忙碌不已。韩复榘很受冯玉祥器重，自然也是其中之一。

在冯玉祥的部将里面，韩复榘是和宋哲元、孙良诚、孙连仲、石友三，并称五虎上将的。这五虎上将，也只有韩复榘，表面上最服从，私底下最刁钻，他真能把老长官冯玉祥要得团团转，整得非常惨。

一心升迁百计巴结

由于从连长升营长的这一个阶段，一来冯玉祥始终是十六混成旅旅长，部队无从扩编，人事只好冻结，二则也因为韩复榘始终在受人训练与训练别人之间打圈圈，韩复榘熬得相当之久，也就透着很不耐烦，亟亟地巴望往上窜。某一次，他在教导团担任学兵，接受训练，碰到冯玉祥前来检阅，他奉派担任接送奏乐的司号，韩复榘便时时跟在冯玉祥的后头，一个劲儿地猛吹喇叭，用意只在于希望冯玉祥回过头来看他一眼，记起他韩复榘这个人来，别让他在训练机构里穷磨菇了。

可是，冯玉祥这一回却比韩复榘更诡，他明明晓得韩复榘的“苦心”，却宁愿不时地让韩复榘猛一吹喇叭，吓他一跳，偏就不肯回头望望。然而，正当韩复榘懊恼万分、自怨自艾时，蓦地从上头轻轻的飘下来一纸手令：“派韩复榘为学兵连排长”，这才叫韩复榘喜出望外，打从心眼儿里感激这位老长官。这也是冯玉祥的驭将法之一，总而言之，要的是手腕，用的是权术。不诚的长官，终究培养出不忠的干部。

民国三年六七月份，巨匪白狼有流窜甘肃的模样，第十六混成旅奉命开到兰州施予堵击。韩复榘他们正在整装待发，进抵甘肃，忽又接获陕督陆建章的急电说风闻白狼又将回窜西安，电令冯部星夜回师。冯玉祥赶忙征调大车运载官兵，两夜一天间奔驰三百余里方抵咸阳，而白狼大股却已自子午镇绕行向东、折返河南，终于在河南被北洋军剿灭。

白狼方除，袁世凯已无后顾之忧，他便全心全力地筹划进行洪宪帝制，下令全国各地的北洋军，尽量扩充兵力，占据地盘。于是，在西安整训的第十六混成旅，又被调往汉中，深入陕南。到了民国四年二月，袁世凯势力侵入四川，派他的亲信心腹陈宧为四川督军，陈宧当时并没有带兵，他便指派曾为二十镇老部下的冯玉祥和第四混成旅的伍祥祯部，同他一起到四川去。

十六混成旅先在川北剿匪，后来帝制战争爆发，蔡松坡（锷）率护国军入川，讨伐袁世凯。驻叙永的川军第二师长刘存厚宣布参加护国军。

川南告急文电如雪片般飞向北京。袁世凯遂派第三师曹锟、第七师张敬尧率部入川迎拒。与此同时，复由陈宧飞调冯玉祥部驰赴纳溪，迎战刘存厚。那时节韩复榘还在当他的学兵连排长，当然也得随军作战。

十六混成旅方抵纳溪，犹未布防，忽又接获陈宧的急电：

蔡松坡的护国一军攻陷川南重镇叙府（宜宾），守叙府的伍祥祯混成旅全部溃败，陈宧限令冯玉祥克期拿回叙府来。

于是十六混成旅官兵马不停蹄，再自纳溪开向叙府。沿途中，散散落落，三五成群，尽是伍祥赖第四混成旅的溃兵。先前在清军第二十镇的革命同志，鹿钟麟、张之江，还有韩复榘的老把兄说书先生张绍棠等，相率的投向十六混成旅，向冯玉祥痛陈第四混成旅旅长伍祥祯的昏庸腐败，表示再也不愿意在第四混成旅混了。冯玉祥很高兴地接纳了他们，派鹿钟麟为少校参谋、张之江为上尉参谋。张绍棠则急于跟他的老把弟韩复榘聚晤，他自己要求上学兵连受训，整天和韩复榘同在一起。滦州起义失败，张绍棠、韩复榘哥儿俩劳燕分飞，睽违四载，谁想到竟会在西南边陲见了面。

韩复榘喜不自胜，和老把兄日夕盘桓、寸步不离。

冯玉祥又奉命兼而指挥伍祥祯的第四混成旅，他一鼓作气攻占叙府。然而堂堂的护国军岂是弱者？蔡松坡迅即派部队增援反攻。当冯玉祥所部一支深入产铅的雷波以西二百里处龙头山，恰与自云南开来的护国军增援部队迎面撞个正着。双方竟在龙头山一带展开了主力遭遇战。韩复榘和张绍棠都在这支部队之中，因而也卷入了战团。

临阵脱逃忽生妙计

当叙府城里的冯玉祥获悉龙头山方面战况激烈，冯军渐呈不支，伤亡尤伙，正在节节败退。他心中一急，便从就近拉起一支队伍，十万火急地赶到龙头山去增援。这时候的冯玉祥心忧如焚，急于解救他那一支深入的孤军。所以他单枪匹马、身先士卒，在他马后，只有一名马弁王秉发紧紧相随。

冯玉祥的那一支援军还没赶到，龙头山麓的第十六混成旅官兵先已溃败，争先恐后地奔向江边抢夺船只、渡江而逃。在枪林弹雨的乱军之中，韩复榘惊慌失措，一时间不知如何是好？这时节，便有他的老把兄张绍棠大声地提醒他说："三十六计，走为上策！咱们再不赶紧逃跑，眼看着护国军就要杀上来了！"

然而，当时的韩复榘却正在魂飞魄散，三十六只牙齿捉对儿抖战，他畏畏缩缩地说："大哥，你说的倒是轻易简单。只怕您还不晓得哩，咱们旅长前些时下过命令，战场之上，不论是谁，退后一步者斩！"

张绍棠当下就反唇相讥地说："你是怕旅长杀你的头呀？我告诉你，你用不着害怕。等不到旅长来杀你的头，你再不走，你的这颗脑袋就丢定了。"

韩复榘果然为之心动了，他怯怯地问："可是，大哥，这儿左边是山，右面是江，咱们怎么走呢？"

张绍棠伸手一指，江畔有一艘滴溜溜打转的小小木船，他说："咱们跳上船去，那才是唯一的生路！"

枪林弹雨，形势紧迫，生与死间不容发。韩复榘一咬牙，伸出右手拉住他的把兄张绍棠，两人齐齐地一纵，纵到了那艘空船上。

方待乘势划桨，顺流直下，脱离这一处刀兵接仗的生死鏖战场，从左岸渡向右岸。说来也是再巧不过，韩复榘偶然一抬眼，正好瞧见身材魁伟的冯玉祥，骑一匹高头大马，马后只有一骑紧紧相随，正在追风逐电的直奔过来。当下韩复榘脸色大变，紧张万分地说："糟了，大哥，这下可完蛋啦！"

张绍棠不知究竟是怎么一回事，他茫茫然地问："怎么啦，又出了什么事啦？"

韩复榘面色苍白如纸，浑身哆嗦地说："旅长来了，他要是瞧见咱们临阵脱逃。那咱们这两条命，还想保得住呀？"

张绍棠抬起脸来一看，眼见冯玉祥来得既快又急，透着仓皇惊慌的模样。当下眼珠一转，计上心来，便跟韩复榘交头接耳地说："兄弟，别怕，这是你升官发财的机会来啦。咱们赶紧使力，把船划到岸边去！”

怎奈韩复榘害怕，浑身都使不上劲了。他望着张绍棠，急得泪水直流地说：“哎呀我的哥，咱们迎上去，旅长准会在河沿儿上就把咱们毙了！”

事态紧急、千钧一发，张绍棠便附在韩复榘的耳畔，叽叽喳喳，授以锦囊妙计。韩复榘一听，真个喜出望外、眉开眼笑，他眉梢一扬，便和张绍棠合力划桨，将一艘小船如飞地划向左岸，找根树桩系住了船。方弄妥当，马蹄声近，冯玉祥和他的马弁王秉发，已经来到江边了。

冯玉祥先瞧见江水滚滚东流，挡住了逃生之路。心中正在着慌。及至江边，又见韩复榘和张绍棠乘了条小船候在那儿，当下便心头一喜、眼睛一亮。可是他仍不想让他部下看出他的慌张，依然端起了架子问道：“你们在这儿干吗？”

一旦受知青云直上

当下，韩复榘不慌不忙，按照张绍棠所授之计，忙迎上去，谄笑道：“旅长、王大哥，您两位快下船吧。队伍早就走在前头了。”

冯玉祥心中着实感动，但他还是沉住气，沉着脸说：“那你们为什么不走？”

韩复榘胸有成竹，装模作样地答道：“我们得控制住这条船呀！旅长亲自在殿后，船都被队伍抢光了，我们不控制住这条船，旅长来的时候怎么办？”

十营队伍五六千官兵，在龙头山惨败后人人只顾逃生，不惜把渡船抢了个精光，剩下冯玉祥上天无路、入地无门。眼见不是中枪，便是被俘，只有一个“热血肝肠，忠心保主”的韩复榘冒着生命危险，守住一条船在等他。张绍棠这一条锦囊妙计果然奏了十分之效，冯玉祥从此对韩复榘另眼相看、大力提拔。当时，他嘉勉了韩复榘几句，和王秉发牵马上船，平平稳稳渡向右岸。

龙头山一战，十六混成旅伤亡甚伙。冯玉祥兵败之余，马上改弦易辙，再度倒袁世凯的戈，利用蒋鸿遇和蔡松坡的友好关系，派他和张之江为代表，向护国军输诚通款曲。于是，双方息争罢战、暗中往还，冯玉祥让出叙府，蔡松坡兵不血刃克重镇。十六混成旅和护国军隔江而守、互不侵犯，而且还相当友好，冯玉祥的部下常进叙府城，敌对双方把臂相欢、徜徉街市，就仿佛是自家人一般。

当冯玉祥一举攻克叙府，给北洋军打了一次漂亮的胜仗时，北京城里设统率办事处亲自指挥川南作战的袁世凯，高兴得像什么似的，一个劲地儿催着冯玉祥进兵，巴望他一举击退护国军。冯玉祥推说兵力不足，陈宧立刻便将十六混成旅留在汉中的一个团，飞调叙府，改以十五混成旅贾德耀部戍守汉中，又特准冯玉祥派宋哲元到河南去召募两团新兵。

冯玉祥获封世袭三等男爵，袁世凯更放出空气，将以第四混成旅和第十六混成旅合并为北洋第四师，即将任命冯玉祥为第四师师长。那时候的冯玉祥，只要再打一次胜仗，准可以成为老袁跟前最走红的北洋将领。

然而事有不巧，龙头山一败，十六混成旅官兵都泄了气。冯玉祥见风转舵，祈求自保，私通护国军，纸包不住火，消息终于外泄。北京城里的袁世凯可火大了。蔡松坡畅晓戎机、冯玉祥诡计多端，护国滇军威名天下扬，冯玉祥的十六混成旅训练有素，打起仗来也不含糊，兵力虽然不充，但也素称北洋劲旅。冯玉祥果然投向蔡松坡，那袁世凯的麻烦可就多了。

因此，袁世凯下令川中各军，严密监视冯玉祥，必要时可以使用武力加以解决。

民国四五年之交，袁世凯的川中各军统由曹锟坐镇重庆，指挥作战。除了曹锟的第三师、张敬尧的第七师、伍祥祯的第四混成旅、周骏的川军第一师外，还开来了第八师李长泰。这么些北洋部队要解决冯玉祥，确是很容易的。

老袁下令监视冯玉祥，身在叙府城外和护国军隔江相望的冯玉祥起先并未知情。

于是，又给了韩复榘一次大好机会，让他建立殊勋、出人头地。

周骏上韩复榘的当

韩老二控制渡船救了冯玉祥，果然不出张绍棠所料，冯玉祥存心让他升官发财了。首先，冯玉祥把韩复榘调离学兵连，直升他为炮兵团营长，韩老二就此一步登天，抖了起来，成为冯玉祥基本干部中升迁最速的一个。接着，冯玉祥再挑他一个好差使，派他和王秉发二人，带一大笔钱，护送五十余名伤兵，到后方去设立一所伤兵医院。殊不知袁世凯下令各部严密监视冯玉祥的机密，便因此而被察觉。

韩复榘、王秉发带着五十余名伤兵，乘一艘大木船扬帆东航、顺流而下，途中经过川军第一师长周骏的防区，枪声急响，岸上川军一涌而出，一出惨绝人寰的悲剧迅即发生。川军军官问明白了船上载的是十六混成旅的伤兵，立刻喝令将护送者韩复榘、王秉发都绑起来。再当着他俩的面，将一个个哀呼惨叫、挣扎哭号的伤兵推到长江里去。转眼之间，五十余名伤兵就葬身鱼腹了。

然后，再把捆了个结实的韩复榘和王秉发，押到川军第一师司令部，两个人绑在一处。不一会儿，有一名副官出来问话：“你们这两个逆贼，谁的阶级高些？”

这是韩复榘和王秉发头一回共事，他深知王秉发虽然只是一名马弁，但却是冯玉祥的心腹体己之人。反正这回是死定了，何不在王秉发跟前讲讲义气，逞逞英雄呢？因此他便抗声答道：“我叫韩复榘，是十六混成旅炮兵团的营长。”再一指王秉发道：“他是我抓来的伕子，看他老实，叫他跟我当勤务兵的。”

他这么一诈唬，还真生了效。川军第一师的那名副官挥挥手，吩咐卫兵把王秉发绑到外头去，然后他亲自押着韩复榘到司令部大厅，因为周师长要亲自问他的话。

韩复榘虚与委蛇，欲擒故纵。周骏在追诘他，十六混成旅何以“态度不明”，是否已经投向护国军，韩复榘却在双方一问一答中用尽心机从周骏的口中套话，反倒变成他在套取北洋军的最高机密了。川中各军业已奉令严密监视冯玉祥所部，命令由谁所发？有否采取实际行动？命令中的要点，以及冯玉祥到何种程度时，北洋军将以什么样的行动相对付？韩复榘出乎意外地获得了很多极珍贵的情报。

其实，周骏敢于在韩复榘跟前泄露机密，无所不至，那是因为他早已决定，一旦盘诘出十六混成旅叛袁的情事，马上就把韩复榘拖出去枪毙，焉知韩复榘竟会鸿运当头，大难不死哩。

韩复榘也自忖必死，只是在尽量拖延时间。周骏问他的话，从下午盘问到晚上，袁世凯的密令尽泄，韩复榘还在那儿支支吾吾，欲语又止，反而逗得周骏非问下去不可。

这时候，王秉发被绑在大院子里的一棵树上，有两名川军卫兵在看守着他，只等着韩复榘“吐实”以后一道枪毙。

王秉发焉肯束手就死？他始终都在暗中使劲，松开双手的绑，花了好几个钟头，绳子渐渐松开了。王秉发便向两名卫兵求道：“大哥，行个好，给我端杯水来喝吧！我实在是渴得受不了啦！”

卫兵不疑有他，便由其中之一去给王秉发取开水。等到那人一走，王秉发又轻声地向另一名卫兵道声谢，说是：“大哥，我右下口袋里还有包香烟。请你拿出来，大家抽嘛。”

剩下的卫兵一听有香烟，马上就低下头去拿。这时候，王秉发已在暗中解开绳索，松脱了双手。他乘那卫兵不备，猛伸手夺过他拿在左手中的步枪，一刺刀便将那名卫兵戳死在地。

当王秉发刺毙卫兵，拔足玩命奔逃时，取水的那名卫兵已经回来了。他见王秉发逃跑，举枪便射。可是，黑暗之中，视野有限。王秉发又机灵地在跑“之”字形，卫兵开了几枪，王秉发幸而未曾中弹，于是，他一鼓作气地狂奔九十多里，气喘吁吁地跑到了十六混成旅旅部。

蔚然而成五虎上将

王秉发夤夜喊醒了冯玉祥，向他详细一一报告。冯玉祥乍听之下，气涌如山，怒不可遏。他立刻下令发一封电报到成都，叫十六混成旅驻在成都的办事人员，不惜采取任何手段，把住在成都城里的周骏老父，加以绑架。然后，他再打个电报给周骏，限他即刻释回韩复榘，如若不然，他便再打个电报到成都去，杀了周骏的父亲，给韩复榘抵命。

为了一员营长韩复榘，冯玉祥竟会这么大动干戈，甚至于叫他的留守人员干上绑架勒索的勾当。十六混成旅的官兵，这才晓得韩复榘在冯玉祥的心目之中，分量是何等的重。另一方面，周骏也给冯玉祥这棘手的一招唬倒了，他一接到冯玉祥的电报，便乖乖地释放韩复榘，尚且指派妥人，把韩复榘安然无恙地送到了冯玉祥的跟前。

韩复榘回到旅部，冯玉祥马上就召他入室密谈。韩将他和周骏所谈的种种，一一据实报告。周骏煞费手脚，还害他老父饱受一场虚惊，逮着了韩复榘，不但没能套出韩复榘的话，反倒被韩复榘套到了冯玉祥迫切需要的机密情报。这些情报对于当时的冯玉祥来说，委实重要。幸亏韩复榘遭了这一劫，方使冯玉祥提高警觉，加强防备，赶忙派张之江、李鸣钟前赴成都，游说川督陈宧，从此反对袁世凯称帝，宣告四川独立，陈宧一时虽不敢从，却也没有拒绝。

就因为陈宧的态度模棱两可，而他又是老袁的心腹肱股，乃使川中北洋各军，迟疑徘徊，举棋不定。非但川南之战陷于僵滞，北洋军和护国军都在休兵状态，心存观望，而且冯玉祥的第十六混成旅，也安然渡过被十倍之北洋军围而歼之的一关。韩复榘因祸得福，他这一次所建立的功劳实在是太大了，难怪他就此深获冯玉祥的宠信，成为了他的亲信爱将，浸假而为冯系“五虎上将”之一，渐渐地成了气候，也有了他自己的场面了。

韩复榘脱离冯玉祥的前因后果

江 平

民国十六七年间，韩复榘（向方）在冯玉祥（焕章）第二集团军中，参加北伐战役，曾在豫东、豫北各战场上，立过很多卓越战功；尤以民国十六年一次冬季攻势，他在柳河车站和商邱城内，前后五天之间，俘获张宗昌的直鲁联军达两万余众及装甲火车五列和其他轻重武器等，凯旋之日，一向视属下将领如婴儿的冯玉祥，为之破例迎出军帐以外（当时冯住于郑州操场的帐棚以内），握手为礼，并对韩部官兵说："你们的韩总指挥，等于我袖中一只老虎，非遇必要时决不轻易放出，只要放出去，就必定攫获一些猛兽回来。"由此可见冯对他的重视，非其他将领所能比拟；而他也因此被列为冯部五虎上将（韩复榘、宋哲元、孙良诚、石友三、孙连仲是也）之首。但到民国十八年四月，他突然离冯而投归蒋介石，并影响了石友三、马鸿逵两部同时脱离冯玉祥，遂使坚如铁桶的西北军，在实力与士气上，受到无比的打击，因而民国十九年的一次大战，冯乃一蹶不振。不过韩之离冯，并非事出偶然，中间却有一向不为外界所知的因素，笔者对这些因素，皆经身历眼见，爰本"不以人废言"的态度，据实叙出，以飨读者。

阎锡山有意拉拢

自民国十五年五月起，韩复榘以军长身份，率军围攻山西北部的大同府，中间，石友三部下旅长张自忠于进攻恒山时，被晋军所俘，未几阎（锡山）部下旅长丰玉玺则在大同城外为韩所俘，韩以张自忠犹在晋军手中，恐杀之于张不利，乃优礼释放，故阎甚感之。

至八月十四日以后，国民军自南口败退，沿平绥路西撤，韩奉张之江命，仍留大同任掩护撤退之责，及全军撤退完毕，韩军才得撤围西退。但以为时已迟，石友三一军驻在包头，阻住西去之路，而包头以西又缺乏粮草，故韩军撤到归绥（绥远省城）即无法西行。正在进退维谷之际，适商震（启宇）奉阎命接任绥远都统，经与韩数度商洽，即获得阎的同意，将韩部收编为山西陆军第一师，双方约定："在冯未返国前（时冯在俄国），韩部粮饷，均由山西十足供应；俟冯归国后，韩之去留，听由自便。"这一如关羽在屯土山与曹操相约的优惠投降条件，韩焉得不衷心感激！

是年九月，冯自俄国返抵五原（绥远西部县名）召韩，阎知韩将去，又特赠一笔足够的开拔费用，十二月韩即率军西去。这是阎、韩之间的一段渊源。

抗乱命拒袭太原

民国十七年五月，北伐军事接近尾声阶段，奉军倾其全力以博取最后生存之机，革命军亦抱必胜决心，以争取最后胜利，故各线战况，均异常激烈。此时韩复榘正以第三方面军总指挥身份率军与奉军韩麟春部战于漳河沿岸，一日之间，韩部下三名师长（张汝奎、曹福林、孙桐萱）同时负伤，终于五月二十八日将奉军击退。接着就挥师北进，六月一日抵达河北省的石家庄。

斯时山西方面因得地利之便，已于先一日由商震率军，出娘子关、越石家庄、向北退的奉军跟踪追击，追过望都时，被敌军后卫所阻，相持于保定迤南二十里之方顺桥附近，成胶着状态。故韩军抵达石家庄时，因前面既有晋军，只得暂时停止，以待后命。过了一夜，至二日下午，始应商军之邀，向保定以东挺进，绕击敌军侧背，当晚黄昏时分，即追至石家庄以东五十里之藁城宿营。

当军士们正在埋锅造饭之际，韩忽接冯玉祥自郑州发来“韩总指挥亲译”密电一道，文云：“希该总指挥即刻回师石家庄，将石庄以北铁道破坏，阻断晋军后退之路，然后亲率主力部队，疾趋太原而占领之。此间当另派大军，分由风陵渡、茅津渡、孟津等地北渡，为该军支援。”韩阅罢来电，不胜惊异，认为如此一来，固可唾手而得太原，但当此同仇敌忾之时，遽操同室之戈，实非公论所能容，况三年以前，自己厄于归绥时，曾受过阎的一段恩遇，揆之公谊私情，皆不容乘危相逼，但冯的命令，却又不能公然违抗。反复思维，无以为计，经与其参谋长李树春（荫轩）商讨多时，才研究出个“既不公然违抗冯的命令，亦不背德进攻太原”的两全之道——乃一面下令回军石家庄，一面令秘书长李起元（清拔贡生，曾任北京《顺天时报》编辑）给冯复电说：“袭取太原，诚属千载良机，本拟星夜奔命，成此伟业。唯据报娘子关要隘，有晋军劲旅守御；太原方面，则由阎亲自率兵坐镇，均非旦夕所能攻下。万一屯兵坚城之下，旷日持久，一旦大局发生剧变，则名实两损，诚非钧座之福也。复榘粳短汲深，实难胜此重任；如必欲为之，敢祈另简贤能，来主其事，职愿退居偏裨，力襄其成。现已率军返回石庄，只候钧裁。”韩认为只有这样说法，或能取得冯的谅解。不料，冯一见此电，气得暴跳如雷，直欲杀之而后甘心；终以韩军远在千里以外，如操之过急，恐怕激出意外变故，而阵前易将，亦犯兵家大忌，况韩是否真肯交出兵权，也大成问题。他究竟是个老谋深算的一世枭雄，终于忍下满腔怒火，给韩回了个安抚性的电报说：“山西有备，势难急图，如非吾弟顾虑周详，吾几失之。希仍按原定计划，协同商军北进，共歼残敌。所请庖代一节，应勿庸议”。韩接到此电，虽暂时松了一口气，终以冯城府太深，时怀惴惴之念。冯对此事，当然也不会就此忘怀。这是冯、韩发生裂痕的开端。

按：韩自藁城回师石庄时，笔者与一般同人，莫不惶惑万分。认为此中只有两项可能：一是济南五三惨案，事态扩大，爆发了中日战争，以致须立即回师应敌；二是五巨头会议（蒋介石、冯玉祥、阎锡山、李宗仁、李济琛等五总司令在徐州会议）发生破裂，导致了阋墙之争。此外再也想不出任何回师理由。直至后来队伍到了北平，才从韩的秘书长李起元口中获得上项秘密。假如当时没有韩从中作梗，使冯的计划得以实现，则北伐战史，势非改写不可矣。

名利两失空欢喜

韩复榘接到冯的安抚电令后，即于当日（六月三日）中午复由石家庄出发，经过藁城、安国、博野、新城、固安等县，一路且战且进，于六月六日，抵达北平。

北平乃是华北的政治文化中心，在民国十年前后几次内战中，除民国六年段祺瑞讨伐张勋复辟时曾在天坛附近放过几枪外，其他历次战争，不论攻守两方，都好像守着一项不成文法的约束：败者固不退入城内，胜者亦不追入城内。故这次自平汉败退的奉军，于到达长辛店时，即绕过北平，转经丰台，向东撤走。当时北平士绅，甚怕在奉军退走南军未到以前，万一溃兵散卒闯进城内，商民遭到骚扰，特商奉军殿后指挥官请求，将一个鲍旅暂时留下，以维治安，并负责保证鲍旅安全，俟南军到来，鲍旅再行撤退。

及韩复榘部抵达南苑时，北平绅商代表，均高举“欢迎飞将军”的旗帜，迎至南郊。与韩见面后，首先提出鲍旅安全问题，韩毫不考虑，满口应允说：“绝对信证使鲍旅完整撤出北平。”绅商信以为真，即转告于鲍，谁知韩即于是夜，命其第一师连夜赶到北平东面的通州埋伏，翌日鲍旅一到，即被包围缴械。事后绅商向韩质问：“为何食言？”韩却轻松地答道：“我何尝食言？现在鲍旅不是已经安全退出北平了吗？”绅商们说：“鲍旅虽得平安离开北平，但却在通州被贵部缴械了呀！”韩说：“现在奉军与北伐军尚在交战状态中，我只能保证他在北平的安全，一离开北平，就非我权力所及。如诸君必欲要我保证鲍旅在北平以外的安全，那就只好请诸位向革命军总司令请求去罢！”绅商们无词以答，只好唯唯而退。这也是韩的机变之处。

韩军在北平驻到第三天，山西的军队才由商震、楚溪春（阎的参谋长，到北平后即被任为北平警备司令）率领，抵达北平。时韩所收缴鲍旅的武器犹装载在火车上，停置在前门外的东站，等待南运。商、楚二人，是奉命清理北平军事善后的，于获知鲍旅的武器犹未运走，即派队前往攫取。韩的守卫拒之，曾在东车站发生过小型冲突，及韩派去大部队伍，晋军始知难而退。但北平居民，却为此饱受一场虚惊。

韩在北平驻至一周后，即奉革命军总司令蒋介石电令，任他为追击总指挥，兼辖平汉、津浦两路军队向山海关方面追击。他奉令后，即率部进驻平、津中间的杨村，从事部署。紧接着又奉总司令部电拨军费一百万元交由北平市长何其巩（原为冯的秘书长）转发。及韩派人向何索取这笔军费时，何答说：“已奉冯总司令电示，该项军费应缴由总部统筹分发。”因此韩空欢喜一场，分文未得。未几，冯又替他把“追击总指挥”职务辞掉，交由白崇禧将军接替，而命他开回保定以南的望都整训。这是冯、韩失欢的第二阶段。

夺兵权笑里藏刀

韩复榘在望都驻约两月，于是年九月初旬，又奉冯玉祥命开回河南西部的伊阳、洛宁等地剿匪清乡。韩一向对待军民都很宽厚，唯对于扰民的盗匪，则恨之刺骨。而豫西一带，向称多匪之区，尤以民国十五年春，岳维峻、憨玉琨等败退时，其所部近三十万众之武器，全被当地莠民截留，更增加匪徒的势力。故韩军在剿捕之初，每天经常要枪毙数十人不等。其中最多的一次，是在洛宁县境一道山谷中，集体捕获匪众三百余人。他因这次与匪搏斗中，伤亡官兵达六七十人，颇为震怒，即将这批悍匪，集合在洛河沿岸，挨名审视，见有面貌善良而年龄较轻者，剔出站于一旁，共得百余人，每人发给路费两元，释令回家安分度日；其余二百多人，则令官兵找来一些麻包，将他们分别装入麻包之内，实以石块，说：“这些惯匪，留之则为害地方，枪毙则浪费国家弹药，将他们抛下河中喂鱼好了。”于是这二百多名悍匪，齐被推下河内，葬之鱼腹。韩就因这次剿匪，前后杀了千人以上，乃蒙上一个“杀人魔王”的称号。

当韩复榘剿匪任务完成之后，冯在表面上对他大为嘉奖，对众说：“这回韩总指挥费了两个月工夫，把豫西二十年来未能肃清的土匪，全部剿灭，为河南百姓造福太大了。因此各地老百姓都向我表示，希望派韩总指挥当他们的省主席，我已经答允他们的请求；唯以地方行政，千头万绪，必须专心致志，方可办好。我预备另派人接替他的带兵职务，使他能专心替河南百姓服务。”冯这番话讲过以后，未出五天，即发表韩为河南省政府主席，其第三方面总指挥，则另派人接替之。照当时一般情形说来，一个手握重兵的高级将领，多半是喜欢兼领地方行政首长的；但如二者不可得兼，则是宁舍行政首长而取兵权。这次韩被夺去兵权，而专任主席，是犹予之鱼而夺其熊掌，自非其所愿也；况他与冯之间，尚存有“拒袭太原”与“截留军费”两重嫌隙，他更会怀疑冯是借词报复。故他于接任主席之后，就怀着忐忑的心情，终日为前途安危担忧。

正在此时，他原来率领的三方面军，被编并了。原来有三个师及两炮兵团、三个独立营的一个军，缩编成一个第二十师，凡多余的官兵，概被遣散。这些百战余生的官兵被遣散后，既无路费，亦无衣着，如同失群的哀鸿一般。所幸上层的主持人，总还算有一点恻隐之心，准许他们穿着各人的破烂军服，并每人发给几个干馒头作为一路食用，送上专为他们预备的火车，东至徐州，南至信阳州，准许沿路随便下车。这些官兵们，原希望这次战事结束，得能荣归故里、炫耀乡里，做梦也没想到会落得如此凄惨，其心情的懊恼和愤怒，是可想而知的。笔者参加西北军多年，一向不曾听到军中有人叫冯的名字，无论在任何场所，都是称呼他的最高官阶；唯有这次编遣期间，却出现了例外。有一天我轮值送一批被淘汰的官兵，从洛阳西宫去往金谷园上火车，于路过飞机场时，亲耳听到他们高声叫着冯的名字——冯玉祥，跳脚大骂。我是负责带队的人，当然有责任，也有权力加以制止，但却不敢。因为他们每个人都是冤气满腹、怒火冲天，这时连冯玉祥都不怕了，哪还把我这小小上校（那时我任上校大队长）放在眼里？如果我真的自不知趣，出而制止，他们不拿石头把我砸死才怪哩！就这样一批一批地淘汰了个月有余，才告结束。究竟这些被遣走的官兵，是否都回返故乡、安分度日呢？我知道绝对不是的，他们之中有少数是改投别的部队去了，而大多数则是到开封投奔他的老长官——韩复榘——去了。试想这些人，与韩见面时，会有什么好话诉说？韩见到这些生死与共的老部下们的惨状，焉得不动怜悯之心？于是特派几名官兵，专门负责招待由二十师来投的官兵，供给其衣食住宿。在这些官兵诉苦声中，当然也给韩增加了对冯的离心。这是冯、韩破裂的第三阶段。

民国十八年三月，宁（南京）汉（汉口）分裂，蒋介石为收夹击之效，特征得冯玉祥的同意，任韩复榘为“讨逆军第三路总指挥”（韩之第三路军即自此始），使率军由信阳南下，以威胁武汉侧背。但此时冯已为裁军问题，与中央发生裂痕，故阳为应命出军，实欲趁机观变、坐收渔人之利。且虑韩一旦重握重兵将会发生他变，乃把几个与韩情感不佳的部队编入“三路军”的序列，以便亲自控制，只令韩带一个空壳指挥部进驻信阳、待机而动。讵料武汉叛军犹如昙花一现，不到一个月工夫，即被中央敉平。冯见大势已定，乃不再作非非之想，即下令放弃鲁、豫两省地盘，将所有部队一律撤到潼关以西，准备待机而动。韩乃以光杆主席身份，带一个空壳总指挥部和一个卫队营，撤到豫西的陕州。

再违命拒绝封粮

陕州地近伊（伊阳）洛（洛阳）、东接敖仓（今汜水境），为自古兵家必争的米谷之乡，而关西一带则连年荒旱、民不聊生。冯玉祥既存心集兵备战，自不能不预筹军食，以作持久之计。故于韩复榘到达陕州之日，即电令“以河南主席名义，将郑洛以西，沿途所有商民存粮，一律查封，装车西运”。韩自认当了三个多月的主席，未给百姓留下半点福泽，怎忍于临去之际，强夺民食、重贻民困？乃给冯复电说：“现值青黄不接之季（四月中旬），中产以下之家，俱已仰屋兴叹，无粮可封；中产以上者，虽略有余粮，而以之济贫救急，尚嫌不足。今若遽予查封，是无异驱民于沟壑也。敢祈俯体民困，收回成命，不胜感盼待命之至。”冯睹电大怒，当在电话中责之曰：“你究竟打着什么主意？限你即刻带你的参谋长同来潼关，我把封粮办法当面告诉你们！”未等韩分辩，即砰的一声将电话挂断。韩只得偕同参谋长李树春赶往潼关（时冯驻在潼关）。见到冯面，未说数语，冯即将李罚跪在地，责其“襄赞无方”；然后责韩以违抗军令，不顾团体利益等罪名。最后命回到陕州，限旬日以内，将查封粮食数量报核，如有违误，定依军法从事。韩、李二人，见冯盛气勃勃，哪敢抗辩，即忍气吞声、唯唯而退，怀着满腹委屈登上汽车，离开潼关。

李树春见韩复榘面色凝重、默不一语，乃向他说了些查封粮食的计划，请他决定。他愣了半天，忽然答非所问地说：“你看今天冯先生的情形，即使我把河南的民粮都送到西安，冯先生是否还能容许我存在下去？”李答道：“以主席与冯先生的历史关系，是不应该有意外的；不过……”李说到此处，迟疑多时，无法续讲下去。韩乃惨然强笑说：“你不要再说了，我自知这一年来，我已成了冯先生的眼中钉，早晚是会被拔除的。现在就请你替我想个自全之道吧。”李也因在潼关受冯一场折辱，心有未甘，即乘机说道：“我是不应该离间主席与冯先生的感情，但时势所逼，不得不说。譬如当年韩信肯听蒯彻之言，则未央宫之祸，是决不会发生的。我言尽于此，请主席自作决定罢！”韩听罢，矍然作色说：“我虽也姓韩，但决不作韩信第二！不过我手无一兵，应该怎么办呢？”李见韩言词激昂，知他意志已决，乃向前座的司机努了努嘴，压低声音说：“二十师的队伍，都在陕州，此乃天假之便，怎说手无一兵呢？”韩面现踌躇之容说："我已离开这个部队四月有余，现在又换李兴中担任师长，谁还肯听我的命令？"李说："师旅长虽已换人，而团长以下的带兵官，仍都是主席的旧部，只要主席登高一呼，谁不乐于相从？"韩默思良久，始决然道："好罢！就决定如此办，等回到陕州时，你先找一份二十师官长名册，我们再仔细研究一番！"于是两人默不一语，各自计算着未来的命运。

夺帅印率部东下

当天（四月十七日）晚饭前，汽车开到陕州，韩、李二人相继下车，李匆匆忙忙返回自己办公室去，韩则满面忧郁，独自在门前走来走去，若有重忧。待约五分钟后，李从自己屋里抱着几本名册，匆匆忙忙走来，于经过韩面前时说："二十师官佐名册，我已找来，请主席到屋内看吧！"韩乃同他一路进入室内，翻阅着名册，把营长以上的带兵主官，从头研究一番，认为大致已无问题，乃又派人把二十师副师长孙桐萱找来，做了最后决定。接着就给二十师新任师长李兴中打电话，说："总司令要我查封各县存粮，由于时间迫促，需要你的部队协助，才能如期交差。请你于明早八时，带着全师连长以上各级主官，到我的总部（韩此时尚兼第三路军总指挥）集合，我向他们说一说有关封粮应采的方法，免得和老百姓发生误会。"原来，李兴中对冯查封食粮一事早有所知，故对韩这一说法丝毫不疑，当即唯唯应诺。

翌日（四月十八日）早七时三十分，即带着两名新换的旅长（李文田、黄维纲）先到了车站附近英美烟草公司韩的总指挥部，韩即将他三人邀入室内闲谈，接着一些连、营、团长，以及另一个旅长徐桂林都先后到达，由参谋处长李又宸在外招呼站队。徐旅长也想进入韩的办公室，却被李又宸拦住说："少时总指挥就会出来，你进去干什么？"徐见李神色有异，乃止步不进。未几，集合场人员到齐，韩乃吩咐左右将李兴中等三人，带往另一间静室软禁起来，然后身上讲台，面对三百多名军官先说了几句久别相思的话，然后进入正题说：“我和大家都是冯先生的部下，冯先生一向对我们很好，所以他无论走到什么地方，我也不忍离开他。唯有此次的行动，使我感到意外，不知他是听信哪一个狗头军师的馊主意？把山东、河南两省土地人民，全部放弃，而将全部数十万大军，撤到潼关以西荒凉之区，使军民两方，同时陷于困窘之境。我对这一行动，突感莫名其妙。现在我决心要回转开封去，所以特来向你们辞行。你们都是我多年的患难袍泽，我自不忍抛弃不管，若有人愿随我东去者，我一概不拒。”他话刚说完，台下三百多名军官齐声欢呼说：“我们愿随主席东去！”韩又问：“愿随李师长西去的举手。”停了许久，并无一人应声。韩见众志咸归，乃道：“大家既愿随我东行，车站我备有火车，现在请各自回去集合队伍，即到车站上车！”于是众皆欢呼而去。不到一个小时，即有整营整连的队伍，陆续赶到车站。接着就是一列跟一列的火车，开离陕州，迤逦东去，脱离了冯的掌握。李兴中师长和黄、李两名旅长都被软禁在车上，一路东去。在军车经过观音堂、渑池、新安等站时，曾数度遇到孙良诚部队西行兵车，可能因陕州附近电话线被韩派人截断，致冯无法下达拦截命令，故双方兵车交错而过，并未发生任何冲突。

来归顺弃暗投明

韩的兵车抵达洛阳时，天色已交黄昏，因偃师县境的黑石关附近驻有庞炳勋的部队，而韩、庞二人因民国十六年冬攻克商丘时，曾因收缴袁家骥部队武器，发生过一次误会，从那时种下嫌隙，迄未消除，韩怕庞借机报复，并因自己新抚的部队军心未固，未便贸然使用，乃将部队暂驻洛阳，一面派人向庞商洽假道。不料庞已得到韩叛冯东去的消息，坚拒不允，韩闻报大怒，意欲全军与庞一拼，幸李树春苦谏乃止，仅派六十旅旅长万国桢率领该旅三个团，于十九日拂晓，向庞军试行佯攻，借以窥测庞的真正意向。讵料万旅一到黑石关，庞军据险固守、坚不放行，万旅几次猛攻，均不得利，且伤了两名团长（黄芳俊、赵心德）。万料知庞军兵力雄厚，决难仓促得手，乃转向孟津渡口，乘舟北渡，沿黄河北岸，向东疾进。于二十日，复自汜水口渡河而南，即在汜水车站拦截一列装甲火车及数十辆空车皮，乘之而东。当日下午即进据郑州。万知道开封、中牟两地尚有席液池一个骑兵军，是绝对效忠于冯的，新郑以南的马鸿逵，态度亦甚暧昧。这两人中只要有一人向郑州进迫，不但郑州难保，连韩的整个计划亦将全盘瓦解。于是连夜命人以韩的名义，写了数十份安民布告，并盖上临时伪造的“讨逆军第三路军总指挥”关防，张贴出去。没想到这份布告，却发生了意料不到的效果。席、马二人得到密报，误认韩本人已到了郑州，首先是马鸿逵将驻在新郑的部队，连夜撤往许昌以南，以避韩之锋；席液池也随着改变其行军路线，绕道淮阳经漯河以南向西遁去。同时驻在南阳附近的石友三，亦发出通电，表示与韩取一致行动。此外还有驻在商丘的韩多峰一个民团军，亦以进退失据，向韩致电输诚愿听驱策。从此平汉路以东，已无冯的军事力量，大局乃得急转直下。而冯预期与蒋介石兵戎相见的时期，亦因整个形势的改变，不得不延缓到十九年的暮春。就是这一段时间内，却使蒋介石有一个从容布置的大好机会。

当四月十九日下午，韩复榘在洛阳接到万旅进攻黑石关不利消息时，心中颇感焦急，他怕万一庞军自偃师来攻，则军心未固的第二十师，势非望风披靡不可。故于四月二十日清早，即实行放弃洛阳，率所部经由嵩县、登封、密县之线，直趋郑州。他预料到郑州的得失对他的成败关系重大，故于通过登封后，即离开队伍，策马先行，于二十一日黄昏即赶到郑州。此时各方面的威胁，俱已解除，他乃一面向蒋电陈经过，一面报告万国桢的功绩。是月二十六日，蒋即派国府参军长贺耀祖率领由各部会组成的慰劳团，莅郑慰问。蒋介石除对韩专函慰问外，并以军委会委员长名义加万国桢以中将衔，并予以记名师长任用。

韩的这次行动，直接影响了冯的两名骁将（石友三、马鸿逵）同时率队离去，削减了冯部十万劲旅，使民国十九年的中原大战，预伏下胜负之机。

韩复榘之死

韩复榘于受任山东省主席后，曾接受乡村自治派首脑人物梁漱溟的主张，于鲁东划定邹平县，供梁作为乡村自治实验之用。蒋介石则向韩示意，希望他不要这样做，但韩倔强成性，一意孤行，始终就不肯接受。

及民国二十六年卢沟桥变起，山东省政府有一个张参议（遗其名，曾在清朝政府的钦天监任过职务）及另一跛足江湖术士——当时以“天步女士”在济南挂牌为人相命，这两人知韩复榘颇为迷信，即趁便向韩进言曰：“主席五十之年（民国二十六年）可能有一段厄运，如能平安度过，则此后十年风云，无人与竞矣。”韩对二人的说法，亦颇信之，使他一向以勇敢善战著称的性格，忽然变作畏葸不前的懦夫。

自从日军进入鲁境，韩复榘在禹城、济阳两次遇险后，即每天躲到千佛山麓的防空洞内，暗中作着安全撤退计划。上海沦陷后，蒋介石曾命他“于必要时，可将部队撤至鲁南的铁路以东，继续与敌保持接触”，但他却依然独行其是，将所有的辎重物资，先期运往河南西南的南阳附近，作为西入汉中的准备；并将曾在鲁北一带与敌军搏斗受有损失的如曹福林的二十九师、李汉章的七十四师、展书堂的八十一师及手枪旅等，先后撤往鲁西南曹州的巨野一带整顿。韩这一连串的安排和调动，自与蒋的整个抗日战略，大相违背，于是军事最高当局乃在开封检讨会上，以其“违抗命令，擅自行动”，而将之扣押。

韩被押解到武昌后，经军法会审，判决他死刑。当时他的老长官冯玉祥，正担任军事委员会副委员长职务，最高当局曾邀约冯与鹿钟麟（鹿冯二人均住汉口）过江，共商对韩量刑问题。当二人同车向江边开行之际，冯忽捧腹呻吟，作痛楚状，鹿问之，冯答谓：“一时感觉腹内疼痛难忍。”

未几车抵江边，冯又道：“我腹内疼得厉害，不能过江，蒋先生若有所询，你替我代答好了。”鹿问：“若蒋先生询及韩向方的量刑问题，应如何作答？”冯说：“这很简单，蒋先生问及此事，你就回答说：韩向方以前虽曾是冯某人的部下，但现在已经是国家的将领，而犯的又是国家的法，在国法之前，任何人也不能用私人感情，予以庇护。”鹿、韩之间，早在同任师、旅长期间，就已互存芥蒂，此时鹿听了冯的一段言语，当然深知意之所在，乐为转达。故鹿过江见到最高当局，即将冯的这番表面上极为冠冕堂皇的言语，据实转陈。隔了一天，军事法庭即宣告“韩复榘违抗军令，擅自撤退”等九大罪状，予以明正典刑。

韩复榘死后，遗体由其生前好友、原济南市市长闻承烈代为棺殓，运到豫鄂交界处鸡公山下，予以掩埋。韩复榘触犯国法，一死自属罪有应得。

冯玉祥抽后腿·吴佩孚摔得惨

老随员

民国十三年（一九二四）秋间爆发的第二次直奉战争，发生了一件惊天动地的事，就是冯玉祥倒戈，使直军不清不楚地遭到惨败，吴佩孚宣告垮台，浮海逃亡，竟无容身之地。

这一幕史实，距离现在不过半个世纪，本文依据详确史料，做出一篇有系统的记叙，必为读者所乐闻。

瞧不起曹总统

第一次直奉战争，直胜奉败，冯玉祥曾有不少的贡献，因为他率军从陕西向河南疾进，有助于解决豫局，论功行赏，他坐上了河南督军的宝座；然而他一入河南省城开封，就将原驻开封的一个师长宝德全干掉了。宝德全早已暗中接受吴佩孚的命令，维持开封城的治安，吴令宝德全帮办河南军务，冯玉祥当然不欢喜这样一个实力派，他进入开封时，宝在车站欢迎，他就把宝干掉了。吴佩孚听到宝被杀的消息，极为震怒，因此撤了冯的河南督军职务。冯此时唯有托人向曹锟说情，曹乃打电报给吴着冯玉祥赴北京。冯入京后，曹遂发表冯为陆军检阅使，仍兼十一师师长，冯虽失去了河南督军，却换来一个检阅使，总算不错了。

曹锟贿选前，要先迫黎元洪总统下台，拥曹派中积极分子遂由冯玉祥打头阵，向黎元洪索讨军饷，陆军军官天天包围总统府、包围国务院，当时黎元洪的出走，主要就是受不了军队逼宫，而军队的主使者就是冯玉祥。

曹锟就任总统后，冯以功高渐露不逊的态度；当时国务总理尚未产生，国务院秘书长张廷锷担任府院之间的连系。农历年后还没有过元宵节，一天冯玉祥找到张廷锷说："张大哥，请陪我去见总统。"张廷锷以为他是礼貌上的晋谒，就陪了去见曹锟，怎知冯见到曹后，竟郑而重之地说："初一这天，总统府的卫队把士兵打了，总统知不知道？如果总统知而不办，是总统护短；如果总统不知道，是被人蒙蔽。"

冯这话一说，张廷锷吃了一惊，这岂是一个军人对总统发话的态度，曹锟虽是布贩出身，究竟干了好久的重要职务，见过的世面不为不广，何况现在已是一国总统。他在冯报告时态度本是和蔼可亲，待冯的话说完，他眼睛一睁，端正而坐向冯说："焕章，初一总统府的卫队把士兵打了，你们身为高级长官，为何不彻底追究，惩办肇事的不良分子？我是总统，这种小事情还要我来处理吗？我几时对你们说情，维护过总统府的卫队？"

冯碰了一个大钉子，为之哑口无言，张廷锷只好打圆场说："总统的指示我们立刻去办，焕章是总统的部下，对总统就像对父亲一样，言语可能过激，请总统原恕。"由此可见冯的眼中根本瞧不起曹锟这个总统！

搭上了张作霖

民国十三年（一九二四）秋间，直奉两系决定要再大打一场。直系统帅吴佩孚在北京四照堂点将后，冯玉祥便别具用心，他要求先发饷后才能将部队开拔，吴听了大为震怒，吴说："兵临城下，难道不发饷就不能打仗？"冯既要不到饷，乃另提要求，要多拨车辆，吴允拨四十辆。冯玉祥则采用步步为营的策略，自北京至前线拉成一条塔形长线，前方只有疏疏落落的几个斥堠兵，越到后方兵力越厚，冯的司马昭之心已大白了。

事实上，冯玉祥已暗中和奉系首领张作霖有了秘密勾结，奉军因为已暗中搭上冯玉祥，因此在军事上并不如何积极。奉军入关后，至是年九月十五日始向朝阳方面进迫，守朝阳这一方面的直军是王怀庆部，还有米振标部为辅，奉军攻入朝阳后亦未疾进。

至于直军方面，第一路出山海关的为直军主力，彭寿莘、董政国、王维城都是吴佩孚手下的大将；第二路王怀庆部是最弱的一环；第三路出古北口，便是由冯玉祥部的张之江、李鸣钟、鹿钟麟等担任，孙岳则代理京畿警备总司令，曹锐为军需总监。

第二次直奉战争，虽然直奉双方各出动二十余万大军，可是战场上的战斗并不激烈；因为张作霖已和冯玉祥暗通声气，而冯玉祥则拖延军机，坐待时间。当吴佩孚在北京坐镇时，冯玉祥自然不敢动手，只派刘汝明等暗中调查吴军开赴前线的确实数字，静待吴军全部调往前线。

自朝阳失陷后，吴佩孚把第二路军前敌总指挥刘富有和副总指挥龚演治撤换，派陶经武为前敌总指挥、张林为副总指挥，刘富有的独立旅长亦撤职，改以崔维藩继任。

此时奉军开始采取攻势，不断派飞机向山海关投炸弹，直军则奉令采守势。吴佩孚的锦囊妙计是暗调渤海舰队集中秦皇岛、用海军进攻葫芦岛，另以奇兵绕海道、由营口登陆直捣沈阳。所以他安坐北京城内，在四照堂从容不迫、饮酒赋诗。

吴佩孚上前线

然而，前方军情并不利于直军，加以曹锟左右的一些嬖幸，对于吴佩孚留在北京有芒刺在背之感，所以怂恿曹锟催促吴上前线指挥军事。曹的左右说："如果在北京城内做总司令，谁也会做啊！"

事实上，逼使吴佩孚离开北京上前线，当然不是曹锟下面的反吴派，而是前线战况的不利，加上海军突袭的计划受了阻碍。吴所料不到的是渤海舰队司令温树德并不太为吴卖力。于是，吴派讨逆军副总司令王承斌于是年十月三日率后路援军驰抵古北口，代行总司令职权，以对抗来攻的奉军李景林部。然而这一着吴又错了，因为王承斌亦早和冯玉祥暗中勾结，已参加倒吴派，自然不会在前线替吴打硬仗了。

首先倒戈的直军是把守九门口的第十三混成旅旅长冯玉荣，他率部不战而退。吴佩孚这才于十月十一日晚九时，乘坐讨逆军总司令专车，由北京正阳门出发直驰山海关，讨逆军总部人员随行，还有外国观战武官和新闻记者等一百余人随车前往，声势之浩大，在中国内战场面中，是绝无仅有的一次。

当吴佩孚上前线之日，也正是北京城内谣言满天飞之时，前方战报多不利于直军：有传第一军司令彭寿莘阵亡、有传某某军哗变，可是这都是不可靠的消息。

十月十二日清晨四时半，吴佩孚的专车抵达山海关，停靠于长城墙旁，吴佩孚即率幕僚和卫兵疾驰前线，登长城视察战况。这时直奉两军激烈鏖战，隆隆大炮震动天地，硝烟冉冉上升。

吴佩孚上前线的消息，遍传直军，对军心士气有极大的鼓舞；而首先不战而退的冯玉荣，听说吴大帅已亲临前线，畏罪自杀而死。吴遂直接调遣第十三混成旅，另筑阵地稳住了阵脚。

冯玉祥决心倒戈

讨逆军总部在吴亲赴前线后，遂设于吴的专车上。吴总部的直属部队则张营帐于车站内。吴每天早起偕同参谋长以下僚属四出视察，有时则乘坐渤海舰队司令官温树德所率领之旗舰游弋海上，指挥海军炮击葫芦岛，只是因为海军不够配合，所以不能收奇袭之效；于是改变作战计划，倾其全力对付奉军右翼，令后援军总司令张福来率重兵恢复狭隘的九门口。张福来军经过激烈搏战，曾使榆关的战况渐对直军有利。

奉军在秦皇岛上空展开空袭，奉方飞机四架与七架的编队，不断盘旋轰炸，但损害并不严重。奉军之所以向秦皇岛空袭，因为秦皇岛是直系的海军集中地。当时在秦皇岛海面停泊了不少舰艇，计有直军的渤海舰队六艘及运送海陆军的运输船二十余艘；此外还有外国军舰二十余艘，舳舵相望，桅樯林立。岸上则大军云集，往来紧张。

吴佩孚在前线督战时，对于冯玉祥的行动颇为注意，冯本人在怀柔县按兵不动，有坐观成败之势。吴命参谋长张方严电催各军急赴前线，张参座拍给冯玉祥一电，为了加强语气，所以在电文后特别加了一句："大局转危为安赖斯一举。"这本来是普通的加强语气句子，可是在微妙的时机，这句话就有了问题。冯玉祥虽然已和奉张暗通款曲，但他确有坐观成败之意，他要看直军有了败兆才敢动手，吴上前线后，冯更感犹豫，他怕吴在前线打了胜仗，他一发动，吴率师回北京平乱，他就完了，所以他仍在待机而动。当时冯所得情报，来自直军总部的，是胜利在望；来自日方的，则谓直军不利、前线危急。当他收到吴的参谋长来电催促进兵时，认为直军失败的可能性增大了，因此他乃下了决心"倒戈"。移后方作前方向北京回师，在吴佩孚后方放了一把火。

十月二十三日的傍晚，冯玉祥率军退出阵线，回师北京，直奉战场形势，因而大为改变。

二十四日晨，吴佩孚尚不知后方突变，他好整以暇地率僚属赴九门口督战，直军前线士气转旺，奉军攻势曾受阻遏，战局颇有转机。中午时分，吴佩孚的日籍顾问冈野增次郎先后接到来自北京和天津打来的最紧急电报，内容大同小异，均谓"讨逆军第三军司令冯玉祥等于二十三日下午六时退出战场，未经枪战即回师攻入北京，发动政变，曹锟总统已失去自由，北京情况不明，酝酿巨变"。电报中所列参加政变人士，竟均系直系巨头，包括冯玉祥、王承斌、王怀庆、胡景翼、孙岳等。

早对冯不放心

冈野增次郎接到这些电报，立即往见总部政务处长白坚武（为吴佩孚的最亲信人物），把电报给白看。当时情报非常混乱，谣言乱飞，所以白坚武见到这几份电报，颇为怀疑，他认为冯玉祥叛变是可能的，但是叛变的阵容如此庞大，而且这些人各有各的背景和打算，似乎不可能结合在一起，因此判断这些情报靠不住。白坚武的政治警觉性实在不够高，冈野见白氏坚持己见，所以也不和白争辩。

吴佩孚从战线上回到秦皇岛总部，冈野乃把这些电报呈请吴氏核阅，同时注明某电是日本公使馆所发，某电是北京日本守备队所发，某电是日本天津驻屯军司令部的公报，因此可靠性非常确实。

当时，北洋军阀多有日籍顾问，即以直奉二系而论，张作霖有日本顾问，吴佩孚也有日本顾问。而直奉两军虽然作战，顾问与顾问间有联系，顾问与日本公使馆和军方有联系，而日本公使馆又与各地的使馆有联系。这一来，日本人对中国各地以及各大军阀动态，均了如指掌。他们押注不在一方，敌对双方均有连络。其实张作霖也好、吴佩孚也好，民族观念均极强，不完全受日人挟持；可是日本人为了他们的既得利益，必须和中国实力派有所勾结。

当吴佩孚看到冈野的电报，他立刻相信有这种可能，因为他对冯玉祥并不信任。据说，他当时对冈野和他的幕僚说："这件事也可以说是在我意料之中，因为这次出兵之前，冯玉祥曾向我要求，待平定奉系后，要派他为东三省巡阅使以继张作霖之缺，我告诉他：东北和日本有特殊关系，我们对日外交很微妙，所以东三省巡阅使的任命，不能漠视日本的动向，你一向被认为是亲美派，最招日人之忌，因此到东北去很不相宜，不过对酬答足下的战功，国家有的是名位，我一定会考虑其他职务的，而且必令你满意。我这番话也是腑肺之言，可能冯因未达目的，遂暗通敌人。其实他向我索军饷，我已发了十万元，后来又增至十五万元，他才勉强奉命，率兵开赴古北口。很多人向我建议，免除冯的第三路军司令以除后患，但总统始终居中替冯说情，免冯职的计划遂没有进行。当冯到古北口前线，又借口敌人优势，要求增拨小枪弹百万发，我对冯更不放心，所以不发给他。近数日我在总部中，晚晚不能入睡，辗转反侧，念及冯玉祥有可能背叛，现在不幸而料中了！”

吴感喟地把冈野的三通电报扔在公案上，他当时还很镇静，要求大家对这个事变保守秘密，以免前线军心大为摇动。

连夜驰返天津

这时吴的处境是“屋漏更逢连夜雨”：先一天日本天津驻屯军司令官吉冈显作曾发通告，不许直军总退却时使用秦皇岛码头，这个通告也在同时到达吴的手中。这是吴军退却唯一可用的码头，日本人则落井下石。

同一时间，奉军张宗昌所率黑龙江骑兵大队已南下滦河流域，切断了直军后路。吴军腹背受敌，走海路又不能使用唯一的秦皇岛码头，情势危急万分。

二十五日晨，吴佩孚率领高级参谋人员赴九门口前线督战，过了中午回到总部，立即召集紧急军事会议于总司令室，各高级将领均出席。吴以沉痛的态度，宣布北京兵变及总部退却计划。

当天下午六时，先运兵三千南下，总司令部列车则于下午八时离开秦皇岛。前线军事全部分为三大防御线：秦皇岛一线，由张福来负责；昌黎一线由彭寿莘负责；滦州一线由靳云鹗负责。吴佩孚自己则乘总部专车带了一团卫队，星夜疾驰南返。拖着沉重的心情和疲累的身体，一夜未眠。十月二十六日上午十一时，列车到达天津。

直军在前线防御工事做得还不坏，有掩盖钢板为大炮不能攻毁之坚固战壕五道，可以坚守，至少可以挡住奉军一个时间；可是奉军把握机会发动心理战，派遣大批飞机在直军阵地空投传单，传单上写的是北京政变的消息，包括冯玉祥、孙岳、胡景翼的通电，要求停战和惩办战争祸首；另一部分则是奉军劝降的消息，强调直军归路已断，主帅已逃，唯有投降才有生路。

直军战壕中遍处都是奉方的传单，直军半信半疑，军心大为摇动。

吴佩孚素所瞧不起的张宗昌，这时成为战场上的“骄儿”，他所率领的部队如果在今天，就可称为“外籍兵团”，其中包括有已改入中国籍的白俄军以及日本、朝鲜、法国军人。据说这些“洋兵”均曾参与欧战，精娴新式战术，善战而无军纪。张作霖把张宗昌放在最前线，本来是让他充当炮灰，想不到却成全了他。他率领这支杂游军共一万六千人突破直军防线，二十六日吴佩孚率军回师后，张宗昌即击破直军董政国所率的第九第二十两师，攻入冷口。二十七日张宗昌部入建昌营，和倒戈的直军胡景翼部联络，追击董政国于滦州。十月二十七日张宗昌、胡景翼部占领滦州，把直军截成两段，一面分兵南下，和榆关奉军围迫秦皇岛及山海关的直军，并进攻唐山，遮断榆关、天津间交通。张福来败退。

外国军官看法

与此同时，奉军吴光新部占据海阳，炮轰秦皇岛；张学良部又从长城低处冲入；加上张宗昌部由滦州南下；直军已陷在奉军四面炮火包围中。

十月三十日奉军三路攻占秦皇岛、山海关。直军一部乘轮退回塘沽，二万余人被缴械，关外直军纷纷逃离战线，麕集车站；这时火车已不能开动，散兵逃向秦皇岛，秦皇岛已失陷，军械粮食遍地堆集，奉军一方面缴直军军械，一方面检收战利品，收获极为丰硕。

十月三十一日，自山海关至唐山一带的直军已全失抵抗能力，奉军各路连接，长驱入关。以吴光新的骑兵为先锋，自古冶而芦台向塘沽疾进，和在北京方面的冯玉祥、胡景翼军相呼应。直军几乎全部陷于奉军和冯、胡两军的大包围中。

十一月四日奉军占领塘沽，吴佩孚已于先一天率残部乘舰驶离塘沽，这时直军抵抗已全部中止。十一月五日张宗昌、吴光新两部先进入天津，奉军大队亦纷纷抵达，在天津的直军残余部队全被缴械。第二次直奉战争至此遂告结束。

第二次直奉战争，由酝酿到接战、至结束，前后约计两个月，直军败得太惨，这是吴佩孚做梦也想不到的。

第二次直奉战争，直军彻底垮台。当然，致命的因素是由于冯玉祥、胡景翼和孙岳倒戈回师，吴军在前线不及回师，腹背受敌；可是直军也有许多不及奉军的地方，据当时参观山海关战线的外国军官的综合意见，认为：

一、奉张作战，纯采新式，吴佩孚则仍用旧式战法。

二、后勤方面，奉军早有准备，粮草无缺，装备齐全；直军则临时采购，军费又极费周章。

三、奉军迫击炮极多，用高弧线的瞄准法，成三角形而直入直军战壕。

四、奉军所用飞机翱翔空中，均为新式，机枪和大炮均系新从俄、德两国购买而来；直军的武器则多系中国汉阳兵工厂所制造。

五、当直军败退时，吴佩孚所招募之少年军，竟在阵后掘小战壕，用炮轰击退却之直军，故直军伤亡极大。

六、奉军人人耐寒，棉衣被囊一应齐全，直军装备欠缺，且不能忍冻。

这些当然是从军事观点分析。不过吴佩孚本身也有招败之处：

第一，吴虽然对政治有兴趣，但他并不懂政治。他对外一味树敌，促成奉、皖、冯与西南的大联合；其实以他当时的声望、好誉和力量，他可以和各方携手，同时也可以分化其他势力，为什么要驱迫这些力量集合在一块儿？在直系内部，他虽然代表正直的一面，可是太盛气凌人，促成高级干部离心离德。他尝自比关羽，在缺乏政治手腕这方面他倒确是很像关羽。

第二，这次对奉用兵，在战略上他也有错误。吴的特长是闪电战，后防空虚，胜则追奔逐北，败则退无所据。当时曹锟打限即刻到的电报命吴回师靖难时，吴因为前方战火正紧，胜败决于俄顷，不忍功亏一篑。他认为冯玉祥虽然倒戈，其他的人不至和冯一致，还想让孙岳等部先去挡一仗，同时急电山东督军郑士琦派兵应援；哪知郑早与皖系通款，山东方面只有混成旅长潘鸿钧自动赴援，潘是吴的同乡，所以义不容辞。可是这点力量毫无帮助，结果被冯部包围缴械。

婉谢日人调停

当时有倒吴不倒曹的口号，吴也微有所闻，他想曹锟是个老好先生，大概别人不会向曹下毒手。所以当曹一日数电、声嘶力竭地召唤他时，他还以为曹锟可以下令制止冯军异动；但当他证实冯与胡景翼、孙岳、王承斌等已联为一气，才仓皇回军。火车一夜疾驰七百里赶返天津，留下前方军事交给有勇无谋的张福来。然而，这一切既太迟又无壮士断腕的决心。

直军崩溃的时候，京津方面许多军政元老均纷纷奔走和谈，希望地方不致糜烂，如前国务总理张绍曾就是一个。他于冯玉祥有恩，又是吴佩孚的亲家，他出面可以两全，可是他的奔走毫无结果。北洋派元老王士珍和直隶道尹吴履观主张外交调停，于十月三十一日往访日本驻天津总领事吉田茂，转请日本政府向奉天交涉停战，吉田茂认为："目前战局甚紧，冯、胡军队南下在即，未知吴佩孚将军对此危机有无防御之策，这是本人所最关心的。至于调停两方战事，时间因素有问题，因为用电报联络，先要打电报到北京，由公使馆转东京，东京同意了再回电，往来费时不下三四日，缓不济急，恐无补大局。我昨天曾和安福系领袖王揖唐商量，王主张吴佩孚能拥戴段祺瑞出山，以实力支持，解救目前局势。"

王士珍、吴履观对吉田茂的意见认为可以考虑，遂约定第二天中午在天津日本租界敷岛亭再见。吉田茂表示分电北京、奉天及东京，进行调处停战，并约定十一月二日下午五时拜访吴佩孚于天津站列车上之吴氏总部。两人问答如下：

吉田茂说："今日时局之重大迫切，有间不容发之势。调停直奉之道，莫便于请段祺瑞之援助。中国之事，应由中国人自己处理，不可妄使外国势力参入。余基于此信念，今朝偕王揖唐亲访段氏，以段与君合作为今日收拾时局最最稳当有利之方法说之。余想段氏与吴将军本有师生之谊，吴将军为国家前途计，应一扫从来隔阂之感情，投入段氏之怀抱，以发现彼此之妥协点，请将军慎思之。”

吴佩孚答：“贵总领事之言，真出于拯救中国时艰之至情，余深为感激。唯各国之历史与国民性各异，故关于国家观念，亦彼此不同，欧美各国之建设，大抵不逾二百年之岁月，其能达千年之久者殊鲜；独我中国有四千余年历史之旧邦，且有千古不磨之成文宪章，即孝悌忠信礼义廉耻之八德是也。八德张则国宪立而国运盛，苟坏其一，则无收拾人心之准绳，犹如贵国以万世一系之天皇为中心而团结国民者然。斯道不亡而国存；斯道丧则国亡。此不易之理也。余若从贵总领事之言，为一时之权宜计，结段以背曹，大义名分之谓何！且臣节由此而坏，何得任国家之重寄乎？世人往往见中国共和政体之成立而以为君臣之义已灭，然以余所见，则有异于是。如保持此八德，犹可正彝伦而不误。用长幼之序以代君臣之义，有何不可？再进一步而言，若段氏今起而当收拾时局之任，在不知中国情形之外人，或不予责难，殊不知正污蔑段氏十年之苦节也。彼之为人也，品性高洁，思想正大，出入儒佛之学，又能体悟八德；若一朝受冯玉祥之推戴，投入政界之旋涡中，非所以忠于国家也。盖中国之兴微，系于大道之消长；我面临国家兴亡之边缘，独欲绍述斯道而无反顾。至于个人之成败，本不在念中。此为我不能擅背曹而结段之原因，故宁为玉碎而不望瓦全也。”

决不托庇租界

吴佩孚在天津车站那几天，直军情况更陷悲惨境地。至十一月二日止，胡景翼部的先头部队已进入杨村，直军不战而退。滦州方面直军在撤退中溃散，唐山一带更是悲惨，日本方面消息说：张宗昌一心一意想活捉吴佩孚，取其头颅。吴的日籍顾问冈野增次郎获得吉田茂的通知，日本政府愿协助援救吴的性命，所以吉田茂主张吴立即迁至日本租界。可是吴佩孚在这一点上非常坚持，决不在兵败后托庇于外国租界。

十一月二日杨村不守，冯军由北仓逼近天津，吴在列车上假寐片刻，吴的左右不由分说，把火车开回老站，吴醒后大怒，连声说："谁要我上租界，我便要谁的脑袋。"

吴同时向冈野增次郎说："战败逃入租界苟全性命，是我所最不耻的，也是一个国家大员最丢国家颜面的行为，我决不做这种我生平最反对的事；设若不幸，我宁玉碎于此，也不愿托庇租界以谋瓦全。日本政府对我的好意和足下奔走的热忱，我是永矢不忘的。"

吴的左右见吴这么坚决，只好面面相觑、偷偷耳语，大家都了解局势万分严重，不上租界就是死路一条，可是吴佩孚却处之泰然。大家不由疑窦丛生："孔明先生兵败时还有一套空城计，咱们大帅是打的什么主意呢？"

吴好像看透了左右的心事，他慷慨激昂地说："我留在天津，看焕章（冯玉祥号）把我怎样。"

冯玉祥会怎样？答案很简单，他既然敢倒戈，什么事情做不出来呢！吴要留在天津就得做俘虏，不做俘虏只有自杀。吴的幕僚个个急得如热锅上的蚂蚁，又不忍心丢下吴氏自寻生路。

在吴身边，有海军部军需司长刘永谦（字六阶），他鼓着勇气对吴说："我替大帅已经准备了一条军舰，不如我们把车开到塘沽，乘车登船。"这是死里逃生的唯一之路。原来渤海舰队司令温树德早与奉系勾结，把舰队带走；刘永谦则和"华甲运输舰"舰长为知己交，他在局势恶化时就安排了这条船，以待最后关头载吴脱险，他确知冯军和胡军都已距天津十里，千钧一发，所以硬着头皮劝吴"乘桴浮海"。

吴这时真是英雄落魄、穷途末路，不禁流下了眼泪，黯然地说："我今天是败军之将，虽属运穷命蹇，自念尚不是可死之时，只有收拾残兵，浮海南下，先至青岛体察形势，再定行止。”

十一月二日晚，吴佩孚接受刘永谦的意见，决定由塘沽登舰。他命令身边的参谋长张佐民，做各种撤走的准备。

挥泪浮海南下

十一月二日晚，吴佩孚自知不能在天津车站再硬顶下去，既决定由塘沽登舰，参谋长张佐民所做的撤走准备，亦立即宣告就绪。

晚上十时许，接到胡景翼先头部队已迫近天津的消息，事迫燃眉，因此火车头遂升火待发。这时候，停留天津总站的总司令部列车有头等车厢三十余辆，和两周前讨逆军总部出发北京正阳门赴山海关时一样，可是吴总部已大半数溃散逃亡，仅少数忠义之士和若干卫兵随吴共患难。当晚十一时左右，吴下令开车，火车驶出天津总站，向塘沽行进。十一月三日五时，车抵塘沽，幸好塘沽尚无敌军踪迹，不过直军败兵却有不少麕集在塘沽车站和码头上。

华甲舰有五千余吨，原是德国军舰，因为太大，不能靠岸，所以要乘小轮转赴“华甲”。吴氏等一行到大沽港已是上午九时，登上华甲舰，在舰上已有败兵无数聚集大厅中，吴和左右只好转入船尾餐厅。

吴在舰上立即召集文武幕僚二十余人，商议今后步骤。兵败之余，穷无所归，与会人士面面相觑，真有不知从何说起之概。座中有吴所器重的张其锽，执笔草拟了五条意见：

一、取消武力统一中国之政策。

二、改变御下态度，宽容政客要人，苟有主张之士，虽政敌亦应敬重之，尤不可加以斥骂。

三、放弃洛阳根据地，另行选择据点。

四、亲贤远佞，起用新人才。

五、筹款三百万元为经费。

吴氏表示除第三条外，均可接受。张其锽起草的这五点意见，作为吴的一个幕僚来说，是很突出而大胆的，但也是必需的。在吴幕僚中，吴对张其锽最刮目相看。张是广西桂林人，字中武，中年自号“无竞居士”，幼年家贫苦读，光绪三十年中进士，由县长转任湖南巡防队统领。民国元年谭延闿都督湖南，张与谭友善，所部改为南武军，张任统帅，后任湖南军事厅长。民国十一年春，黎元洪总统任张为广西省长，加陆军上将衔。张和吴订交在吴首次南征时，张守永捍，以手书致吴陈利害，吴为之折服，遂结为异姓兄弟；吴对部下从不假辞色，独对张最亲敬，尊称省长而不名。

张博通经史，尤精于奇门遁甲，当时传说张能呼风唤雨，知过去未来，这当然过于夸大，可是张是一位传奇人物则是事实。他和吴佩孚相得益彰，水乳相融。

张季直送慰问函

十一月六日下午七时，吴佩孚率领败军乘华甲舰驶离大沽口，他在大沽口华甲舰上留了三天，想听听有没有意外的好消息，同时收容残兵。

在这个时候当然不会有好消息，吴听到的都是一连串极坏的消息，才下决心浮海而南。可是时移势易、世态炎凉，这时山东的郑士琦已宣布中立，拆毁沧州、马厂间轨道以阻溃兵，同时严令山东沿海口岸，拒绝吴氏登陆；吴舰过青岛时，温树德只派人送了食物，却不欢迎靠岸；十一月十二日吴舰由吴淞折入长江，十四日过南京，齐燮元曾登舰与吴氏一晤。南通名士张謇则派专人送上一封慰问信，内容是：

子玉将军麾下：将军为国家而战，为主义而战，战不足为将军罪。将军之败，败于内奸与外谋，败不足为将军辱。下走平日雅重将军，今以将军之败，愈增敬爱。时难方殷，愿将军为国珍重，少饮酒勿任气，将军幸甚！国家幸甚！

信末还附一诗云：

壮语招时忌，斯人实可嗟。
一舟成敌国，四海欲无家。
治易刘中垒，能军李左车。
盈谦有消息，尺蠖即龙蛇。

吴读了此函及诗，流下了几滴英雄泪，低沉地说："季老真是我穷途知己。"

离武汉返洛阳

吴佩孚一行于十一月十七日抵达汉口，这时齐燮元等已宣布对北京独立，所以吴佩孚一抵汉口就发表篠电组织护宪军政府。湖北督军萧耀南是吴所提拔的，他以为萧氏当然完全听他的指挥，因此他想联合长江各省对抗北方。护宪军政府所揭橥者为"……合法之国会政府不能行使职权，宪法完全失效……亟应联合建设护宪军政府，以为对内对外之机关……自冯军入京之日始，北京……之令，一概无效，所有征讨大计，唯护宪军政府是属。"至于所拟定之护宪军政府组织大纲十条，大要为：

一、护宪军政府因……合法之国会政府不能行使职权，宪法完全失效，联合各省同志组织之。

二、护宪军政府设于武昌。

三、护宪军政府代表中华民国，执行对内对外一切政务。

四、护宪军政府根据法律元帅为海陆军大元帅之义，于大元帅之下设置元帅，凡各省区之巡阅使、督军、督理、督办、都统、海陆军总司令皆为元帅。

五、元帅采合议制，设元帅会议行之，元帅会议设正副主席各一人，由各元帅互选之。

六、元帅不能出席会议时，得派代表一人代行其职权。

七、护宪军政府于元帅会议之下，设内务、外交、军政、财政、交通五部，每部设部长次长各一人，其组织及职务另定之。

八、护宪军政府至宪法效力回复、护宪目的完全达到之日，应即撤销。

九、本大纲有未尽事宜，由元帅会议随时修改之。

十、本大纲自宣布之日施行。

列名“篠电”的计有齐燮元、孙传芳、萧耀南、刘镇华、吴佩孚、杜锡珪、马联甲、蔡成勋、周荫人、萨镇冰、张福来、李济臣、刘存厚、刘湘、杨森、邓锡侯、袁祖铭、黄毓成、金演鼎、林虎、洪兆麟二十一人，包括苏、浙、鄂、陕、皖、赣、闽、豫、川、粤十省和海军，可是代表粤军的林虎和洪兆麟立即由上海的粤军代表通电否认。齐燮元虽是领衔的，亦对护宪军政府不表同意。萧耀南也有暗示，不欢迎吴佩孚留在武汉。十一月十九日吴佩孚黯然离开了武汉，乘京汉火车经郑州径返洛阳。

洛阳是吴佩孚的根据地。吴既然回到洛阳，反吴的人认为这是纵虎入山，非常不安。吴在河南召集他的旧部，积极布防，并在郑州设立护宪军前敌总司令部。十一月二十三日河南绅民张钫等在郑州组织弭兵会，反对河南变成战场。这时候胡景翼南下的部队已在京汉铁路和吴军开火。

段祺瑞玩手段

段祺瑞入京就任临时执政后，十一月二十四日吴佩孚致电段氏，表示赞成其应付时局的方针，劝段不要受张作霖和冯玉祥的愚弄。段祺瑞也有意在吴患难时拉一把，用来对付张、冯，可是又怕吴真的借尸还魂后不听差遣。所以阳示对吴拉拢，电称可以阻止胡景翼军前进，却暗中电令西北方面的阎锡山、刘镇华、陆洪涛、吴新田全力围攻吴佩孚。

十二月一日吴佩孚、胡景翼的代表正在开封召开和平会议，停战议和，突然陕军第二师长张治公、第三十五师长憨玉琨联合山西军队发动偷袭洛阳，向吴提出哀的美敦书，限其即日离境。吴素高傲，对憨部的变动本不重视，下令备战。不料吴的命令竟不能下达，部下亦不接受命令。这时憨的第二次哀的美敦书又来了，吴乃仓促离开洛阳，先到郑州。怎知在郑州还未落脚，又接确报胡景翼部自北方开来。吴只好匆匆南下信阳，寄寓信阳的道尹衙门，二日晨吴偕数十人乘火车离开信阳。这时又收到萧耀南的通电，拒绝吴率部入鄂，并劝吴下野。吴只好在新店下车。吴部寇英杰守彰德，为了表示对胡景翼让步，曾后撤五十里。

四日吴电段祺瑞，表示拟入鸡公山养病、不问世事。萧耀南电吴，愿意送路费请吴出洋。吴阅电大怒，立予拒绝。

被迫上鸡公山

吴军南撤，憨玉琨军尾追，十二月五日憨军占开封、郑州，胡景翼部渡河南下，被憨军拒阻。

十二月六日，吴佩孚上鸡公山。

鸡公山是很著名的，它位于河南湖北两省接壤之地，蜿蜒数十里，峰峦相接，形状奇特。山的顶端有如报晓的雄鸡，故名鸡公山。豫鄂人争传鸡公山可呼风唤雨；实则鸡公山屹立中原，介于南北之间，登山可穷千里之目，山上夏天很凉快，冬天很暖和，可以避暑避寒，外国传教士在山上盖了教堂，而有些人则修筑别墅，有钱的人多来自武汉。山上还有一条小街，也有医院、学校、运动场、邮政局、警察局等等。

十二月的天气，山上一片冬景，霜满山径，雪盖远峰。吴登山后借寓河南第十四师师长靳云鹗的别墅。

吴佩孚上鸡公山后，鸡公山又变成全国瞩目的一个地方，而他不只是生了病，同时头发也白了，形势影响于人之大，于此可见。在吴佩孚来说，他过于自傲，对左右不假辞色，崖岸自高，不同流俗，这些都可以说是他的长处，但也有他的短处；无论如何，在当时北洋军人中，吴不愧是个奇男子，曹锟贿选他不赞成，曹家在北京胡作非为，他也不同意，然而直系悲剧的苦果，却是要他一个人吞下。

吴当时气不能平的，是他如果在战场上战败，还想得过；他这次失败，主要当然是冯玉祥倒戈，同时曹家兄弟不争气也是基本原因。第一次直奉战争，奉系战败后还可以退到关外，闭关自守、发愤图强；这次直系失败，几乎和皖系一样，一败就不可收拾。而直系的大将都自顾自己，宁愿让人各个击破，吴佩孚怎不痛心疾首呢。

段祺瑞对吴佩孚也有深恶痛绝之感，因为段前此垮台，几乎完全垮在吴的手中。吴从驻防衡阳时代，以一个小小的师长，竟向段挑战，从此声望一天比一天高、力量一天比一天大，最后发动直皖战争，一举击溃皖系，段只好在天津息隐，如果不是这次直系垮台，段怎么能重上北京的政坛。

然而，政治上没有绝对的恩怨，政治形势可以把昨天的敌人变为今天的友人。段祺瑞这次是在奉系和新起的国民军两大势力支持下出山，自己无权无勇，也就无足轻重；处于两大势力之间，段的临时执政日子并不好过。段氏总想建立自己的力量，可是皖系军队已是烟消云散，安福系又是臭名扬溢，既无可用之将又无可用之兵。

有人向段氏建议，重用吴佩孚。在吴穷无所归时拉吴一把，使吴能为段所用，只有吴还可以对张作霖，尤其对冯玉祥有抵消作用，段也为之动心，不过对吴亦不敢相信。在吴佩孚来说，他自况关羽、义不帝曹，所以他可能演出过五关斩六将挂印封金、千里送嫂的故事，以标榜自己。在这种情形下，段、吴合作的可能性就太小了。

十二月十九日下午七时，湖北军第一师长寇英杰上鸡公山谒见吴，吴本打算以寇英杰率军警备鸡公山四周，并以信阳为中立区，缓和胡景翼军南下，让自己能在鸡公山喘息。

然而，胡景翼认为河南已是自己的辖区，怎肯在卧榻之旁容一只老虎？他于十二月十一日在郑州正式就豫督之职，逐走了憨玉琨，占领了信阳，又把吴佩孚的残部四万多人缴械。同时通知吴佩孚，请他离开鸡公山。

十二月二十八日吴佩孚带病下鸡公山，向湖北进发，可是湖北人也拒吴入境，破坏了铁路路轨阻吴的火车，吴被迫在广水下车。

赵恒惕表欢迎

吴佩孚入洛阳出洛阳、上鸡公山下鸡公山，走遍了半个中国，茫茫大地，竟无容身之所；昔日他被人歌颂、被人拥护，如今则被人驱逐、被人挡驾。

在患难中才看得到知己，当他穷无所归时，湖南赵恒惕伸出了友谊之手，敦请他前往湖南，而四川的杨森也派人来迎接他。

吴佩孚和赵恒惕，因对敌而惺惺相惜，由此订交；吴叱咤风云时代，赵在湖南和吴并不步调一致。吴一心要用武力统一中国，赵在湖南则主张联省自治。赵的联省自治是吴所反对的，然而吴、赵的私人交情却丝毫不受影响。现在赵氏果然请吴假道湖北前往湖南。

湖北的萧耀南是吴所提拔的，现在萧却有礼貌的拒吴，甚至吴想假道湖北去湖南都很困难。当吴氏在广水因铁轨遭破坏，火车被阻前进时，川督杨森的军务代表刘泗英来谒，自告奋勇愿意先到武汉去游说萧“缓段全吴”。吴欣然同意。刘洒英到了武昌，径赴督署，萧对来客表示自己不会做冯玉祥第二，不会卖主以求荣，不过为了保全武汉，请吴不要留在湖北。同时决定三个要点：

一、请吴不要驻岳州，改驻黄州；

二、吴的卫队以两营为限；

三、所乘兵舰“决川号”和“浚蜀号”的武装解除，仅供作为交通工具和自卫。

民国十四年（一九二五）一月一日，吴佩孚率领卫队抵达汉口大智门车站，宣言不入租界，留住火车中。这时候湖北公团向萧提出请愿，要萧劝吴离开湖北。二日萧耀南撤回驻防岳州的湖北第二十五师部队，以岳州还湖南。赵恒惕即派邹序彬为岳阳镇守使，率部前往接防。四日晨吴佩孚至湛家矶，改乘“决川”“浚蜀”两舰，东下黄冈，泊赤壁下，不登岸。川、湘、黔各省代表均在船上，大家合拍了一张照片，密订川湘联防条约。五日，抵黄州，即在黄州住了下来。立春日吴偕僚属游灵泉寺、陶侃读书处及其他名胜，均有吟咏，好整以暇。现在抄吴当时的几首诗如下：

《初至黄州，走笔示杨云史》

为谋统一十余秋，叹息时人不转头。
赢得扁舟堪泛宅，飘然击檝下黄州。

《赤壁春望书示杨云史》

戎马生涯付水流，却将恩义反为仇。
与君钓雪黄州岸，不管人间且自由。

《黄州早春登城》

两字功名百战哀，江山无改此登台。
举杯独酌看周易，樊口江鱼下酒来。

黄州距离武汉只有一百二十里，当时变成了冠盖云集之地。段祺瑞也奈何吴氏不得。萧耀南看到吴的潜力不可侮、段的势力不觉畏，对吴的态度也缓和多了。然而，吴已饱尝世态炎凉的滋味，湖北各团体对吴的称呼就变了三次，开始是“大帅”，后来是“玉帅”，最后直呼“子玉”。更且发起“拒吴保鄂”。

软不来就硬来

萧耀南也有他的苦衷，第一怕胡景翼以捕吴为借口而开入湖北；第二段祺瑞派了代表坐守督署，天天迫着萧要把吴押解入京。同时萧也怕吴的部属在湖北活动，所以曾贴出一张皇皇的布告：“吴上将军表示下野，倘有假上将军名义号召党徒者，唯有执法以绳。”他也发出通电：“倘有野心家侵犯鄂境，定即率我师旅，相与周旋。”这是对付胡景翼的。

吴到黄州后，萧也有电通告各方：“吴前使来鄂，奉执政电谕，勿任或往他处，以靖人心等因。吴使鉴于各界环请之诚，即于江日乘轮离汉，不问世事。我执政保全将才及吴前使遵守和平之旨，俱可昭示于天下，垂美无穷。耀南奉命周旋，公谊私交幸获俱尽。”这篇文章真算“好手笔”。

吴佩孚在段祺瑞和张作霖眼中，是一个仇人；可是形势变了，冯玉祥的崛起和倒戈，让段和张同具戒心，他们都有用吴制冯的动机，所以张作霖曾对报界谈话说：“过去悬赏缉吴，纯为军事行动，现在军事行动终了，对待敌人的行动当然也中止，对吴如何处置，作霖概不过问。”

段很想把吴请回北京，如用他，不让他离得太远；如不用他，在北京更可放心。王揖唐讨了这个差使，王觉得段的手下能和吴打交道的，除了自己没有别人，过去王任南北议和北方总代表时，吴反对最烈，可是现在王已荣任了皖督，自己觉得身份不同了。

是年二月二十五日，王揖唐到了黄州为段做说客，劝吴自动入京，有话当面谈，前罪一笔勾销。吴待王以贵宾，从黄鹤楼谈到赤壁，天一句地一句，始终不正面谈政治问题，一连几天，越谈离题越远，王揖唐看看无可再谈了，乘兴而来、败兴而去。

王揖唐之行没有结果，段祺瑞认为既然软来不行，就只好硬来了，密令海军司令许建廷率领长江舰队八艘前往黄州，希望能一举擒吴，同时对萧耀南也有兴师问罪之意。段派在湖北监视萧的，是曾任第三师第五旅旅长张学颜，张的现职是萧的参谋长，他和吴氏有过一段不愉快的往事，才脱离了直系而投奔皖系的。

离黄州到岳阳

湖南的赵恒惕继续向吴劝驾。正当吴有离黄州之意时，赵来了一个电报，情意殷切，内称“湘为旧游之地，盍兴乎来，愿扫榻以待”。

吴在穷无所归时，得到赵的电报，深为感动，喟然曰：“炎午真够朋友。”

吴和湖南之间，是敌是友，论主张是敌人，因为湖南是独立省份，直系称霸时代，湖南是不听命令的；可是吴和赵之间，从吴在衡阳驻军起，两人订交，深相契结。最妙的是，湘人坚拒北军驻境，现在却自动把吴从湖北接来，假使当年吴在湖南时逼湘人太甚，今天就不会有这个结果了。

吴决定赴岳阳。在吴心中，岳阳是他的发祥地，第一次入湘时，他脱颖而出，成为北洋军中一颗彗星；第二次入湘时，他扶摇直上，成北洋军中一枝独秀；第三次入湘时，则逼湘军签订城下之盟。他那时兵力本可完全占领湖南，可是因为他敬重赵恒惕，所以只签盟退军；现在是他第四次入湘了，却穷途无依、托庇于湘。

段派海军偷袭吴的计划，前海军司令杜锡珪获知后急电吴氏，这是该年三月一日午夜的事，吴接电立即采取紧急行动，率领随从人员登上“决川”“浚蜀”两舰，大风雨中启碇向湖南进发。吴的坐舰启程两小时后，许建廷所率的八艘军舰才掩至，已被吴兔脱了。段获知吴已离黄州，急令萧耀南加以堵截。吴当然想象到一切可能，所以过武汉的时候，两舰灯光一齐熄灭潜过武汉；萧亦假装不知，让他鼓轮西行抵黄金口，第十五师长陈嘉谟密置大炮于两岸掩护吴的座舰，同时宣言如海军军舰再上驶，岸上的大炮就采取攻击，许建廷的八舰到了黄金口遂不敢再前进。

吴佩孚于是年三月四日安抵岳州，岳阳镇守使邹序彬代表赵恒惕欢迎。吴自己留居舰上，眷属则迎住岳绅葛豪家，卫队分驻天后宫一带。

赵恒惕发表通电迎吴："国内互争，皆缘政见偶异，并无恩怨可言，子玉果已解除兵柄，不妨随地优游，何必迫之侨寓租界？既非国家爱护将才之至意，尤乖政党尊重人格之美德。"

赵恒惕迎吴佩孚到湖南，真是一种雪中送炭、患难知交的表现，赵本想请吴到他家乡衡山去小住，然而吴却愿在岳州，因为他不是真的放弃一切，他虽然愿意寄人篱下，却不能真的与世隔绝。

吴在岳阳不肯登岸，赵请他弃舟而陆，他亦不愿。吴自浮海南下后，他的亡命生涯是在海上、山地、湖上、舟上、车上，处处有惊无险。而他不仅不愿托庇租界，连陆地都有点懒于一住。

点京剧过昭关

吴在黄州时，虽各方代表往来如织，但黄州是萧耀南的辖境，萧在名义上又是段的属吏，在段、萧的监视下，吴不能畅所欲为；现在到了岳州，岳州是赵恒惕的辖地，湖南又是独立省份，不受北京政府的命令，吴受赵的欢迎而来，他除了对招待他的地主还有顾忌外，对北京政府可以完全不理了。

就在吴浮海南下的时候，北方情况有了很大的变化，段祺瑞召开了全国善后会议，然而国民党拒绝参加，中山先生北上后病逝北京，南方继续与北京政府对抗。中山先生去世后，广东政府宣布由胡汉民代理大元帅。

北方的奉系和新崛起的国民军系并不合作，双方甚至怒目相向。张作霖的入京出京就是对国民军系不合作的表示，冯玉祥在西京养"病"，一再请辞职，也是有心病的。

奉系不只要在北方布置自己的力量，同时亟亟于把他的势力向南方扩展。

北京政府内部两大势力不合作，加上南方也对北京政府不合作，这一切都是给吴佩孚一个“东山再起”的机会！

民国十四年（一九二五）三月二十一日（农历三月七日）是吴佩孚五十二岁的诞辰，这与他五十岁在洛阳时代如日中天的气象完全两样，可是仍然有八方风雨会中州的气概。各方均派代表来祝寿，张作霖也派了代表。

赵恒惕送吴的寿联是：

生平忧乐关天下；
此日神仙醉洛阳。

这对寿联如其人如其事，吴不觉捻须而笑，亡命途中得到这样的知己，也可安慰了。

七月三日（农历六月初三）是吴的夫人张氏四十整寿，吴的朋友和部下也在岳阳大事庆祝，并且举行堂会演唱京剧祝贺，京剧上演前请吴点戏，吴拿起笔写“过昭关”一剧。

吴的部属用湘绣给吴送了一块匾，上写“东山再起”。

果然，吴很快就东山再起了。

吴佩孚凭通电成霸业经过

中州散人

民国二年宋教仁被刺杀。由此引起的第二次革命失败后，袁世凯为削除国民党势力，并图进一步摧毁国民党根据地的两广，首以海军中将汤芗铭督湘，并派曹锟以长江上游总司令名义率第三师驻岳州以为声援。吴佩孚便随曹锟首次入湘。这是吴氏个人与湖南发生渊源之始。谁知此后，湖南便成了他飞黄腾达的发祥地。

吴佩孚首次入湘，并不得意，官阶不过上校，而且明升暗降，由团长左迁为师部副官长。但因曹锟很赏识他，过了一段时期，便晋升为第六旅旅长了。

吴氏升任旅长后，某次因岳州某绅士一席话的启示，使他此后得以很好地建立他与湖南人之间的深厚友谊，因而也得以奠定他此后能够问鼎中原的霸业基础。这一席话的主要内容，就是告诉吴佩孚：湖南人向来是轻生死而重义气，并且都有些吃软不服硬的骡子脾气；如果北方人要想在湖南站住脚，只宜出以怀柔，万不可以征服者的姿态临之，尤宜诚纳三湘豪杰之士，则其得道多助也必矣。

这一席话由一位地方绅士向他直说，不仅印象深刻，也影响至大。所以在他第二次率军入湘时，真的就因人因势而制宜，将这个具有奇效的“对策”，不折不扣地付诸实施了。

吴军入湘·秋毫无犯

民国六年七月，由于段祺瑞之马厂誓师，敉平了张勋复辟那一幕闹剧。黎元洪去职，冯国璋代理大总统，段祺瑞又回任了国务总理。段氏因鉴于“黎段之争”的余痛，为了要钳制冯国璋，组织一个以皖系为中心的类似政党的所谓安福系，改组成为新国会。旧国会的议员当然反对，以北廷毁法，召开非常会议于广州，选举孙中山先生为陆海军大元帅，就广州设军政府，联合西南各省宣言护法，并出兵湖南。民国七年一月二十七日，护法军方面的湘军将领赵恒惕已下岳州，刘建藩复平江。北洋政府派曹锟为两湖宣抚使，吴佩孚以第三师代师长率军第二次由鄂入湘。他率领的部队，除本部董政国的第五旅、张福来的第六旅之外，尚有王承斌、阎相文和萧耀南的三个混成旅，编成攻湘的第一路主力。部队一入湘境，他便下了一道极严厉的命令：全军不许动民间一草一木，违则处死。吴部入湘，三月十七日至十八日，两日之内便克岳州、下长沙、入湘乡，且亲率先头部队骑兵五百而间道进占衡阳。一路军行上所至，真是秋毫无犯，士兵们不仅不敢动民间的一草一木，连说话的语调都变得斯文得多了。这一来，真是大出一般人的意料，吴佩字三个字一下子便被人喊成了“吾佩服”，于此可看出湖南人对他的好感。

屯兵衡阳·大谈孔孟

吴氏于进驻衡阳之后，本可长驱南下，直趋广东，但他却屯兵未进。就在那个时期，曹锟节制下的第二路司令张怀芝所部，在醴陵、攸县两地却为赵恒惕所败，醴、攸两地得而复失，使在衡阳城内的吴佩孚部，一变而成为深入南方腹地的孤军，随时有被截断后路的危险。此一形势，一般来说是非退不可的，但吴佩孚却自有他的打算。虽然他此来是居于“虎伥”的地位，但他却是诚意要来湖南交朋友，不惟不作撤退的部署；相反地，但见他每日置酒高会，与当地绅士大拉交情。

衡阳是个文风很盛的地方，而吴佩孚又是山东登州府的秀才。聊起天儿来，总是大谈孔孟之道，或者春秋大义。并且为了表示深慕当地先贤彭刚直公（玉麟）的高风，还不时展谒其庐墓，对彭之后裔，亦爱护有加，并从这时起，竟仿效彭玉麟画梅花，不惜虔心临摹。由于他的诚挚与谦和，很快便与当地人发生了情谊，而当地人之视吴，也迅即有了更深一层的改变，始则视之为敌军司令；继而则视之为书生；结果，简直就把他当作了衡阳人，已不复认其为北洋“军阀”了。

与赵恒惕互拉交情

吴佩孚最成功的一手，还是对他的对手湘军师长赵恒惕之阵前争取。赵氏字炎午，亦衡州人，在衡阳城内的族人亲友既多，各处所布的耳目尤众，对于吴的一言一行，近在攸、醴的赵氏，莫不了如指掌，首先便有了好感，加之吴对赵氏逢人赞誉，在好感之上不禁便神交起来。于是，这两位尚未谋面的生死对头，一个逢人赞“吴子玉”，一个到处扬“赵炎午”，亲热得有如难兄难弟，再经衡阳士绅中之热心国事者的从旁促合，双方不久便遣使者通款曲，结成了事实上的“南北一家”。驻节武汉的两湖宣抚使曹锟倒很清楚而且也未曾表示反对，一时被蒙蔽着的只是在北京的那位段祺瑞而已。

至是年四月上旬，在双方协调之下，吴便正式与湘省都督谭延闿和湘军司令赵恒惕的代表吕蘧生与赵荪塘会于耒阳之公平墟，秘密进行释嫌修好、解兵息争的商谈，为未来有名的“衡阳撤兵”做了原则性的初步决定，并于五月二十五日经双方同意正式停战。在会谈中，吴向对方的代表表示得十分明白：他之所以主张和平，是为了国难日亟、共谋对外要紧；若南北长此相持，势将同归于尽，成为千古之罪人。他对于“翰林公”谭延闿之学识既推崇备至，而于赵炎午之沉勇强韧也大加赞扬。当时并发出豪语：“炎午我虽尚未得谋一面，不过，我早就知道他很够朋友，如果有我二人南北合力练兵，同御外侮，国家事必能大有可为！”

这一席话在赵恒惕固然特别受用，即任何一个湖南人听来也会感到舒服的。这次会谈当然很成功地结束了，结论是他以撤兵回师来宁息南北的纷争。

吴在北洋军系统，因平日木讷寡言、不长于交际，而素有“吴傻子”之称，想不到时来运转、独当一面时，便能在军事与外交的相互运用上，发挥如许惊人的天才。当然，这个与他平日之潜究易学、善悟《道德经》里面那些生化之妙，大有关系。

徐树铮来·拉拢吴氏

在另一方面，吴于克岳州、下长沙、进占衡阳之后，论功行赏，湘督一席顺理成章，一般人都以为是非吴莫属。谁知段祺瑞却发表了属于皖系的第七师师长张敬尧督湘。张部军纪荡然，尤以其义子张继忠即所谓“少帅”所招抚的那一批鲁豫之间的散兵马贼，开到富庶的湖南后，竟是烧杀抢掳无所不为。湖南人由于怨恨张，于是也就特别同情吴，因而发起了一项驱张易督的运动。张敬尧自然明白民心所向，为了害怕吴抢他已经到了手的“督军”，必欲去之而后安。乃将吴与谭、赵之间往来的一切经过，添叶加枝地呈报给段祺瑞。段以心怀内疚，虽起疑忌，倒也有几分谅解。为表示对吴的器重和安抚，五月下旬段特派他的心腹徐树铮亲自到衡阳来看吴，想要保举吴继任攻粤的第一路或第二路司令。

因为那个期间的曹锟，在与吴磋商好一些“极机密”步骤后，即称“病”不待请命已回到天津去了。徐树铮此来，锦囊里所带的本就是“釜底抽薪”的妙计，为了不影响既定的对南方军事，只要取得吴的同意与合作，曹病不病倒是无关紧要。因此徐就鼓其如簧之舌，拼命拉拢；而吴的反应只是一味点头，而不作可否。一味点头的结果，真有不可思议的妙用，徐回到北京后对段说：“无用担心，子玉无问题！”

于是，段对吴便益为器重起来。

进攻两广·条件优厚

经过几番直接通电，六月二日乃实授吴第三师长职，并赐以孚威将军名号，那年代的什么将军名义，就等于候补督军的地位。这一来，段祺瑞算是放了心，以为北军中最能打硬仗的角色，终于被他拴住了。早在四月二十日，曹锟就已被任为川、粤、湘、赣四省经略使，仍直接指挥第三师；张怀芝为援（实系攻）粤总司令，吴为副总司令。段祺瑞是个火性子的人，现在既认为掌握了这位新任命的孚威将军，便迫不及待地以急电来饬其进攻两广了。其条件是非常优厚的，只要吴拿下广东，即以广东督军为酬。电报是端午节前夕到的，吴只在上面批了一个“阅”字，随即归档。第二天并邀全军团长以上官长和湘军将领的代表，兴高采烈地大饮其雄黄酒，来一出《南北和》。

也就是在这个紧要的关头，曹锟忽然由天津跑到北京去坐索欠饷，理由很正大——无钱怎能打仗。欠饷索到一点之后，段内阁所接到的却是前敌直军全体将士给他的一份电报：

> 湘省水患滔天，瘟疫遍地，兵疲将惫，不堪再战。

这份电报虽属全体将士署名，却无主将吴佩孚的名字。紧接着，吴下面的五个旅长也补上一个联合请假电，也没有师长吴佩孚的大名。如此热闹的场面中，他倒俨然成为一个世外的“散人”了。这是前方的反应，而后方呢？曹锟北归后，原已答应出兵的张作霖也变了卦，此时口称：“奉防吃紧。”已不愿出兵南下。

一夜之间·举足轻重

不久，曹锟、张怀芝、王占元、赵倜、李纯、陈光远等六督也向段氏来上个联名电："民生凋敝，不堪再战，已饬前敌停止待命。"

段氏处此，可谓前后都受到打击。直到八月七日吴佩孚致苏督李纯坚决表示北方军人反对进行以外力为背景之内战的通电发表在报纸上，段祺瑞这才深感到所谓的"切肤之痛"。这通电在民国初年南北混战史上颇有价值，电文里说：

> 兵连祸结，大战经年，耗资数千万，糜烂十数省，有用之军队破碎无余，精良之器械损失殆尽；至若同种残杀，尤足痛心。……此次奉命南来，明知阋墙之争非国之福，然为维持中央威信起见，势不得不借武力促进和平。……讵中央误听宵小奸谋，坚持武力；得陇望蜀，援粤攻川。直视西南为敌国，竟以和议为逆谋。……国亡于外敌，固军人之罪；国亡于内乱，亦军人之羞。此次中央平川援粤，实亡国之政策也。军人虽以服从为天职，然对内亦应权其轻重而适从，非抗命也，为延国脉耳。……我国对德奥宣战，竟以兵力从事内争，重轻倒置，贻笑外人。日本乘我多难，要求出兵，而丧权协议已成，内争不息，外患将不可图。内争年余，军费全由向外抵借。以借款杀同胞，何异饮鸩止渴。……以上各理由，我军师旅团俱皆同意。近测南军心理，均不愿战。用特电达，请会同鄂赣两督，通电南北，提倡和平，使双方前敌各将士同声相应，大局转圜，当易生效力，曹气略使夙主和平，必赞成斯议也。

吴在发出这通电报的同日，并通电全国，希望"文官不贪污卖国，武官不争地盘"，同时表明自己的态度，以"今生不做督军、不住租界、不结外人、不借外债"自律。这样一来，这位籍籍无名的"区区师长"，于一夜之间，便成了内战中的“和平使者”，也一变而成为南北之间举足重轻的人物了。

西南将领·纷主罢战

到了同月的二十一日，吴又率部领衔发表请总统冯国璋下令主和的马电，同样不乏精彩之句，电文云：

> 大总统媾和宣战之权为约法所允许，对外尚然，而对内主和尤不得谓为非法，恳请我大总统仍根据约法之精神，颁布全国一致罢战之明令，俾南北军队留有余力一致对外，慎勿以摄职期满，轻思息肩；尤望我经略使与长江三督帅仰体元首苦衷，俯念生灵涂炭，群出赞助，协谋宁息。

最主要的是要“我经略使与长江三督帅仰体元首苦衷”一句；因为元首（指冯国璋）是他们直系的精神领袖，经略使曹锟与他是一体，而长江三督却是同出直系一脉，名是吴佩孚一人领衔出面请求，实则无异倾直系一派与段祺瑞的皖系相抗，做法上不可谓不高明。事实上，此举也确已种下未来直皖之战的伏线。

到二十七日，吴又再率在湘前线将士通电主和并请求换防，这算是和北京政府摊牌了。这通电文的意思就是对北京的段祺瑞明白表示：这个战，不“罢”也得“罢”，再不“罢”我吴佩孚就要自动撤兵换防了。这通电一发表，西南方面的将领谭浩明、谭延闿首先响应。三十日，广东军政府的主席之一岑春煊亦来电，赞成吴促进和平的主张，继之者有长江三督率全体将士响应，乃至其他西南诸省将领及全国各地人民团体都纷纷通电附和，一致表示对吴的拥护，终于凭这“区区师长”一人率先倡导之力，在内战期中出现了一个事实上罢战的新局面。虽然段祺瑞仍不肯下停战令，然而，这个“战”却是已经“罢”定了。

骂人电文·篇篇精彩

在以后的一些僵持的日子里，吴佩孚充分地发挥了骂人的长才，抓到一点借口便骂，从骂安福系的国会议长北方和议代表王揖唐开始，进一步骂内阁总理梁士诒、骂财政总长龚心湛、骂皖系的段祺瑞和徐树铮、骂北京政府和各省著名的主战派军阀，几乎是无一不骂，而且是越骂越起劲，而骂人的电文一篇比一篇精彩、一篇比一篇激烈。在一年多的时间里，居然被他骂垮了一个内阁总理、一个财政总长，再加几个著名的主战派督军，却给他自己骂来了在政治上举足轻重的优越地位和此后威镇八方的赫赫霸业。

他一方面骂，一方面又请求调防；一请不准则再请，再请不准则三请，乃至无数次的请。这个难缠的人物，把个北京政府缠得困扰不堪。段祺瑞虽然已是气冲牛斗，但却发作不得，这情形实在是狼狈到了极点。而老实人曹锟仍然采取他一贯的老办法：一面假惺惺地训斥一下吴；一面把吴的愤慨又说成是由于积欠军饷过多，而请求北京政府迅予补发。

左右逢源·声威大振

对吴佩孚而言，这时真是左右逢源：内既有曹锟为之声援；外则湘军的立场与他又是一致的。广东军政府的主席岑春煊更是热烈表示实际的支持。西南其他诸省的将领也无不遣使通好，唯吴的马首是瞻。所以，到了民国九年的一月，吴盱衡全局，已到了非要坚决采取行动不可的时候，于是在元月十七日发出一通坚决请求撤防的电报，由曹锟转呈北京政府，电报首先说：“于役湘省，两载于兹。迭请撤防，未承允准。”接下去就把直军全体将士久戍思归和积欠军饷的困苦情况着力地说明，因此不得不“北望叩首涕泣哀恳”；而老实人曹锟，这一次不但没有假作过场，而且还很着力地在电尾加上“战死者既作泉下之游魂，生存者又为他乡之饿殍”两句工整的对仗句呈上去。虽然如此，北京政府仍然未敢遽予照准。不过，到了这个阶段，吴既然已经决定要采取行动，北京政府形式上准与不准，已经不大相干了。三十日，广东军政府已决定秘密接济吴军开拔费六十万大洋，先付三十万元，其余三十万元留待开拔时付清。吴并与军政府相约，直军开拔之日，便是湘军接收防地之时。同时，他还有一个由张其煌起草的与南军共同组织“救国同盟军”的计划，于推倒皖系以后召开国民大会驱逐徐世昌，另组南北统一政府的计划，等待次一步骤实施。这个计划原本是好，只可惜后来在直皖战争中取得胜利后变了质，未曾付诸实施，否则吴佩孚在历史上的地位，又要重予估价了。

撤防通电·一字一刺

到了三月，吴在正式撤兵前，不再理会北京政府，采取了果决的实际行动：第一步率旅长王承斌、阎相文、萧耀南等与广东军政府七总裁代表兼湘军总司令谭延闿代表钟才宏、滇军唐继尧代表韩凤楼、桂军陆荣廷代表朱兆熊等，签订撤兵协议于衡阳，此为吴氏以直接行动正式参与国事之始。他取代了北京政府的合法地位，对南方军政府进行单独的媾和。第二个步骤是撤送军眷七百余人北归。但是，为了敷衍一下北京政府的面子，不太使段祺瑞难堪，以及给在天津的曹锟留一步必要时的转圜余地，不得已来一手花枪表演，居然若有其事地，在一切部署既定之后、正式撤兵之前，仍然正正式式电请湘督张敬尧派员到衡阳来协商接防。事实上，直军整装待发之际，湘军已枕戈待旦多时，哪里轮得到张敬尧来接防。

实际的撤兵行动是从五月二十日就开始了的，吴氏那一篇有名的撤防通电在二十日以前就发出来了。略谓：

> 远戍湘防，瓜期两届，三载换防，不可谓神速；阋墙煮豆，何敢言功！既经罢战言和，南北即属一家，并非寇仇外患，何须重兵设

防？……对外不能争主权，对内宁忍设防线？……

这通名电，自然又是张其煌的精心杰作，写得来字字铿锵有声、句句感人肺腑，全国人民无分南北，莫不同声喝彩。只有段祺瑞、徐树铮和皖系的嫡派军阀们，深感一字一刺，把吴佩孚恨之入骨。

浩浩荡荡·正式撤兵

两年来段祺瑞一直为吴的撤防问题苦恼着，认为：

一、吴师撤防则南军乘虚而入，他既无可用之兵，自然会引起严重的后果。

二、吴师撤回北方后，对北京是一个莫大的威胁。

所以尽管吴一再请求撤防，他始则延宕，继则避不作覆，终则命令陆军部不准。但情势演变至此，已知无可挽回，到二十一日，北京政府不得不承认既成事实，才电吴准其撤防。至是，吴便带着胜利的微笑按照既定的步骤，堂而皇之地在二十三日实行他的官式撤兵。全军官兵唱着他自撰的《满江红》军歌，浩浩荡荡撤出了衡阳城，北上保定去者。

悲哀的是，那位祸湘多端、拥兵七万的湘督张敬尧，二十一日真的派员到衡阳来协商接防，还郑而重之地派湖南暂编第二师师长（北军）吴新田为“主持湖南防务司令官”，与吴佩孚及湘军代表签条约；南北两军维持原有停战界线，前订湘直两军的停战协议继续有效。张敬尧的想法是很天真，以为吴佩孚一走，从此便无人来抢他的“帅印”；孰知二十二日吴一走，二十六日湖南境内的战事便开始，二十七八日湘军便占领了祁阳、耒阳两县，二十九日衡阳重又落入湘军之手。至六月五日，吴佩孚的军队正由汉口继续向洛阳进发的时候，湖南的湘乡、衡山、宝庆等县均已相继被湘军克复，北军已退至湘潭和株洲。到了六月十一日，湘军攻入长沙，张敬尧也狼狈不堪地跟着逃到湖北境内去了。

吴佩孚兵败入川记

李　寰

民国十五年吴佩孚在武汉号称十四省联军总司令，被国民革命军击败，退走河南，十六年佩孚率败军离河南南阳到田营，遒构兵变，折回新野，假道湖北老河口，拟入四川。夜渡襄河，为张联升袭击，几濒于危，取间道经保康祁归兴山入蜀。七月十三日抵巴东，杨森将军接驻兴山部队贺国权旅长紧急电报称："吴公偕其少数侍从人员及卫队约五千人已安抵马良坪，权闻讯，曾驰赴歇马河面谒，渠欲来川一游，可否接待，请示办法。"杨将军接电，思维再四，因其本人已任国民革命军第二十军军长，若以敌我态势言，在常人将诱之成擒，以弋崇封厚赏。但以旧日袍泽关系言，则不能落井下石，因复电国权，许吴入川。并将其兵败退川、志在游历电呈南京蒋总司令，陈明暂允游川纯出私谊，保证息影林泉、不问政治，如有轨外行动，愿负完全责任。当派第一师师长白驹及前四川省财政厅厅长熊煜，星夜乘轮驰赴兴山界岭，代表欢迎，面达暂以奉节县白帝城作为行馆。且令贺旅沿途加强护卫，不得稍有疏虞。

七月十五日，杨森将军偕夫人公子暨二十军将领僚属数十人，由防次万县乘兵舰直驶巫山县界岭，与佩孚及张夫人欢晤，共话离悰毕，舰即溯江而上。入瞿塘峡，白盐赤甲，相映成趣。浮沉江心，砥柱中流之滟滪堆亦岿然在望。须臾停泊白帝城下，径至永安宫行馆。杨将军以居停乘间说佩孚："国民革命军北伐成功，国民政府，已奠鼎金陵。公兵败后，既不愿屈居租界、寄外人篱下，又不屑凭借国际势力、滋长内乱，不如通电各方及川中将领，表示光明磊落之态度，告知此行纯系游历性质，不含政治意味，以明心迹并释群疑。”佩孚允如说，当由杨森将军具名发号电：

> “特急”重庆刘总指挥甫公，赖军长德祥兄，绥定刘督办积公，成都刘军长自干兄，邓军长晋康弟，三台田军长颂尧弟，暨各军师旅团长诸兄均鉴：
>
> 顷接吴玉老（按：吴佩孚字子玉）号日由夔来电开：“万县杨惠弟鉴：举世滔滔，乱靡有届，欲资游憩，名胜为宜。因念蜀中山水，半属旧游，而蜀中将领又皆旧雨，业于号日间道抵夔，暂憩此间，专事徜徉，不闻理乱。甫澄、积之、晋康、自干、德祥、颂尧诸兄处及各师旅长等，乞弟为之道意。一俟秋凉，溯江而上，再续旧欢。特电奉达，即希注察。小兄吴佩孚号印”等语。玉老自解除兵柄后，久已厌弃时事。此次挈眷到川，纯系游历山水，并无政治作用。森拟俟其暂驻夔门稍事憩息后，或当送往西行，诸公均属袍泽旧谊，当不让弟独为东道主也。
>
> 杨森叩养印

杨将军将佩孚之诚悃，转呈国民政府鉴察。并转电川中各方，于是社会益知杨之庇吴游蜀纯限旧谊私情而已。

乘机挑拨分化、使中国自化脓血而亡，为日本对华之一贯策略。当佩孚小住白帝城时，有日本第一遣外舰队司令荒城二郎少将、海军驻沪特务机关长佐藤秀大佐，率将佐十五六人，由宜昌乘小型兵舰至白帝城谒吴，表示愿给私人借款一百万元，赠步枪十万支、小炮五百门、机关枪两千挺，连同弹药等，一并由小型舰运入川境。吴答：“过去有枪，何止十万支，有钱何止百万元，尚且一败涂地，可见成败与款械无关。如余要借外债、引外援，何必今日，中国事中国人自了，盛意所不敢承。”坚决拒绝。自此消息传遍中外，国人均知佩孚早已倦翮敛翼、不复有东山再起之意矣。

佩孚小住万县，以其地当要冲，仍苦繁嚣，遂移居大竹县。大竹据高梁山脉之巅，丛竹密箐，风景幽美。佩孚喜画竹，今得友竹而居，夙愿幸偿，因成吟竹诗三十首寄怀。川人陈廷杰为之弁序，刘泗英等特为刊印，其十三首云："邑名大竹竹巍巍，时值春从地底回：枝干参天罗剑戟，龙蛇起陆倩风雷。七贤人谓非凡品。六逸天生不世才，我本寻芳来此土，微君谁与共徘徊。"兀傲不群，犹似当年。驻军白师长驹，与吴有旧，礼遇唯谨。川中袍泽，亦时有冰炭之敬，虽足补助匮乏，然以在野之身，随从卫队，多至数千，终虑难维久远，且恐怀璧贾祸，遂自动解除枪械，分赠相知将领。邓锡侯部将罗泽洲，时正驻防毗邻大竹之渠县广安一带，颇憎恨赠械不及于己，竟自称兵夺械。其时杨森又以戍区多故，自顾不遑，佩孚因不堪恶邻之扰，遂于民国十七年七月，移驻刘存厚绥定戍区之檀木场玉皇山，其地距达县城九十里。民国十八年十月，又由檀木场迁居距达县城三十里之河市坝大兴寺，所有一切供应，悉赖刘存厚尽其地主之礼。佩孚在此蛰居，优游岁月，宾主至为欢洽，民众亦极尊敬。民国十九年春节，佩孚应刘存厚邀请，曾对川陕边防军全体军官讲演。

当佩孚蛰居达县时，正值十九年汪兆铭等在北平召开扩大会议，冯玉祥陈兵豫陕抗命国民党中央。蒋介石，欲延请吴入京备顾问，笔者与川军各代表余绍琴郭云楼李元白等，均奉蒋介石召见，蒙指示切电杨森将军敦促吴氏早日命驾，并派杜钖珪率兵舰在宜昌迎候。不意吴氏行抵万县，即为刘湘部师长王陵基所阻、未能成行，吴氏乃再游川东名胜后转往成都。

吴氏行抵广安，曾畅游紫金山冲湘寺等名胜，并至杨森将军故里龙台寺，欣见寺前竖立石狮子两个，高约二丈，叹为奇观。因谓："子惠兄气魄雄伟，能怒吼作惊人鸣，真是地灵人杰。"再由广安至渠县，二十军将领杨汉域夏炯杨干才等均陪侍左右，共在金禅寺进素餐，各将领出纸墨求佩孚字以作纪念，佩孚为书《满江红》词及《正气歌》，勉以精忠报国。

杨森将军率部属送别吴氏于渠县八濛山，八濛山蜀汉张桓侯败魏将张郃之处，山中岩石刻有汉将军飞大败张郃于八濛立马勒铭数大字，吴氏伫观过吊毕，即经顺庆赴成都。

吴氏游成都，行馆设昭觉寺，尹昌衡曾往谒，并应宋芸子邀请，在四川国学会讲周易。曾云：五经四书，莫非解易；即佛藏道藏，亦莫非解易。未几即偕同刘泗英、陈廷杰、张伯伦等离成都取道甘肃陕西前往北平。

又谈吴佩孚

章君穀

李寰先生在《中外》发表《吴佩孚兵败入川记》，使万千读者对于蓬莱异人秀才将军，又兴不尽怆念之思。孚威上将军吴佩孚贵时，开府洛阳，雄踞中州，造了一座继光楼，款待各方嘉宾，总理总长，络绎于途，他曾亲笔写了一副楹联："得志当为天下雨，论交须有古人风"，口气是何等的豪迈！当时，前广西省长、吴氏的刎颈之交张其锽曾赠他以诗：

渐喜神州定，应知砥柱功；蓬莱钟淑气，海岱想雄风。

说礼思遥集，浮罂智不穷；远邦惊将略，近世更谁同。

然而曾几何时，以十四省联军总司令之声威，失计三湘、兵败武汉、蹩躃巩洛、东逃西窜。十四省地盘土崩鱼烂、失之一旦，百余万雄兵亲离众叛、风流云散。落得夜渡襄河、翻越荒山，亮出吴佩孚的大红名片，向土匪强盗讨饭。要不是杨森将军"有古人风"，铁肩担道义，迎他入川，那么，以他那样一心想当"失败后不入租界不出洋"的好汉，其结局将不知如何的悲惨？

民国二十九年一月二十一日，蒋介石以国民党总裁身份，致祭吴佩孚将军，在他的祭文中曾称："翳维先生，远慕关岳，砥砺廉隅，持躬慎悫……"，其实，吴佩孚的失败，和关羽、岳飞倒有一个类似点，那便是他们都是败于尔虞我诈、波谲诡秘的人生战场，而非失利于一刀一枪、叱咤风云的沙场对仗。关壮缪是败于孟达刘封的心怀叵测、按兵不动，而粮尽援绝，遂致败走麦城，遭了潘璋的绊马索。岳武穆更因秦桧卖国媚金，矫旨以十二道金牌召回临安，于是缢死风波亭，断了宋室中兴的机运。试看吴佩孚之死，他以六十六岁之年，息影北平，二十六年七月日军全面侵华并占北平，吴不及撤离，自兹即在敌伪人员的包围之下，有人怂恿他出任伪职，充当汉奸。吴氏大义凛然、晚节不亏，二十九年十一月中旬，有一天吃晚饭嚼着一粒沙石，伤牙剧痛，左半边脸全肿了，吴夫人替他请一名日本牙医伊东来拔去一牙，吴将军见医生是日本人，大发脾气，却是无奈。拔牙后肿仍不消，疼痛更剧，再请中国外科医生，看了依然无效。又延一中医师投以石膏二两，固请服食，照旧疼痛不止。其后请一位德国医生史蒂福斯诊治，嘱往东交民巷德国医院动手术。吴佩孚认为东交民巷等于是租界，宁死不去。当他痛得即将昏迷时，犹在不放心地叮嘱张夫人："你万万不可趁我昏迷，把我送到东交民巷，倘若你敢牺牲我平时的主张，那我们就不是夫妻！"

一直痛到十二月四日，日本人川本和军医处长石田扬言奉命来为吴大帅治病。三点钟，前江苏督军华北大汉奸齐燮元和一个姓符的也赶了来，在会客室里和几个日本人窃窃私议。四点钟川本等人冲上二楼，说是要给吴大帅动手术。吴氏家人和部属坚决阻止，日本人不理。川本一刀下去，但听吴大帅一声惨呼，顿时血流如注，气绝身亡。原来川本这一刀切破了吴大帅的喉管。

据一位吴大帅生前的知友说：大帅的躯干丰伟、相貌堂堂，但是眉目清秀、举止温文，望之不像桓桓武夫，反倒有点北人南相。他的面相特殊之处，是鼻子削直，髭须略带赭色，还有他的一双手，其软如棉、柔若无骨，和他握过手的人，无不感到惊异。至于往后有人说他像唐太宗李世民一样，掌中有一条通天纹自掌底直达中指，因而贵显已极。这位先生说他不曾注意，难以确定。不过如就迷信相法者言：男子的手柔软如吴佩孚者，也该算是主贵的了。

一般人都以为吴佩孚内心极为仰慕关羽与岳飞，但是吴佩孚衷诚私淑的还是明代抗倭英雄戚继光。这是吴佩孚富于国家民族思想的一种自然流露，同时为其往后脍炙人口的不举外债、不入租界、不出洋“三不精神”的发皇。吴佩孚以戚继光做榜样，据说其间还有一段掌故。

中日甲午之战时，吴佩孚二十一岁，正从蓬莱宿儒李丕森先生读书，蓬莱位置渤海湾内，和大连旅顺遥遥相对。当中日舰队进行海战，日舰无故肆虐，发炮轰击蓬莱。吴佩孚恰在当地名胜蓬莱阁漫步，一炮飞来，击中蓬莱阁上的匾额，将“海不扬波”四个大字，单单轰去了那一个“不”。附近的人狼奔豕突、四散逃跑，唯有吴佩孚屹立不动，他血脉贲张、怒不可遏，一方面憎恨日本人的疯狂侵略，沛然而兴报仇雪耻之志；另一方面他也有深刻的感触，“海不扬波”变成了“海扬波”，他由而憬悟天下从此多事了。

为这一件事，他在民国九年蒿目时艰，怀念故里，曾经填了一阕《满江红》：

北望满洲，渤海中风云大作，想当年，吉江辽沈，人民安乐。长白山前设藩篱，黑龙江畔列城郭，到而今倭寇任纵横，风云恶。

甲午役，土地削，甲辰役，主权弱，江山如故，夷族错落，何日奉命提锐旅，一战恢复旧山河，却归来永作蓬山游，念弥陀。

九年元月，吴佩孚倡呼“息内争，攘外侮，南北团结，共赴国难”。五月二十二日不惜兵谏，自动从衡阳撤防，北上声讨亲日误国的段祺瑞。一路上，全体军士高歌这一阕《满江红》，慷慨激昂、热烈悲壮，各地民众和学生无不为之动容。于是国人加他以“革命将军”的尊号，乃使他以一名师长挥戈直指北平，和段祺瑞的大军鏖战，由于全国声援，张作霖的奉军更出关助阵，居然一举击败安福系。他主张召开国民大会，解决国是，北政府酬他以山东督军，他不干，甘为直鲁豫巡阅副使，退回洛阳，整军经武，埋头练兵。在福州城南戚武毅祠中，戚继光像的阁顶，吴佩孚曾经题了一块匾额，那上面便振笔直书：“吾将私淑”四个大字，而两旁的楹联则写的是：

雪国耻在四百年前，公不愧白武。
继兵法于十三篇后，吾曾读其书。

侃然道出这一段往事的时候，正值民国十六年吴氏兵败入川，百万雄兵，只剩下五千卫士、部分僚属。而日暮途穷、四海无家，偏有日本第一遣外舰队司令荒城二郎和海军驻沪特务机关长佐藤秀，带了十五六名将佐，从宜昌乘小型兵舰到白帝城，专诚拜访。表示愿意借给吴氏现金一百万元，赠送步枪十万支、山炮五百门、机关枪两千挺，连同所需弹药，作为吴佩孚东山再起的资本。吴氏当时莞尔地笑着答复：“本人过去有枪不止十万、有钱不下百万，可是我仍然一败涂地，以至于今。可见得成败利钝和械款无关，中国事中国人自了，盛意恕不敢承！”

送走了这批不受欢迎的傥来之客，吴佩孚一时感从中来，便与他的知友促膝长谈、吐露心臆，便从二十一岁时的一腔怒火，谈到五十四岁的峻拒日使，由兹可见他是立志效法戚继光的。像这样一位同仇敌忾、志切御侮的“革命军人”，“但悲未见九州同”，竟因为宋哲元在北平撤退之先，没有派人去通知他一声，以致陷身魔窟，被日本人明杀暗刺而死。笔者时常在想，如果民国二十六年吴佩孚能够撤离北平，哪怕他已有六十四岁的高龄，以他对于抗战领袖敬佩之诚和他爱国家爱民族的忠悃，即令叫他当一名阵前小卒，他也必欣然从命。一着之差，使他错过了“何日奉命提锐旅，一战恢复旧山河”的机会，这真是吴佩孚一生最大的憾痛。

吴佩孚贵为直系主帅，八方瞩目、如日中天，可是他招待贵客，与他那些部将的山珍海味、水陆纷陈，并且卜昼卜夜、极声色之娱的奢靡作风迥然不同。尽管他的客人多是中外权要、公卿将相，然而他宴客只分正式与非正式两种。正式宴客在大餐厅举行，以昭隆重，被他正式邀宴的客人，多为外国贵宾、本国总理、总长、督军主流人物。他那种正式宴客的方式是别具一格，闻所未闻的。贵宾高高上坐，主人则召集巡阅使署科长和各级部队营长以上的官员一例作陪，备有军乐队和十几名眉清目秀、聪明伶俐的士兵组成唱歌班侍候。所以一看上去，吴巡阅副使这个宴客的场面，可说是十分阔大壮观。

盛宴开始，军乐队吹吹打打、奏乐娱客，但是他们演奏的歌曲，都是吴佩孚自撰的诗词和军歌，于是大马关刀、威武雄壮，光只是乐队演奏还嫌不够，主人自吴大帅以次还要引吭高歌，由那十多名唱歌班的士兵起而相和。这一唱每每唱得与座嘉宾肃然起敬、热血沸腾，吴大帅大概就是要让他们留下一个终生难忘的印象。

知己友好与一般宾客，则在食堂里面予以非正式的普通招待，招待尽管说是普通，举行起来还是相当隆重。头一样，座席的安排要由交际处长自己动手，以年龄大小官阶高低排为次序，各人有各人的座位，不容出个差错。第二桩是吴大帅要带他的重要幕僚出来一同陪客。而第三桩也是最重要的一桩，那便是吴大帅总是借着吃饭的时候，垂询部属、会商大计，因此一顿饭要吃一两个钟头。参加这种普通招待的客人，耳听大帅和他的僚属毫无保留的谈论公事，心中都会感到十分亲切，大有四川话“你哥子不是外人”的意味。

吴佩孚的求知欲很强，上自天文、下至地理，所以声光电化、政治军事，他都有探讨研究的兴趣，堂堂巡阅使署，当然是“谈笑有鸿儒，往来无白丁”，各科各门的专家经常列为座上客。遇到这个场合，谈话的时间还要长久。可能就因为巡阅使署的饭，吃起来时间太长，因此使署一天只开午晚两餐，午餐（其实应该说是早餐）大约从上午十一点吃到十二点多，晚餐则自下午四点半开始，多半会延长到黄昏时分。

杨森将军曾对笔者说：民国十二年年初，他应邀作客洛阳，吴大帅请他观操。杨氏习于早起，天不亮便起了床，这是他在洛阳头一次吃早餐；卫士端来的竟是一大海碗稀饭，里面光是煮熟了的鸡蛋，便有十余个之多。

勉强吃了一半，实在吃不下去了，然而那位山东老乡的卫士，直在不停地劝："您再吃点，再吃点儿！不吃回头受不了！"

杨将军见他如此热心，盛意难却，只好撑开肚皮，把一大海碗稀饭吃完。

事后却知这位卫士实在是一片好心，杨将军陪同吴大帅阅兵，忍受日炙风沙之苦，站在检阅台上，从清早七点一直站到下午三时，杨将军以为吴大帅一定会下令解散了，谁晓得还有他自己的重头戏，吴大帅十分谦虚诚恳的坚请杨将军予以讲评。

杨将军一向崇尚实际、做任何事都尽心尽力，以求心之所安。吴佩孚对他相当钦重，他不愿用欺人欺己的门面话敷衍了事，既然要他讲评，他便坦直无隐，逐项说出他自己的观感。直系部队的操练过于形式化、方式也嫌陈旧、有若干动作根本不合要领，这样训练出来的部队，难以发挥士兵个人的战力，不能适应多种变化的情况，在北国平原勉强可以摆得出阵势，要是到了山岳地区带，部队可能由于地形复杂不战而自乱。

他又讲了一个钟头，使自己能够维持九小时而不饿不累，就归功于早晨强掗下去的那一大海碗稀饭。

讲评已毕，吴佩孚过来向他致谢。杨将军也不管吴氏部下对于他的率直批评受不受得了，听不听得进。他认为唯有这么样直话直说，方始对得起吴佩孚和他的惺惺相惜、肝胆互照。

吴佩孚手下的第一名爱将张福来，借由北政府撤销河南督军，冯玉祥改任陆军检阅使的过门，以"督理河南军务善后事宜"的名义，荣任河南督办，也就是一省之长了。他的督办公署设在河南省会开封。张福来亲自到洛阳一趟，当面邀请杨森将军到开封去玩玩。

吴佩孚当然赞成。于是杨将军自洛阳搭专车赴开封，抵达开封的时候正值午夜，杨将军在熟眠之中，突然被嘈杂的声浪惊醒，掀开窗帘一看，开封站灯火通明，照耀如同白昼，有一队军乐队在金鼓雷鸣，督理河南军务事宜张福来精神抖擞，他亲率阖城文武，排好队站在站台上，拍手欢笑，高声地嚷喊着“欢迎！”月台两头，还有大串的爆竹噼里啪啦地燃放。

张福来招待杨将军，果然又是火树银花、城开不夜、肉林酒池而富拟王侯。杨将军时至今日犹然很为吴佩孚感慨，他说：“吴佩孚严于律己、力争上游，即使他殚智竭虑、孤心苦诣，怎奈他的干部腐化糜烂，无法振作。因此他能力再强、志气再高，也是独木难支大厦。我这话决不是事后的先见之明，我在吴佩孚牧野鹰扬、洛阳虎视的最盛时期，便已经看出了他的败征。回四川后，我一直在以吴大帅的干部为例，谆谆告诫我的部属。”

杨将军辞离洛阳，曾经和吴大帅两度长谈。吴佩孚深以川局的紊乱为忧，对于杨将军的志业，表示衷心的赞许。当杨将军南旋武汉，重返鄂西，吴佩孚便于二月十二日下令卢金山的一个旅，协助杨将军准攻巫山，作为杨将军回川主政的起点。但是卢金山旅一进四川，也就证明了杨将军阅兵讲评恰中肯綮，这一支队伍不惯在丛山峻岭中作战，因此不久便退回鄂西，而由杨将军凭其本身的力量，溯江而上、节节反攻。

这一次杨将军奋力争竞，大军推展极为顺利，三月八日攻克万县，下川东尽入他的掌握；二十四日打下川东的战略要地梁山，但懋辛军退保重庆，四月六日杨将军顺利进驻重庆城，但懋辛再退泸州，杨将军在重庆歇马月余，五月二十日更兵分两路，东克安岳、遂宁，西下资州。其后四川群雄并起，争伐不休，直到民国十三年二月九日，杨将军进军四川省会成都，熊克武、赖心辉、刘成勋等分向新津、资州、内江溃退，四川方始有了一个定于一的局面。这年五月二十七日，当时也是吴大帅帮的忙，曹锟裁撤四川督军一职，派杨将军督理四川军务善后事宜。

杨将军在辛亥以前，即已参加同盟会。民国二年，他曾在四川发动癸丑二次革命。民国四年，他又参加护国军之役，担任蔡松坡的参谋，他跟吴佩孚立场不同、士各有志，因此只能说有私交而无公谊。民国十五年七月国民革命军北伐，杨将军顺理成章，早在十月二十三日即已接受国民革命军第二十军军长的任命，他是四川将领中接受中央番号的第一人。当其时，正值吴佩孚的部将陈嘉谟、刘玉春双双被擒，萧耀南已死，孙传芳在东南拥兵自重，坐视革命军消灭他的老上司吴佩孚，而吴氏大将如靳云鹗、田维勤、魏益三、寇英杰等俱以时势所趋，在向革命军暗中输诚，他们随时都会生擒吴佩孚以作进身之阶。再加上奉系张作霖落井下石、步步进逼，他催吴大帅向南反攻，吴大帅实已无兵无勇，他逼吴大帅让出河南，事实上吴佩孚一让河南立将无路可走。吴佩孚当时的处境，比楚霸王被困垓下、四面楚歌，也不过是五十步与百步了。

然而，吴佩孚之能以令人敬重，便在他无论环境艰险，以国家民族为前提的大节决不亏逋，民国十六年二月，奉军自京汉、陇海两线夹逼。

于是，吴佩孚火急调动贺国光军、马吉弟军和原驻河南北部的王维城军、秦德纯、高汝桐等师，防堵中牟至郑州之线，这一支临时组成的部队号称“保豫军”。当奉军前线将领韩麟春、张学良等部渡过黄河，保豫军迎头赶上，双方誓死力战，高汝桐乘铁甲车冲锋，和奉军的铁甲车猝然相撞，一时间血肉横飞、尸骨无存。

至此，吴大帅的百万雄兵，非死即降，其余的也一走而光，五月十三日，他率同高级幕僚张其锽、蒋雁行、张方岩、张佐廷、毕泽宇、汪崇屏、秦懋叔等，还有他的张氏夫人等眷属，卫队五千余人，自河南巩县经嵩山、走南阳、投邓县，旧部于学忠避而不见。襄阳镇守使张联升也是吴氏部将，惟已变节，他派人来谒，商定夜渡襄河地点，结果却设下埋伏，午夜河面枪弹四飞，吴大帅赖卫士力战，勉强渡越，一行人累累然如丧家之犬，急奔鄂西川东，跋涉于荒山绝岭之间，途中，张其锽被土匪击毙，吴大帅抚尸大恸，“却顾所来径，苍苍横翠微”，秀才将军真正到了山穷水尽的地步。

吴佩孚兵败如山倒、走投无路的时候，杨森将军以道义为重，怆念旧谊，曲尽爱护之道，欢迎他到四川小住。时人论此，都称道杨将军的风义，谓为来日历史上的佳话。但是杨森将军却很谦虚，他认为这不过是他做了一件应该做的事情，友谊之道，无非声应气求、患难相扶而已。吴舍却许多关系交情远比杨为深的不去投奔，独独翻山越岭，千里跋涉，投靠时正局处川东的杨将军，煮酒谈兵，诗词唱和，度过他一生中最悠闲快乐的辰光。杨将军觉得这是他的无上荣幸。杨将军举一个例，譬如说和他很熟的于学忠，当时正任第九军军长，驻守河南邓县一带。吴佩孚后来很感慨地说过：于学忠是他的蓬莱同乡，追随吴氏垂十余年之久，经吴氏一手提拔，由营长当到军长，平时一向把他视为心腹爱将，那一次吴氏决意从南阳入川，原定计划便是带于学忠的第九军同行，多少保存一点实力。

然而当他离南阳而走邓县便接到情报，指称于学忠业已投降奉军，经张作霖派为第二十军军长。接讯以后吴佩孚表示决不相信，一再斥为胡说八道，于学忠怎么会是这样的人？等他抵达邓县，于学忠果然率领部下各师师长来见，吴佩孚非常高兴，和他商定了入川的路线，因为有于学忠这一支劲旅，他们议决南下宜昌，堂堂正正地溯江西航。

临到出发，于学忠久久不来，吴佩孚派人去催，于学忠避得影踪不见，吴佩孚这才心知大事不好，于学忠果真变了，再多逗留，可能会被于学忠生擒了去献功。于是他这才急急出走，而且临时更改路线，渡襄河、出南漳、保康而入巫山，一路攀藤附葛，几经艰危，而且还冤枉送掉张其锽的一条性命。

原来，当吴佩孚一行迅速撤离邓县，才走了三十里路，派出去的侦探疾奔来告：前方又有部队阻截，吴佩孚下令就在当地一个小村庄田营休息，一面再派人前往侦查。移时，于学忠部的杨织云、马廷福两位师长跟着斥堠人员过来谒见，他们都很惊诧地说：“我们是奉于军长的命令，在前面挖战壕，筑工事。于军长说大帅已经过去了，往后来的任何军队，一概不准通过。怎么大帅还在这儿呢？”于学忠的用心，吴佩孚业已了然于胸，他分明是派杨、马两师，在这里截击自己，逼他回头，投入于学忠的陷阱。幸亏杨、马二人还有念旧之心，不忍向亡命落魄的故主开火，趁机装傻，泄露了于学忠的计谋。吴佩孚说他当时心中很感激，同时也知道应该赶紧走，但是再往前走便是襄阳镇守使张联升的防地，张是吴氏的旧部，连于学忠都翻脸不认人了，他又怎能测度张联升的态度？所以，那一夜他们便极其冒险而尴尬的，在田营宿了一夜。幸好于学忠不曾追来，他一定是晓得他部下不愿跟他沆瀣一气，做那卖主求荣的勾当。这是吴佩孚颇感痛心疾首的一页往事，倘若不是于学忠变节，他原可堂而皇之地入川。接踵而来的襄河遇伏，死伤百余，以及张其锽的灰店铺遇匪，惨遭横死，全都不至于发生。

杨将军并且透露，他是接到所部贺国权旅长的电话，才知道吴佩孚一行，已经抵达接近他防区的马良坪，当时他确曾煞费考虑，因为他接任国民革命军第二十军军长才九个月，若是严明敌我之义，他应该把吴佩孚抓了来，然后往南京一送。但是他想到民国十二年以后吴氏对他的公谊私交，都是拳拳可感的，兼以同情吴大帅的日薄崦嵫，英雄末路，这才不计一切后果，决定竭诚欢迎。“不过，”他微微而笑地说：“我还是做了一道手续，打了个电报呈报蒋总司令。蒋总司令由于体制攸关，他当然不便回电，但是他的置之不复，正足以说明他也是默许我这样做。”

笔者想起了一个微妙的问题，向杨将军请教：“那么，将军是不是在电报发出去以后，还等了一段时间的回电，再去欢迎吴先生的呢？”

杨将军望着我，移时，他发出爽朗的笑声，因此我也笑了。在笑声中他说：“说老实话，我是一面吩咐秘书人员打电报，一面下令准备欢迎专轮，带起我的太太，和全军各师旅长，大批的眷属，浩浩荡荡，欢欢喜喜地由万县直放巫山界岭。我们一大群人，就在四川省界以外，站了一个多钟头，方才看见吴大帅夫妇的轿子抬到。当然，自马良坪到兴山这一大截路，我在电话里面就已经下令贺国权妥善照拂，除此以外，我还立刻派了第一师白师长，和前任四川财政厅长熊煜，当夜出发，先乘一艘专轮代表我本人到兴山界岭去欢迎。”

后来到了民国十九年，蒋介石曾有意请吴佩孚到南京共商国是，而备咨询。杨将军奉命后极为兴奋，遍向川中将领说项，希望他们勿予拦阻，可是吴佩孚抵达万县，竟会受厄于王陵基。他无法东下，只好北旋，直到民国二十年秋九月，吴氏方始由甘肃、宁夏、山西而抵北平。到北平后他向僚属下的第一道命令，便是："任何日人概不接见！"

民国二十一年夏，总统军事委员会委员长任上，派当时的实业部长孔祥熙，带了他的亲笔信去谒见吴佩孚，面致慰问，还送了他十万块钱。吴佩孚命他的儿子吴道时和高级幕僚到车站迎迓，其后更派代表到南京答谢。不久后蒋介石到达北平，和吴佩孚在外交大楼会晤，一席畅谈，遂成莫逆。所以吴佩孚被日本人害死时，蒋介石极为震悼，致电吴氏家属慰唁，二十九年一月二十一日重庆各界公祭吴佩孚时且亲临致祭，三十五年十二月又派北平市长何思源代表参加公葬典礼，同时在南京举行追悼会，总统亦曾亲临参加，赠吴氏匾文云："正气长存"，挽联则曰："三呼渡河，宗泽雄心原未已；一歌见志，文山正气自长存。"

我随吴大帅入川

毕泽宇

章君穀先生在《中外》写《又谈吴佩孚》，文中曾提到张其锽、蒋雁行、张方岩、张佐廷和我随吴佩孚先生同行自河南巩县经嵩山、走南阳、入四川的事。因此《中外》编者要我写一篇吴佩孚先生入川事略，盛情难却，特将旧时日记加以整理撰为《我随吴大帅入川》以飨《中外》读者诸君。

民国十五年，冯玉祥的西北军退出北平，吴佩孚先生电靳云鹗会同奉军，围缴西北军械，靳违命并暗为西北军补充军械，先生愤极，夜趋保定，解靳云鹗职，西北军闻讯退据南口，先生赴平，晤张作霖，共商军事，张劝先生回镇武汉，西北军由奉军负责解决，先生对冯玉祥含恨已深，必欲亲自解决，张由是对先生不满，张回奉。南口攻守战两月有余，西北军总退张家口，而湘鄂重镇岳州被南军占领，先生将西北军事交张宗昌、张学良等处理，即率总部人员回汉口，此时沿粤汉路进军至洋楼司，与南军会战，受挫，旅团长陆云等伤亡数人，汀泗桥会战又不利，退守武昌，此时孙传芳按兵不动，先生屡电催出兵修水，以遥击南军后路，解岳州之围，孙不听，先生派参谋长蒋方震赴浙与孙面商出兵事，孙意志甚坚，欲迫先生下野，蒋遂电先生谓："馨远坚不出兵，大势已去，劝先生下野，以息仔肩。"并告先生他不回去，将由上海出洋，武汉局势至此成不可挽救之势。

武汉撤退

民国十五年，九月六日清晨，先生同幕僚，在汉口查家墩总部树林中，席地坐谈，忽有炮弹数枚，自龟山方面飞来，落于院内荷花池中，大家极为惊讶！初时据报，说是自己的炮调错了方向，继则说据报刘佐龙师叛变！吴急召武汉警备司令靳云鹗计议，靳不至，并将交通完全阻塞，逼吴先生下野。先生闻讯愤甚，遂率总部各处官佐及卫队一团，登车北上，拟退信阳，车不能通，不得已，乃下车步行，至祁家湾停止休息。此时，溃兵如潮水般退下，先生派人收容，几乎无人听命，所谓兵败如山倒，越多越乱！

翌晚登车至信阳，未久，靳与南军谋和未成，亦被迫退至信阳，向先生请罪，当以变乱之际，不便深究，姑容忍之。

时张作霖闻形势骤变，乃于九月十一日，急派张学良、韩林春率劲旅进驻黄河北岸，以阻吴军过河，先生恐后方被扰，乃调高汝桐师驻守黄河桥，以防奉军南犯，总部亦北迁驻郑州。

当时，奉军野心勃起，急欲统一全国，见先生势迫力蹙，欲使之就范。乃遣使到郑游说，许以军需装备供给先生所部，盼先生承认奉军张作霖为海陆军大元帅，先生置之不理，旋由秘书长张其锽建议，不谈政治，先由奉军供给军需弹药。补充完备后，直军由平汉线反攻武汉，奉军出津浦、收复南京，军事结束之后，先生驻军武汉，大江以北任由奉军处置，经过多次协商，未获结论，而张部将领韩林春、张学良等认为先生已成强弩之末，不可使之强大、为患将来，现在南军势弱、不堪一击，奉军实力雄厚，自不难一鼓荡平、统一全局。张作霖惑其言，乃与先生绝，迫先生离平汉线，先生乃移驻巩县兵工厂，高汝桐师退驻马店，时先生所部尚有二十余万人，分布南阳武胜关一带待命，奉军过河驻郑、许一带，与先生所部对峙。

十六年一月十七日，先生到巩县后，张学良不时遣使赠先生食米及日用品，先生亦以好言相答，时局动荡不安，国内各处均受影响，如山西之阎锡山、山东之张宗昌，皆感不安，各派长川代表随先生行止，以观风色。阎曾数邀先生移驻运城，张亦希望先生去山东，均被婉拒，一日先生与左右谈及当时形势，先生谓效坤（张宗昌号效坤）不学无术，轻投去就，百川（阎锡山号百川）处境艰危，未可深信，雨亭（张作霖号雨亭）几次进关，皆是趁火打劫，实非谋国之人，余走后群龙无首，大部军队必为南军吸收，南军实力增强，将来亦恐难以善其后。

农历三月初七，为先生诞辰，洛阳一带士绅，对先生素极信仰，是日大张祝寿之筵，军乐奏《满江红》词（北望满洲，渤海中风潮大作……此歌系先生自作）。回忆十三年春先生雄踞洛阳，全国各界来为先生祝寿，亦曾演奏此歌，当时闻之雄壮无比，今日闻之则不胜其凄凉之感。是日午后三时，忽传来炮声，接二连三的急报，知奉军又犯汜水，先生闻报乃命前方部队速向后撤，一面令各处官佐即刻准备出发，地方贺客各自散去，先生命将所有械弹，不能携带者，一律封闭，不准破坏，交原有驻厂官兵接管。第二天拂晓出发，计随行高级幕僚，如张其锽、蒋雁行、张方岩、张佐廷、秦懋叔、汪崇屏及笔者本人等十数人而已。先生于五月十五日离巩县，午后宿登封，次晨继续南进，经临汝、宝望、鲁山、南召、博望，行程七日到南阳，驻前镇守使署旧址。沿路各城镇居民，多迁居山寨，似有避难情形，据镇长报告，闻奉军将至，恐被骚扰，故暂迁避山上。但闻先生至，则不分老幼妇孺，均下山来迎。饮食之需，馈赠不绝。

先生部第九军军长于学忠，率所部分驻南阳、邓县、新野等处共六师。本部驻邓县，闻先生至率领各师长来谒，并举行会议，决定最后目的为四川，先向鄂西移动，与川军杨森将军取得联系，此时杨部驻宜昌，故第一步先到宜昌，于学忠回邓县待命。此时平汉线战事爆发，奉军与靳云鹗师高汝桐部先接触，战事相当激烈。

初靳云鹗之胞兄靳云鹏在奉军张作霖处做谋主，又与张系儿女亲家，故张颇为信赖，靳有组阁希望，令其胞弟就范，听张指挥，意想不到，靳云鹗早已加入反张阵线，又突然先向奉军开炮，其兄大窘，几乎无地自容。一场翻云覆雨的大计划，亦顿成泡影，在此战役中，高汝桐师长阵亡，奉军亦因损失过重，而造成颓势。

南阳入川

六月十九日，先生离南阳到邓县，会合于学忠，决定进川之行期及路线，乃发觉于已投降，改称安国军第二十军军长。先生初闻报尚不以为真有其事，至出发之日，于避不见，始信之。唯所部师长，受于欺骗，颇有怨言。先生出邓县三十里，据报前方有军队阻截，遂在一小村庄地名“田营”暂停，派探查明，系马廷福、杨织云两师在前方筑战沟，未久，马杨两师长皆来谒见，报告奉军长令挖战壕，谓大帅已过去，后来任何军队，都不准过，适才得悉大帅尚未出发，恐有误会，特来报告，这很显然是于学忠不愿随先生赴四川的诡谋，以掩饰其背主作窃之丑行！他效法靳云鹗在汉口之故事，逼先生下野，于某与先生同里，追随十余年，由营长提升至军长，吴待之不为不厚，素日依为心腹，临事却不如路人，可见知人之难。

吴见形势有变，乃告于部暂驻原防待命，不必跟随，是日宿“田营”，襄阳镇守使张联升（系吴旧部），派人来联络，并商讨渡襄河问题，决定在老河口与樊城之间“太平店”渡河，船只及掩护部队，由张负责部署。原来由田营去太平店两条路线，如果经太山庙是大路，远五里，经沟陵关近五里，乃决定走大路。卫队旅第一团先出发，第二团随本队行动，后因各路皆平静，本队遂改走沟陵关。出发时秘书长张其锽所乘之马，忽狂跳不肯向前，张怒，连鞭之，乃就道。正午到沟陵关午餐后，地方耆老持纸求书，吴不忍拒，遂一一为之书写。时在午后两点，南岗忽传来断续枪声，时张其锽不耐久等，同秘书处人员先行出发。吴恐有失，急催部队前进，行约三里地名灰店铺，果然发现惊人惨剧，张其锽已遇难身死，部队散开，遍地搜索，不见敌人踪迹。后经地方人报告，始知系樊忠秀匪部，误以为商旅，欲行打劫财物，未及搜检，大队已到，乃呼啸而去。先生见老友惨遭横祸，抚尸大恸，命地方士绅代为购棺木成殓，浮厝关帝庙内。是日乃在附近村庄宿营。由于行军命令前后不一，前卫部队与本队脱离，乃铸成大错。第二天中午到达太平店，第一团已先到，正调集船只，午后第一团先渡过襄河，在对面掩护，第二团及本队才上船，四面枪声大起，乃冯玉祥部葛金城旅，奉冯令截击，即张联升口中所谓掩护部队也。当时河中船只，骤形慌乱。第一团已登陆，向东岸还击，致使自己部队亦无法站脚。敌人隐避树林中或高粱田里，尤无法对抗，约经一小时之纷扰，先生及夫人与随从人员，均已上岸，计沉三只船，死于水者百余人，伤者十余人，副秘书长张佐廷腿部受伤，不能行动，着地方人界送樊城就医。先生渡河后，步行十余里，即行营宿，截击部队，亦未尾随。是夜南漳县县长，率地方人士三十余人，来营地欢迎。天明即出发，是日正逢吴夫人的诞辰，南漳各界，正准备庆祝，午后三时到南漳，先生下榻商会，晚饭后地方士绅求书者颇多。先生正忙于书写时，县长同民团司令，仓皇来报，刻有张道旅长率队已将城东南两面包围，情势危急，请先生速出城上山，迟则恐不能出城，势将坐困于此。先生闻报，未作任何表示，依然笔不停挥，似无其事，县长同士绅们，皆局促不安，为大帅着急，先生书写完了，对县长说："你代表我告张道，我明天六点出发，他七点进城，对他的长官就说我没从这条路上来就得了。"说完不等县长说话，便进卧室睡觉，时已九时半，参谋长蒋雁行同一般幕僚，会议了一番，除命令一、二两团加紧防守外，别无他法，夜间走也是危险，何况先生说不走，谁也无法请他。县长去了一夜无消息。天亮，先生洗过脸，商会预备点心，大家随便吃点，先生便一声令下说走，队伍早就准备好了，一齐出了西门登山。半小时后，人都上山了，也没听见一声枪响，张旅的兵，还在南门外未动。这很显然的是，对一个没有罪恶的人，不肯向他开枪，又谁能像张联升那鬼东西，投降了敌人不算，必要对多年的老长官打他几下枪，才算够味。

斯时，杨森将军已退巴东。宜昌之行作罢，乃转向保康，所走路线，沿着中山与白沙河间的一条小路，路上人家很少，无处可以找到给养，由南漳所带，只够一两天用的，这条路走得时间较长，还要上山攀藤附葛，衣着尽被树枝拖破，鞋子也没了底，因为渡襄河的时候，衣服行李没有上船，全部丢失。即使吴夫人，也连换脚的鞋都没有，带出来的三岁孩子，直喊饿，没吃的，士兵找来土豆或花生，亦是最好的了，甘草根及树皮，有时乃成为主要的食品。有一天走到一处地方，叫黄檗坪，地面稍微宽敞，有几户人家，一个老道庙有点面粉和绿豆，主人就全拿出来供客，成为几天来最丰富的一次午餐。尚未吃完，“护送”我们的张道旅长，又跟上来了，枪声又响起来了，可是没有伤亡，山上下来一匹马，举着一面白旗。先生端着一碗绿豆汤，手里拿着一张饼，由庙里走出来，边走边吃，问来人是干什么的。来人便举着一封信送过来，是张道所写，大意是请先生不要走了，四面都已包围，即刻交出队伍，随他到南京去，他绝对负责保护，如不听劝告，后果无人负责。先生看完了信，蒋参谋长流着泪说：“咱们总算对得起国家，即或到南京，也不会有什么危险，如此向外冲，必有大祸。”先生听完，当时大怒，两只眼睛如冒出火来一般，用手推开蒋某说：“跟我走，我不知道什么是大祸。”说罢即先向山路前进，留一小部分队伍在后面掩护。那个送信来的人，如木鸡一般闪在一边，看先生走后，才回去报告，一小时之后，在山腰稍停，俟后面部队全部到达之后，又沿山路前进，当夜宿于山上，张旅也没有袭击。此次突围，行列较为紊乱。吴夫人身体魁梧，走平路已够困难，登山之难可想而知，她的使女秋桂，十七八岁，最为忠实，虽然两只脚都起了泡，仍旧扶持夫人，孩子则由副官传抱，有时跌倒了，在半山打几个滚也不哭。六月行军，本是苦事，宿于山上，罡风透骨，如没有御寒军毡，就无法安寝，在山下宿营，又有蚊虫，更是不能入睡，所幸追击的人，夜间未能来打搅。脱离张旅之后，扶定向兴山进发，途经歇马河，是一个大镇，南面靠山，北面临河，必须渡河，才可到达镇上。当时镇上已有军队驻守，据地方人士报告，兵力约有一团，系由宜昌方向来的，这又是一个困扰的问题。先生照例不理，吃睡一切如常。吉人自有天相。第一天的情报，前面敌人已开走了，先生在尖兵的后面，一声不响地前进，不到半小时，先头部队已渡河，果然未遇阻挡，安抵镇上，镇上似经过一番惊扰，才煮好的饭没有人吃，许多军需弃置满地，最宝贵者为军鞋，士兵收集起来，呈由长官分发。

说起来也真有趣，先生自南漳出发时，带来民伕不少，他们听说前面有兵阻挡，深怕一定要作战，夜间先偷着过河了，而被守军捉去，追问来历，他们便绘声绘影，把吴大帅的威风说得很大，说有三万人，后面追来的军队，均被打退，而把守军吓跑了。

先生向不畏艰难，尤不怕危险，好容易有了给养，便在镇上休息下来。驻了三天，忽有消息说：由兴山方面有一旅人左右向此地前进，先头部队昨日下午已到马良坪。先生的部下，无论大小官佐，从军已久，都学会镇静功夫，但胆量则系天赋，伪装只在表面，内心恐惧，仍然要流露出来。蒋参谋长对大家说：不要紧，不要乱走。蒋的声音虽大，却有些不正常，可见其内心之不安。最后始探明，使大家如释重负，原来是杨森将军虽已退入四川，但无时不关心先生行止，贺国权旅，乃是奉命在尖山一带预作保护的准备。当夜贺旅长到镇上来谒先生，并面致杨森将军关怀之意，此后一切均由贺旅负责，生活遂行安适，过兴山界岭到巫山，于十六年七月十三日抵巴东，杨将军率所部各师旅长迎于巫山，与先生及随从人员一一握手，杨夫人更诚恳的招待吴夫人，情形至为热烈，饭后即登舰驶向白帝城。

白帝城至绥定

白帝城，距奉节十五里，城下有巨石矗立江中，名滟滪堆，所谓中流砥柱，即此石也。先生初到时，外国舰艇司令官，每过奉节必登山拜访，尤以日本人为甚，并献食品美酒，以资联络。日本对中国一向幸灾乐祸，有隙可乘，必竭尽方法，以图助长内乱，而先生一生最恶外人干预中国内政，对日人更深恶痛绝。故日人来访，每涉及国事，定遭严拒，甚至有一次日舰长要求与先生合影，亦被婉拒。当时日本第一遣外舰队司令荒城二郎少将，海军驻沪特务机关长佐藤秀大佐来访，愿助以步枪十万支，机枪两千挺，炮五百门，弹药若干，先生竟于危难时，毅然拒绝。

奉节是四川出入门户，形迹显露，各方来访之人，亦日形复杂，久驻不便，嗣与杨子惠商议，经万县去大竹驻，地处偏僻，往来人少，外间蜚语，自然也少了。

杨子惠将军为人坦诚，智虑深远，尤重道义，当先生虎踞中原时，对杨依畀较深，此番先生失势入川，杨不畏各方责难，曲尽爱护之道，殊值敬佩。

先生需费，承杨子惠按月致送，川北之刘存厚，成都之邓锡侯、田颂尧，亦各有馈赠。先生居川五年，生活极为安适。

先生对国家无罪孽，对个人无宿怨，即其心目中最不痛快之人，如冯玉祥者，亦未闻其对之有何不满之言表。虽然他失势稳遁四川，但他始终是安全的。

大竹县原有驻军，是邓锡侯部师长罗泽洲所属一旅，分驻县内各村镇，旅长熊裕章，驻节城内，罗本人驻渠县，距大竹八十里。

先生到大竹，罗泽洲对之招待颇周，亦时有馈赠，宾主之间，极为融洽，唯罗为人颇狡诈，在四川师长中，最不讲信义，杨子惠亦曾告于先生，此人不可接近。先生既到大竹，见其颇为恭顺，又知其实力无几，不足为害，仅对之略加戒备，但罗终于暴露了尾巴。某日拂晓，熊旅突然将先生之公馆及卫兵包围，声言系奉中央命令，缴大帅的械，斯时风声鹤唳，先生所部，异常激愤，决定突围，先生闻之严令制止，并传谕官兵，顾全大体，不准妄动，以我们系属做客，合则留，不合则去，如有难决问题，子惠决不袖手，必有合理处置，以罗部力量，怎能解除我们武装。正群情鼎沸之际，罗派县长来说明，只要先生能交出部分枪支，他即可以敷衍中央，经过研商结果，先生允以步枪一百五十支交罗，以为数月叨扰之报酬，罗闻报甚喜，熊旅撤回原地，并派参谋处长来致歉，一场尴尬局面，总算和平了事。先生夜间离大竹转川北绥定，系属刘存厚防区，翌日到达赵家场，刘已亲自来迎，并商定以檀烟场为驻节之地。午饭后去该地，系一大镇，人稠密，自先生住节之后，镇上顿形繁荣，店铺日有增加，镇外小山环绕。先生喜弈棋，每于午睡后，即约二三耆老，至山上对弈，至晚饭时始各自回家，度了一段优游岁月。

吴玉帅游川

杨　森

曾统貔貅百万兵，时衰蜀道苦长征。
疏狂竟误英雄业，患难偏增伉俪情。
楚帐悲歌骓不逝，巫云凄咽雁孤鸣。
匈奴未灭家何在，望断秋风白帝城。

——吴佩孚入蜀诗

章君穀、李寰、毕泽宇三先生在《中外杂志》谈吴佩孚，都写到我，不禁引起我对吴玉帅游川往事的回忆，兹将曩日所记吴子玉先生游川情形整理如下，以飨中外读者。

民国十六年七月十四日清晨八时许，我在四川万县李家花园二十军军司令部办公，突接本军驻兴山部队贺国权旅长紧急电报称：吴子玉（佩孚）先生偕少数侍从卫队，已安抵马良坪，职曾亲往歇马河面谒，渠欲求来川一游，可否、请示办法等情。我接电后，思维再四，以为若以敌我之义言，则应诱之成擒，以弋崇封厚赏。在我言，则以吴玉帅与我，有旧日袍泽关系，何能于其日暮途穷之时，不许其在青天白日之下，为一含哺鼓腹之民。遂决心一面派员欢迎，一面将其狼狈窘况电呈蒋总司令，陈明作东道主纯出私谊，如有轨外行动，愿向中央担负完全责任。当即遣派第一师长白驹及前四川财政厅长熊煜，星夜乘轮驰赴兴山界岭，代表欢迎，面达暂以白帝城作为行馆之意，并令贺旅长严密护卫，不得稍有疏忽。

七月某日，我偕内子暨本军师旅长及眷属多人，由万县乘舰直驶巫山界岭。此地为川鄂两省边界接壤处，据土人云：交界处草木各面向本省而生，界划分明，政治区画与天然景象，能巧配合，洵自然界奇观。我与内子等一行欢迎男女人员，伫立迎候约一时许，吴玉帅暨张夫人乘肩舆到，我趋前向玉帅握手致敬，并叙离别之情。吴面容虽略带风尘，而神采奕奕。内子亦与张夫人相见，备道沿途辛劳及招待不周之意，并各介绍欢迎者，一一向玉帅伉俪行礼。旋即就地进餐，餐毕，同登原舰，向白帝城进发。入瞿塘峡，峰回水湍，碧落一线，风景优美，为三峡冠。遥望四川怪杰鲍超爵帅捐修以便利行人之崎道，皆沿山半辟筑，易羊肠鸟道为康庄大路，鬼斧神工，令人叹绝。我与玉帅同坐船舷，欣赏沿途景物并为说明峡中川汉铁路预定修筑之路线所在，及何以中道停顿之原因，均各嗟叹功亏一篑之可惜，正谈话间，瞥见白盐赤甲，已在目前，而浮沉江心砥柱中流之滟滪堆，亦岿然在望。

舰过滟滪堆，直驶白帝城，即下碇于此。我与内子陪同玉帅伉俪，直趋永安宫行馆，并嘱副官处，妥善招待随员侍从。《蜀中广记》云：“〈水经〉曰：江水又东经永安宫南。注云：刘先主终于此，诸葛亮受遗命处也。其间平地可二十里许，江水回澜，入峡所无，城周十余里，背山面江。又云：白帝城，公孙述所筑也。〈东观汉记〉云：白帝城，旧名鱼复，公孙述见白龙入井，以为应己之祥，改为白帝。”白帝城名称之由来，史地上可考见，大约如此。是夕余夫妇正式设宴为玉帅伉俪及其随员毕泽宇等洗尘，畅谈诸葛武侯吞吴灭魏竟成遗憾，盖由天意，非缘人力。陈寿《三国志·诸葛亮》传谓武侯应变将略，非其所长，系以成败论英雄，纯出一人私意，非公评也，玉帅频颔其首。斯时国民革命军北伐成功，国府已奠鼎金陵，吴公高风亮节，既不愿屈居租界，寄人篱下，又不屑凭借国际势力，滋长内乱。况天命有归，人心望治，胜负已成定局，盈虚宜知消长。因以此意乘间婉陈吴公，当即通电各方及川中将领，告知来川系属游历性质，优游林泉，不闻理乱，以表明心迹。我更将此诚悃，转电中央，冀抒西顾之忧。所谓：明人不做暗事，颠沛仍谨大节，吴公有焉。由外传一切谣琢，谓我掩护吴公，含有若何用心，事实胜于雄辩，遂即烟消云散。久之，吴公又坚拒日本第一遣外司令荒城二郎少将及海军驻沪特务机爵长佐藤秀大佐之款械接济，消息传徧中外，益知吴公早已倦飞知还，不复有东山再起之意，更昭然若揭。

白帝城距四川奉节县治十五里，虽云只是历史名迹，而非政治上重心，然以地居全川咽喉，旧友故吏，时来探候起居，纵系全属私情，终恐引起误会。兼以中原新定，各方多谣，难免无事生非。吴公为贯彻不闻理乱息影林泉之决心，再三与我切商，愿迁地为良，拟先往万县，盘桓短时，徜徉名胜后，前赴大竹隐遁。我以吴公态度，光明磊落，确是英雄本色，极表赞同。某月某日遂以专轮，恭迎吴公至万县，招待于西山公园附近之李氏别墅。其地后枕太白岩，为唐诗人李白读书之所，曾有“大醉西岩一局棋”之句。前邻流杯池，为宋诗人黄庭坚与宋万州太守鲁有开修禊流杯雅集赋诗之地，并有鲁直西山留题石刻，及汉寿易实甫赋诗镌石诸名迹，吴公居此，晨夕散步其间，诗兴大发，与我前派驻洛阳代表刘泗英，秘书长杨裕昆，前四川省检察厅长黄绶，及县中名流刘贞安、谭以大、熊煜等唱和，吟咏甚多，附庸风雅之士，闻风兴起，来请吴公赠诗及法书者，络绎不绝。吴大帅之盛名，反被“吴秀才”之清望所掩。欧阳修所谓彼此一时，亦各因其势而然，岂不信欤?! 万县市，前在临时执政府时，根据中英《马凯条约》，已辟为万县商埠。时余兼任万县商埠总办，开辟马路，偏于全市。并筑中山大桥于苎溪之上，以沟通城区及南津街两岸交通，使其联成一气。另设公立国书馆，讲四库全书珍本，及古今中外图书数万册，庋置其中，以便沥览。并有商品陈列馆、通俗讲演所、慈善院、工人习艺所、市立医院、北山公园、西山公园等各项建设，以壮市容。余于天朗气清之时，间陪吴公偕刘泗英兄游历市区参观各文化慈善机构，过南津街一带，我指英舰科克捷夫威瑾于民国十五年九月五日，为浪沉民船，曾抗议，英方用炮舰政策，炮轰万县市区之创痕未修复者以示吴公。

吴对我不畏强寇卫国保民之精神，深表赞许。

吴公小住万县未久，以其地绾毂八方，非退隐之人所宜久居，为避免尘嚣，专心习静，自以入山唯恐不深为好。一日渡江游岑公洞，壁上镌有陆放翁诗，有“水作珠帘月作钩”之句。另有石碑，记载岑公名道愿，江陵人，避隋代大业间征辽乱来万县，流寓于此。吴公睹碑，欣然曰：吾亦欲作啸傲烟霞客，以步岑公之后尘耳，遂嘱余为择适当修养之所以居。细思本军戍区滨江各县，轮运频繁，颇涉繁嚣，隐非所宜。唯白驹师长所驻之大竹县，地介川东川北交界，山水清嘉，林木蓊翳，堪供游憩。兼白师长为余前派赴界岭欢迎吴公之代表，与吴较为熟审融洽，便于招待。于是遂嘱白迎护吴公暂住大竹修养，本人供应招待费用外，并由吴公旧日友好之川军将领，随时馈赠冰炭敬礼，生活费用，尚不感缺乏。惜以当此前后二三年间，我的戍区，曾经过三次重大事件。一为国共破裂，有仙桃镇之役。一为本军郭汝栋、吴行光诸部倒戈背叛，几摇根本，幸获危而复安。三为刘湘联合有关各军，压迫下川东，囊括我的戍区。我正全力应变，邓锡侯部将罗泽洲师长遂有乘间估缴吴公卫队枪支之事发生，吴公不得已于十七年移住刘存厚绥定戍区之檀木场玉皇山，旋迁河市坝大兴寺，由刘氏尽其地主之礼。自后吴公在该地蛰居，优游岁月，宾主至为欢洽，民众对之，亦优礼有加。

民国十九年，汪兆铭在北平召开扩大会议，冯玉祥陈兵豫陕，抗命中央。我曾迭电国民政府主席蒋中正，请缨讨逆。蒙蒋先后在南京及陇海路前线柳河列车行营，召见本部驻京代表李寰，指示二十军应由川出陕袭冯军之背，以与陇海在线中央军配合，使其腹背受敌，借收夹击之效。我正迁照指示，准备一切。适有人向中央建议，谓吴子玉与冯焕章宿怨甚深，彼此势不两立，各欲得而甘心。若中央能邀请子玉入京，备枢府讨逆咨询，既可以表示中央对昔日政敌，宽大优容，收化敌为友之效，亦可利用吴冯矛盾，以吴制冯。最高当局采纳建议，一时盛传吴子玉将与段芝泉先后晋都，受政府崇高之礼遇。未几，段合肥游白门，蒋主席且以师礼事之。一日，蒙藏委员会委员长马福祥先生，在其香铺营私邸燕集四川各军驻京代表，本部李代表寰，亦在被邀之列，马氏即席语诸代表，谓孔部长祥熙云：极峰意欲延请吴子玉先生入京备顾问，希望川军各将领，予以妥善之照料，使其易于成行，早日抵京。尤其切托李代表寰转电杨子惠兄特加协助，因其与玉帅之关系不同寻常，故对之期望尤殷云云。当由李寰转电告我；我亦据情转电吴公，请其早日命驾，如有所需，当为尽力准备，并分电川中袍泽之与吴公有旧谊者，共筹合力促其实现之方。未几，又接李寰电称：蒋主席曾召宴寰及甫（刘湘）、积（刘存厚）、晋（邓锡侯）、颂（田颂尧）各部代表于中山陵园官邸。即席指示：中央意欲延请吴玉先生来京，共策国是。曾以此情嘱孔庸之（孔祥熙）、马云亭（马福祥）、杨畅卿（杨永泰）转达各同志，想已知悉。现我已派杜锡珪乘兵舰赴宜昌迎候吴先生，希各同志即电子惠、甫澄、积之、晋康、颂尧诸兄，就近妥为协助，俾早成行。更盼子惠特予以助力，促其迅速扬舲东下等语。我当即转电绥定吴公，询其首途确期，以便电复蒋主席，及为准备一切。不知如何，吴公行抵万县境内，为刘湘部师长王陵基所阻，无法晋京应命，迄今耿耿。

驹光易逝，转瞬已为民国二十年春，余之二十军全部，已转移至渠县广安一带。广安县为我桑梓所在，特邀吴公由宜汉之下八庙启节游广安，以叙离悰。五月三十日抵广安县城，我率部属及地方绅耆名流郊迎，曾举行小规模之茶话会表示迎欢。吴公简单致辞，对地方一般市政建设及街市之清洁整齐，备至赞扬。且云：“《礼记》说入其国其教可知，余于子惠领导之家乡建设，突飞猛进，可以见之。”午后游广安县立中学，即前清紫金书院旧址，吾乡闻人蒲殿俊、顾鼍、胡骏诸先生讲学处也。其流风遗韵，父老侍游者，为吴公面道颇详。吴公云：顾巨六，是拥护洪宪皇帝有名人物六君子之一。蒲伯英，是辛亥革命四川保路同志会的领袖，曾任内务次长及北京市政公所督办。胡葆荪，则是尽力倡修川汉铁路的发起人。连同子惠老弟，我俱与之有旧，贵县真是人文鼎盛云云。语毕，吴公即在广安县立中学校欢迎会上，讲演“教育之体用和礼教的功效”，强调三纲五常五伦八德对国家民族的重要性，听众至为感动。六月五日，又应广安吴氏宗祠欢会讲演，吴公即席演说指陈吴氏系泰伯后裔，为周天子宗亲，其后夫差立国，世胄系衍，代有达人。蓬莱之吴，与四川之吴，同为姬周之胤，应本血统共同之谊，远近合作，敦睦宗谊，以谋子孙教育之发达，于国家宗族有所贡献云云。会毕聚餐，耄耋侍宴，纵谈地方现情，尽欢而散。次日余偕胞弟懋修、传三陪公往游静边寺谒家父母墓庐，其地名铁碑坟，堪舆家言，谓其脉真穴正，山水明秀。实则地为余弟懋修所自酌，并未询及青囊术士也。吴公于《疑龙葬经》，亦有心得，言下对墓地亦颇首肯。翌晨，即抵余出生场镇之镇台寺。寺为清初某法师所建，庙貌崔巍，气象雄伟，不类一般兰若。寺前树立整石狮子两个，每个高近两丈，雕刻之精，设计之巧，为近代艺术家所不及。闻其开山得石，石质异乎寻常。运输方法，则纯用木棍尺寸搅动，与滑车拉捧，竭数月之力，始将其石料运至寺前，雕刻又费二年余，盖前后历三四年而功竣。吴公睹此伟构，叹为巨观，所历南北各省名刹，亦未见此奇迹，钦羡不已。下午参观龙台寺公立两级小学校，校长曾开一小规模之运动会，欢迎吴公。男女学生表演各种竞赛活动，不仅精神抖擞，动作活泼，且其秩序井然不紊，严守运动规章，皆非其他各处学校所能比拟。吴公大加称道，向小学生说：你们要向乡先进杨子惠先生酷嗜运动发皇事功的精神学习，自然有其前途。诸生一致鼓掌，我则赧然，逊谢不置。

次日由龙台寺至萧家溪之冲湘寺一游，船抵渠县，余部将领杨汉城、夏炯、杨干才、罗润德，参谋长朱璧彩、副官长向廷瑞，及县中父老等数百人，皆鹄候江干，趋前分向吴公致敬，当承慰勉有加。旋赴金禅寺游览，山僧以素肴进，其品目为炸茴香菜、江米瓢藕、粉蒸荷叶豆腐、十景莲子羹，烹调优美，技术与众不同，吴公大加称道说：余足迹遍南北东西，不意在此穷乡僻壤中，有此口福，一饮一啄，莫非前定，信然。进餐毕，杨夏诸将领，多呈纸乞书，以作纪念。吴公为书岳武穆《满江红》词及文信国《正气歌》诸作，书毕，宿金禅寺中。翌日晨光熹微，我与诸将送别吴公于渠县之八濛山。其地为三国时张桓侯败张郃处，山中岩石，刻有“汉将军飞大败张郃于八濛立马勒铭”数字，吴公伫观甚久，始与余话别！偕随行人员，取道顺庆潼川赴成都。

吴佩孚得全晚节内幕谈

星　卢

山东省蓬莱县的吴秀才，何以到了民国时代会变成孚威上将军吴佩孚（吴字子玉，晚年人称吴二爷而不名）呢?

他的一生经过，既不似冯玉祥之有自传，而其嗣子吴道时中将在其父身故后所发讣闻又只有哀启而无行述，对于像吴氏这样一位名震中外的大人物说来，似乎是一种身后的缺憾。究其原因，似有三点：

第一，没有人能为他执笔撰行述，虽说寇英杰（曾任河南军务善后督办，与吴二爷是同乡，又一样是进过学的茂才）与吴的历史关系，勉强可以为他撰述行状，可是寇氏自认道德、文章、官阶三者比起吴来都不够资格，于是辞而不就。其够分量的人亦避忌观望，不敢动笔。

第二，行述总要夸说一点事功，而在当时却要顾虑到日本人的观感，有识之士，大都不愿多事。

第三，如果铺张过分了，又怕重庆方面起意外反感。

有此三因，所以除了北洋第三镇的老军以外，就不易推究吴二爷一生的详细过程了。

既不亲日、亦不反日

湘人陶菊隐，好执笔为内幕文章，迄今尚在大陆写《北洋政治与军阀》。记得他在一九三六年，曾在中华书局出版过一册《吴佩孚传》，说吴玉帅少年时代因染上鸦片嗜好，在家乡不慊于嫂氏，愤而投笔从戎。初为测量队员，曾与陈中孚氏，于日俄战时，曾协助日本军在西伯利亚一带做谍报工作，后得日本方面授以中下级军功奖章云云。如果有此事，日本对“日俄之战”视为圣迹，当有档案可查。笔者于民国二十八年在北京时，曾以此事探询过吴的周围人物，均不明就里。一九四八年，陈中孚氏尚住澳门，偶来香港光顾笔者寒斋话旧，笔者不愿向之勾起旧事，以防不欢。但曾婉转劝他写回忆录，老先生唯唯否否，曾无下文。今陈氏已于四年前身殁日本，在笔者未获可靠材料以前，这点只好存疑了。

吴氏在当权时期，是一位既不亲日也不反日的人物。他所以不亲日，是有他的环境条件与因素的。他在洛阳治军的时际，与他同时的奉天张作霖幕中若干位日本顾问多是后来侵华大将，如：福田、本庄繁、土肥原贤二等。这些人在他看来，都是小辈，他根本不大看得起，也就无从亲近。至于早过他的皖系段祺瑞，如日本政友会早与安福系交好。坂西中将、小原以及后来欧战参战的西原借款等，皖系都跑在他前面，他自不会拾此唾余。他是反皖、反奉的野心者，他要自己顶天立地、决不步人后尘，因此亲日的勾当，他只有眼看着让奉系、皖系去干。其间他幕中纵有一两个日本客卿出现，那是康有为与董康两位“圣人”代为引上门的，如冈野增次等。

冈野在日本方面原是新闻界出身的人物，吴氏勉强地招留他们，那是鉴于当时日本朝野盲目冲动、一点小事往往大事铺张，而其国策又对我国人的情绪非常敏感。吴因为当时已有了点远景和抱负，故和日本人多是处与委蛇、留有余地。外人不明就里，便误会他引用日本顾问，根本是看错了。

按说吴氏既然不亲日，就必然是反日的了。那倒也不尽然。这就是西洋人所以永远弄不清中国文化精神之点。吴氏固不亲日，却从未以反日来博取国人的同情。

比彭玉麟、比史可法

自从民国十四年吴氏走下鸡公山，到武汉查家墩东山再起，与奉张化敌为友、合作驱冯，以至汀泗桥丧师下野的一段史料，谈者已多，笔者不欲重述，现在不妨跳过这段，直写七七事变前后吴氏的处境。

却说国民革命军北伐成功，打倒军阀。奉系的老张死了。小张（学良）换了旗。皖系呢？段祺瑞与孙总理之间总算有过合作，而那时皖系的武力已告消失。直系呢？那就惨了，直系军阀，虽非吴佩孚所首创，但其衣钵则确是传到他手里才没落了的。吴在洛阳练兵以及长江巡阅使时代，他是以清代的彭玉麟自况。到第一次直奉之战发生，他在北京中南海怀仁堂点将发兵，简直是楚汉相争的韩信。

第二次直奉战失败后，他由秦皇岛登上华甲兵舰，循海入江，当时的心情却有点像宋末的文天祥。迨至下鸡公山，再起汉皋，好比诸葛亮出隆中。而在汀泗桥损兵折将之后，他命令陈嘉谟与刘玉春死守武昌待援，其心情又仿佛史可法困在扬州。直到后来其部属如靳云鹗师老兵疲，连河南一省都守不稳时，吴简直变为蜀汉的姜维了。急劫残棋，从何收拾？纵有一个后起之秀如于孝侯（学忠）其人，归附东北，保存了一线实力，而其他的人，一般说来，都是垮得够惨了。此中缘故，由于吴氏本人素以气节自重，所用的人，大多泥土气重、灵活不足。大树既倒，就无法善后了。幸而当时四川军人中，有很多受过他的帮助的，这时见他落魄穷途，义不容辞地予以照顾，以符合他过去所标榜的不出洋与不住租界的宗旨，总算还存几分道义。而那时国府当局，为要应付新兴军阀，遂不惜与旧军阀周旋，借以扬汤止沸。于是反转头来，对段祺瑞敬以师礼，按月致送津贴；而对吴氏亦设法羁縻，优容宽假。直到后来蒋先生有意收川，吴氏乃避嫌北返，卜居北京什锦花园。虽说保留着六大处，依然过其“帅”瘾，而不知他却另有苦心。至其频年流徙、历尽艰辛，那自不在话下了。

暗杀事件迭有发生

可是自“九一八”沈阳事件以至“七七”卢沟桥事件，这一段时期，华北却连续地发生了几起大暗杀案。先有张敬尧（前湖南督军）被暗杀于北平东交民巷使馆区内的六国饭店；继有张宗昌（前山东督办）被戕于济南车站；又有孙传芳（前东南五省联军总司令）被刺于天津佛教居士林。其中张（宗昌）孙（传芳）两案，是由过去两个旧军人遗属出面，而以施剑翘的刺孙传芳，赫然为一女性，轰动一时。其实呢，以上三人，当时亦确有与日方阴谋勾结的活动，迫使当局不得不加以镇压。查上面三个旧军人，倒有两个（张敬尧、孙传芳）属于吴氏的嫡系旧部。他俩的久蛰思动，吴在事前绝对不曾预闻。及至事发之后，吴固不免有轻举妄动、作孽自受之叹，而在私人情感上究不无毛羽凋零之痛。所幸那时北京的实力派宋明轩（哲元，第二十九军军长兼冀察政务委员长）倒能应付得面面俱到，日本人逼紧了，他回乐亭原籍住些时，由五人团的陈觉生等搪塞一下；事淡了，他又回到平津，敷衍一时。一直拖到不能再拖，“七七”事变起，他支撑了半个月后，再将残部撤向保定整补。至于吴氏本人在“七七”事变前之完全置身局外，那是任何人都不能加以否认的。“七七”事变既经发生后，华北政委会外交委员长陈中孚留在天津英租界伦敦道暂避凶焰，司法委员长章士钊派了马岩青（麟）在京留守，自己南下去了。其余亦皆全部撤走［包括王叔鲁（克敏）、殷桐荪等在内］。

冀东政府是四不像

独有得到几方面默契的伪冀东自治政府的殷奕侬（汝耕），却闹了不大不小的乱子。提起这位殷五爷，笔者且先予以介绍：他是浙江平阳人。其长兄殷铸夫（汝骊）曾致力于浙江省议会。其三兄叔祥（汝熊），久仕司法界。汝耕本人留日学政经，在中国政坛上，其日本通的地位仅次于陈中孚、黄膺白、林长民等一流。当“一·二八”淞沪事件时，上海市长吴铁城延揽他和王长春、钮传铸等为专员。其先，他曾在蒋先生的总司令部当过谍报课长，又曾在日本参加同盟会，而与军统一向亦有关联，所以他的资格也算相当得老。“一·二八”后，他到北方协助外交，得到日本方面坂垣一系的谅解，在北京附近的通县搞了一个不三不四的“冀东自治政府”。这对中日双方来说，原是作为“满洲国”与平津间的缓冲地带。在日方是冀图暂止于此，小作休憩。在我方是免得面对敌人，不能打仗，不好看相。所以容忍着这四不像的东西，俾对国人和国际做个四不像的交代。

这一“自治政府”，麻雀虽小、五脏俱全。除民、财、教、建四处之外，还有冀东银行以及保安总队等。其保安总队长张庆余原是驻在天津唐山一带的保安队。自被殷拖了过去，倒也整理、补充得像个样子。殷本人有时从唐山坐火车到天津国民饭店玩玩舞女，有时又在通县坐上汽车直开北京逛逛八大胡同。遇上天晚，到了西直门，他发声喊，守城门的二十九军部队（宋哲元部）还得为他将城门启闭一番。而在通县的南城边，二十九军也照样驻有一个营部。其间错综微妙，滑稽突鹘，真是闻所未闻。犹忆“七七”事变后两天，通县城外的二十九军营部已经撤退，那位保安总队长张庆余正在好好地打着麻将。于其赌兴正浓之际，忽然心血来潮，想起反正起义来了。推开牌桌，一声令下，殷汝耕立做阶下之囚。保安队的弟兄们，先抢冀东银行的金条，后抢民间的衣服棉被，然后传令收队，带好殷汝耕，向北京行进献俘。不料走到城下，一看城墙上太阳旗招展，守城的已是日本兵，才把这预备好献俘的殷汝耕释放，一哄而散。而殷进了北京，到底是祸是福，自己也推详不出，所以只好先避风头、暂行匿迹。而其时北京的“新皇帝”，已不是与他有过谅解的坂垣，而是天津驻屯军大使馆武官喜多少将。他一时接触不上，才让王叔鲁得了日友坂本之助，拔了头筹，当上了北京城内天字一号的傀儡，要是坂垣在北京的话，王三瞎子还真上不了台呢。

日人要请玉帅出山

可是王克敏也自有他的一套。他曾吓唬北京维持会的冷遹这班人，自称是通过宋子文而得到中央方面谅解的。维持会的人也就落得卸责，由他去搞。可怜的是坂本其人，天天陪王克敏到东城南池子喜多公馆叩见。有一天竟被隶属国民党马汉三部下的地下行动工作者，开枪向王克敏狙击，坂本覆身救友，竟为王瞎子做了替死鬼。

王克敏的“华北临时政府”招牌挂上之后，财政是他的熟门熟路。实业拉了王荫泰，王原是民初金佛郎案子里的中法银行要角（东方汇理银行）。司法拉了董绶经（康），其实董在华北司法界的影响力早已衰退，并不及朱博渊（深）、石志泉等之有实际分量。但吴二爷在洛阳时曾尊呼董为“圣人”，王之推重，只是出于偶像心理。这些人选，总算楚楚可观。可是最重要的还是军事首长。王的私心本想拉拢吴二爷，可是他不敢出口。一则正邪不能并立；二则吴果被拖下水，以其声威，王将反婆为媳，如何舍得。此时日本方面的华北派遣军司令寺内寿一，辖下有个“军特务部”，部长大迫通贞少将，年资已在预备役中，属于土肥原一系。那时由大迫经手将保定、石家庄之间的李福和部队予以收编，称之为“皇协军”，委派王金钰为昌黎丰润一带七县联防区队长。下面虽有了虾兵蟹将，可是上面仍缺了一个渠魁。王克敏与喜多为此大费心机。旋由日方提出了胡毓坤，而王则觉得胡的“满洲国”气息太浓，未遽接受。几经曲折，乃落到直系旧人，前江苏督军齐抚万（燮元）身上，名称是“华北临时政府治安督办”。这位齐督办，饮水思源、不忘旧恩，自就任后，每星期总得跑上什锦花园三次，向吴玉帅请安请示，意图劝进，取王瞎子而代之。可是吴佩孚的可贵处，就在爱惜羽毛，郑重出处，决不轻易丧志。至于王克敏之自称“临时政府”，实亦有其用心，远之是对重庆作缓冲余地；近之也是对吴表示期待，虚大统以待真命。哪知这强人吴佩孚比形势还强，他虽然陷身于这个复杂微妙的危险环境里，依然我行我素。对日本人，他固然决绝不接见，对未见的中国人也予以敷衍，或者干脆逐客。齐燮元之不自量力，只如蜉蝣撼树，何曾动到玉帅分毫。倒是日方看到前方的仗，已打到黄河中牟县决口，台儿庄会战大大不利。知道这局面决非王瞎子等一类文人所能担当。于是土肥原贤二只好加紧他的政治手腕，将压力加到张十三爷（燕卿，为张文襄公之洞的后人）与陈中孚二人的身上，务要把玉帅抬上宝座，以资号召。以上所说，仅是吴在“七七”事变以后的政治环境，以后要衍述到杨云史的奉命西行。张、陈二人拉吴出山的一股政治暗流。其所引起之摩擦，却促成“维新政府”与“汪政权”之两败俱伤。

当年想拉吴佩孚出山的人物之一是张燕卿，张为南皮相国张文襄公之洞的后人。在晚清诸名臣中，张之洞的子息要比李鸿章的多。现在因为要研讨这位张十三爷的政治性格，乃不惜费点篇幅来研究一下张的先德一番。这也是中国人研究一个人的因果成就不可或缺的一格。

张之洞在晚清时代，是讲求筑路、开矿、邮电、通讯诸实务的。在他身后，朋友及幕宾中人都以“儒臣”称许他。而他一生却最怕别人以“书生”两字称之。据说八国联军之役，李鸿章与逃难西安的东西二太后通电报中，曾经说过一句“请勿听张之洞书生之见。”张闻悉为之大恚，曾骂李说：“我是书生之见，他是（指李）老奸巨猾。”后来到了丁未年，张之洞与袁世凯同在军机。这位未来的民国首任袁大总统，尚拾了李鸿章的一句牙慧，奉为至理名言，大言不惭地对当时的德国公使某说：“张中堂（指张之洞）是讲学问的，我是不讲学问的，我是讲办事的。”袁的幕府中人引为东翁的得意名言，可以传诵于世。当时张之洞的幕友辜鸿铭闻之大怒，曾发牢骚地说：“诚然！要看所办何事，如老妈子倒马桶，固用不着学问，除倒马桶之外，我不知天下有何事是无学问而办得好的。”

张燕卿的幕后安排

至于张文襄公的这位文郎燕卿先生，他倒是个很明白政治现实性和深通权变的人。他早年虽然留学出洋，但在北洋政权时代，声名并不突出。他承先人做过两广总督和两湖总督的余荫，而他本人除在湖北方面之外，其他诸省，他都起不了什么作用。一直到了伪“满洲国”时代，据笔者记忆中，他好像是先就“实业部长”职，并非外交部。似乎在伪“满洲国”的时期，他与我政府当局已经有了默契关系。及后张氏又由关外入京，居住于北京城内庆王府，挂了个“和平救国会”的招牌。府内拥有十一间会客厅、九色厨房，这种气魄决不是上海人眼里的潘三省、耿绩之之流的作风可以比拟于万一的。更何况张十三爷这时来自“满洲国”，他对于日本军方的簑刈大将、本庄繁中将一班人的思想作风颇多心得。对于日本人当权者的心理，认识亦深。换句话说，张氏在中日战争时代对当时的日本式逻辑，在认识上似较陈中孚为精确。尽管那时土肥原对陈中孚个人很尊重，可是与张一比，张倒是实力派，陈则变了个不合实际的政治幻想家了。计张燕卿当时欲拉吴佩孚出山的一切安排如下：

一、挂五色旗（这是吴佩孚与日方都赞许的）。

二、将当年张雨帅（作霖）存在大连正金银行的存款三千万元解冻，拨缴吴佩孚作为练兵三十万的经费（这更是吴氏高兴的）。

三、任用吴毓坤为主将，以便利与伪“满洲国”及日本军方及散处前线的西北军间展开关系（这是吴氏不甚服帖之举）。

四、吴氏开府的地点，初步为开封，第二步为武汉（吴氏对此，绝对不愿）。

至于张氏在外交上，有“满洲国”和关东军的支持。在内政上那时的武汉已由柴山机关将何佩镕与石氏兄弟捧上了台，张的机要秘书索樾平已将武汉与北京方面联系上了。以上各点为张燕卿一派的计划内容。

陈中孚与日方关系

至于另一拥吴的主要人物陈中孚又如何呢？陈氏为苏州陈墓镇人，留学日本甚早，加入同盟会亦早。论在国民党的派系，属于胡展堂（汉民）一面。陈对于日本朝野的关系，政友会一系自在题中。军人方面，比较在海军中多过陆军方面。对“满铁”的关系则不多，而与关东军的关系却有一点。土肥原在当中佐的时代，就有一次专程跑到广州，拟有所自效。陈中孚那时任职外交处，可惜彼时当局着意联俄容共，没有睬他。陈氏一度做过市长，对于中枢当局，除某次在交代上有点款子手续未清，略有芥蒂之外，决不是一贯反蒋的。他对中日外交，亦确能以国家民族为重，不论其本身在朝在野，都多多少少地协助一番。

再说到当年中日外交的情形，更是杂乱无章、毫无步骤之可言，譬如在平津发生了事件，除了地方交涉、中央交涉之外，在上海或香港等地，又由在野方面接触一番，把解决的方案拟了出来，往往也就成为当日解决的枢机。陈中孚等就是这一类的热心人，不辞奔走、功成不居。

欲举吴氏为大总统

当抗战初起的那一两年，留住于平津的陈中孚既要尊吴而暂时收拾大局，他也有他的一套抱负与方案，兹分条记述如次：

一、重国体存党统。仍用青天白日满地红旗，进则可与西南容易合流，退则可使西南容易收拾。

二、举吴佩孚为临时大总统。至于总统产生的方法计有两种：一是召集国民会议选举，那时北京方面有缪丕承（斌）的“新民会”；天津方面有黎故总统时代的秘书处长徐理中办的“东亚黎明会”；武汉与长江下游各地有日本人大西与现居日本的陈伯藩办的“大民会”等。由地方选到中央，也就像一个国民会议了。另外还有一个选举的终南快捷方式（这是由一位以国会议员为终身职的某君条陈出来的），据说当年段祺瑞废止旧约法、召集新国会，而那个旧国会算来还有几十天的阳寿未满，据调查当时尚有一百一十余人可以召集。这也是一个选举总统的妙法（吴氏晚年已认清政治方式的重要，他是不愿偷偷摸摸地随便瞎来的）。

三、拥吴的实际力量。除华北的临时政府之外，华中的“维新政府”，陈氏仍拥有三分之一的指挥力量。按：“维新政府”本为陈氏一手拟出的方案，不料中途弄出了一个福建人王子惠，结果被捣得乱七八糟。尚幸“维新政府”成立前夕，华北军方派了一架军机勉强将陈锦涛、陈箓等十二人由北方运到南方。至于任亮林（援道）先生的绥靖部长，乃属意外得之。

四、财政方面。那时王三瞎子（克敏）的联合准备券尚在初创时期，要一百四十元兑旧法币一百元。可是另外有一位聪明人当时想起了天津英租界当局，曾封存关余截留银四千万两，可以交涉取来。再加上冀东的金沙，复开造币厂，恢复硬币本位，也就可以应付了。

其时张、陈二人拥吴上台的安排与计划，大体上既如上述，至于吴佩孚本人当时又是怎样设想怎样应付这一来势呢?

出现两个日本客人

话说那时重庆政府当局，在抗战军事逆转之际，忽然想起了闲居北平的吴佩孚这着闲棋来了。一直到民国二十七年十二月初，才由孔祥熙氏挽出刘泗英，要他到北京去走一趟。这一举措离开汪精卫的出走河内，不过早八天的事。可见重庆方面已接到情报，担心吴氏之上台已有剑及履及之势了。

事实上，吴佩孚在那位刘先生到北平之后，却真的见过日本人。不过，在较早的一段期间，吴在座上客中，即使陈中孚、张燕卿、齐燮元等跑来见吴，亦不敢冒失地带日本人前去访问，诚恐闹成宾主不欢的场面。土肥原偶然到北京，乖巧得很，亦不敢去麻烦吴大帅。除了有一次，一个日本军中尉喝醉了，借酒装疯，要向吴大帅致敬，直闯吴氏寓邸，闹过一点虚惊之外，吴氏并不曾受到过任何半真半假的日本人的威胁。一直到陈（中孚）、张（燕卿）、土（肥原）三方洽定之后，再经吴氏本人的首肯，才算见过两个日本来客：一个是冈野增次，那是吴氏在洛阳时就认识了的朋友；另一个是加藤（即现任日本厚生省大臣）。他们二人之能往见吴大帅，是土肥原活动的结果，并且得到日本方面荒木的认可，用考察“满洲国”卫生的名义，再商承篓刈大将一派的赞同，好不容易到了北京，见到吴佩孚，在吴说来是接见了朋友的朋友，在加藤来说是代表本国当局听听吴佩孚亲口所述的意见。就陈、张二氏来说，已经活动到日本政府派出了初步的专使，谈话形式，也不是十二分鬼头鬼脑地保持高度秘密。

吴大帅的快人快语

日本来客是有所准备的。他们一开口，先谈《金刚经》，这正是投其所好。吴将军对于《金刚经》向有偏嗜，自然而然地颇有心得。双方一谈入港，由“皇道”“霸气”引申到中日战争、中国前途、对蒋和平建议，因而顺理成章地谈到吴二爷的东山再起与进一步的具体合作。大概古今中外的大英雄豪杰，都有同样的脾胃，最好不要把救国济世的大题目去逗他。如果逗上了他的话，就会说个不停。吴二爷当时是被逗上了，就将他个人的政治抱负直截了当地和盘托出，作为对日外交方案。

吴氏首先说道：“请加藤先生告诉日本的朋友们，我吴某人是不肯离北京的。我吴某人在北京一天，这北京还算是我们中国的。我一离开，北京恐要变成不是中国的了。”加藤等对于吴氏的话，只有静听的份儿。

接着吴氏又说：“日本军一定要从占领区撤退，否则显不出和平诚意，我吴某人也不好说话。”说到这里，加藤等既不便点头，也不敢摇头。吴又接着说：“对重庆方面的谈和，我自信够资格和蒋总司令作为家务事，彼此商量解决。至于兵，我是要练的。我们中国的敌人不单是你们日本人，最要紧的还是老毛子俄国人。我们的中央政府，可以有日本顾问，地方政府绝对不可以有日本顾问。”说到这里，吴大帅把嘴说顺了，一时兴起，把手在桌上一拍，正色说道：“东三省你们一定要还给我手里，不然，我对中国的老百姓就没有交代。”说完了，又打上一个大哈哈哈，大有旁若无人之概。对方在此情形之下，脸上不禁时青时红，最后当然是灰无人色。原来日本人的对华外交，总是一贯天真，这次碰上了这位十足天真的酸秀才，也算是活该见鬼。第二天这些话就传开了。北京的丰盛胡同、铁狮子胡同、翠花街、辇儿胡同、大佛寺东街、无量大人胡同以及与吴有关或与吴无关的朋友家中，都拿来当作朝报廷寄来研究、来谈论了。

自从日本人与吴佩孚正式接触之后，因为吴大帅的言所欲言，结果自然是不得要领、无法谈拢，安排会晤的陈中孚却被日本人加上了“颟顸”两字的考语，弄得相当尴尬。那时候吴大帅倒想起了重庆方面曾由行政院长孔庸之出面派刘泗英冒险北来过一次，虽然吴氏的心迹与虚实已经大略让重庆方面有所了解，可是此时已是事隔半年，中间经过汪精卫的出走河内，日本方面又加紧对吴氏做工作。所以吴氏认为在事实上与礼貌上都应当派一个代表赴重庆答聘一下，期能减少不必要的误会。然而这个代表人选的条件相当困难：第一，必须为重庆方面认为此人足以代表吴某人；第二，此人又必须在重庆方面有点人事线索，始不致受人冷落；第三，此人的政客气味不能太浓，若派出一位翻手为云、覆手为雨的人，随时准备出卖吴氏的立场而去换取一己功名富贵，如果碰上这类人，确实太危险、太值得考虑。

杨云史卖砚奔重庆

经过吴佩孚再四思维，结果这个人选却落到了杨云史的身上。江东杨云史可以说不是政客，最低限度他决不会出卖吴大帅。杨氏在民初那些年，诗名掩盖了文名。当吴佩孚在汉口查家墩东山再起之际，他绾领幕府任秘书长。自从吴氏垮台，云史蛰居故都、绝意仕途，只以吟风弄月派遣岁月。因为那时董康（吴佩孚曾誉之为“圣人”）已出任伪华北“临时政府”的“法制委员会委员长”，云史承董不弃，亦按月送了一份薪水，杨氏平日安贫乐道，倒也悠然自得。此时吴佩孚既选中了他，要请他出远门，赴重庆一行，这一行动，确实非同小可。彼时间关万里，道路阻塞，要从北平东绕西转的奔往重庆，这一笔路费自然不在少数，吴佩孚穷，杨云史更穷，根本无从筹措。当时董“圣人”虽居高位，但董氏只肯甘心情愿花一万七千银圆收购刘氏的《七姬权厝志》薄薄的一本册子，当作古董玩赏，而对杨的成行，连三个月的干薪都不允发给。杨氏将自己多年来最珍爱的一方“蕉叶白端砚”卖了五六百块钱，凑集了路费，才勉强起程。到了重庆之后，除向政府当局转达吴佩孚在北平的境遇及表明吴氏个人对重庆的心迹外，自然也获得政府方面的一番抚慰，总算使重庆当局对吴氏暂时放下了一片心。因为彼时重庆方面正忙着要对付汪精卫出走以后的事宜，亦无暇多做对吴的工作，所以杨氏赴渝之行，并无突出事件，足资记述。倒是日方对吴氏出山的努力，反而做得十分积极。

日本特务机关动态

按中国抗战初期，日本方面因占领的地区面积小，事情比较简单易办，军事与特务机关也比较一元化。迨至进入抗战中期，日方占领的地方越深入、面积亦越大，至此日本人才知道中国的事并不简单，而且相当难办。从这时候起，日本军方的派系无形中复杂起来，演成多角的形势。当时所谓“皇军”的敌人，不只是正面重庆国民政府的军事力量，原来中国另有捉摸不清的许多力量。日本军人中，正复不少对中国政治有兴趣的，他们都想趁此时机、发展抱负，也各有其派系与背景，因此，日本当时在中国沦陷区各地除了正常的特务机关之外，遂凭空添了不少新鲜的名目，笔者且举几个例说明一下，才显出吴佩孚那时的出山与不出山，其中秘奥，绝非局外人所能看得清楚的，吴氏之不曾落水，可说是险而又险！

土肥原这三个字，大概读者诸君对之不会陌生，他那时是对华活动的专家，凡日本军力所到之处，“土机关”的“出张所”可以随便设立。在汪政权五年中，一手提携李士群的日人晴气中佐在上海的名义与所负责任，实际就是“土机关”上海“出张所”主任（那时晴气还只是炮兵少佐），关于拥吴出山的工作，晴气负责华中方面的推动专责，并与华北军特务部的大迫通贞少将直接联络（按日本军特务部的建制，抗战初期是属于寺内寿一大将，后来是杉山元。在华北方面另有一个“臼井机关”却是属于坂垣中将的系统，兼带对山西阎百川方面做活动工作）。除此以外，尚有若干特务机关分布各地，兹简略记述如下：

“柴山机关”又名“兰机关”，是在汉口方面独立负责的，这一系的日方主脑人员，比较与张燕卿融洽一点，所以他们对吴佩孚的出山，曾做得十分努力。

“土桥部队”又名“竹机关”，是在杭州、金华前线对付中国方面的第三战区的。

“影佐机关”又名“梅机关”，是专心对付汪政权的。

“津田机关”又名“兴亚院”，其主脑人物为津田静枝海军中将，他曾获得日本海军方面及外务省与参谋本部的联合支持，其主要任务为收集中国的经济和物资，且为日军南进的支持者。津田则因陈中孚的关系，当时对吴佩孚是相当期许的，故对吴氏之出山，亦相当努力。再加上其他各城市的特务机关，如：徐州的“上西园机关”、苏州的“樱庭”、南通州的“滨本”、泰州的“南部”等，虽然乱七八糟，搞得乌烟瘴气，但彼此对吴佩孚的复起之举，大家都有联络。

劝进电报煞有介事

何况彼时沦陷区的善良老百姓们望治心切，真希望有一个过渡时期的“临时政府”出现，只要吴大帅肯出山，在这种的情势下，确实是最合时的时会，所以笔者敢说吴氏之不曾落水，真是险而又险。

记得汪精卫在抗战之初，曾喊响了一句口号：“焦土抗战。”所谓“焦土抗战”，政府可以搬到重庆，银行可以迁往四川，民族资本家的工厂也可以内移西南和西北，只有一样东西汪先生没有安排好，那就是占全中国绝大多数的农民、商民与小地主，他们是无法配合政府要求的，除非可以背了土地与祖宗坟墓逃难，才能活得下去，否则就只好接受命运的安排。虽然人人都希望抗战早日胜利，不在日军的刺刀下做“顺民”，但胜利似乎还很遥远，那么，有政府总比无政府好，吴佩孚总比投机的汉奸好。当时吴氏在出山与否的考虑下，对于这一点的认识是有的，所以他与日本人会谈的时候，决不露出半点有与重庆方面为敌的意图，始终以爱国的立场，坚持着与日本人合作的范围，致使日方对他不敢造次。当时土肥原对吴氏出山为了要安排得更周到一点，曾逼着要陈中孚与张燕卿两人制造民意以取悦吴氏。在民国二十八年夏初，先由京津一带的团体，推举代表请愿，做得似模似样。另外又由陈中孚与张燕卿分别派遣几批专人分头南下，商请华中各地父老发电响应。派往浙江方面去的是当过福建财政厅长的费叔迁（毓楷）；派赴江苏方面的是安福系国会议员陆冲鹏；派赴武汉方面的是索越平。经彼等南下奔走的结果，计：江苏方面的电报是由韩国钧（会任江苏省长，苏北巨绅）、邓邦述（邓是一位太史公，而非江苏人，但他与张一麟、李根源同是苏州寓公，平时过从最密，那时张李二氏远处西南，用邓的名字是表示张李二氏的影子）、陈则民（陈那时已做了维新政府的江苏省长，也算有了身份，可以附骥尾了）等具名发出的。浙江方面的电报是由吕公望、张暄初与汪瑞闿具名发出的，吕、张、汪三位，一个做过浙江都督、一个是浙军老二师师长又做过浙江省长、一个是现任省长，以上几位都是沦落在沦陷区的民国缙绅。至于其他方面，当然也有来电，因年代太久笔者已记忆不清，恕不多举了。这一批向吴大帅劝进电报，当时在神神秘秘的活动下，似乎搞得煞有介事，但可说是真、也可说是假，因为在敌人的占领区内，所谓自由意志这几个字，确实不易捉摸，如果吴佩孚真的上了台、落下水，那就又当别论了。

王克敏向汪施闷攻

写到这里，必须掉转笔头，将另一方面汪精卫、周佛海当时的对日政治活动扼要说明一下，原来那时汪、周准备了“三部曲”：

第一步要与日本做一基本谅解；但第一步便行不通，因为“梅机关”始终做着“太上皇”。

第二步先要拆散在南京的“维新政府”才好还都，那时“维新政府”内部虽然没有阋墙之隙可乘，却已经有点分化的趋势，梁鸿志所同气相求的是严家炽、朱履龢等一班文治派的人；陈群所聚集的一班人，如：张秉辉、邓祖禹、陈光中等，则是比较接近国民政府的政治派的；任援道、高冠吾一班人则是军事实力派；自经过周佛海、梅思平一番策划，通过岑德广的关系加以运用之后，陈群本是国民党，算是老亲结新亲，很快就水到渠成；任援道统率着三万部队，形成“汪政府”迁都的总镖头；最可怜还是梁鸿志一般人，只好反转来仰承别人的鼻息，看人的眼色行事。就事论事，“汪政府”的迁都得以平安顺利，岑德广实居首功。后来岑氏的不据显要，不与一般人争竞，那是岑的另有智慧之处。

第三步就要轮到对付华北政权了，当时汪精卫通过日本人安排了一个所谓“青岛会议”，华北政权首脑王克敏是以与汪氏对等的身份出席，梁鸿志算是列席与会。汪氏与王克敏一经谈判，始发觉华北的局面并不如想象中的那么简单，华北临时政府虽可以改为“华北政务委员会”的名称，但是用人、行政、税收等问题，谈也不必谈起。在表面上说是可以提解几成税收到南京中央，而事实上南京对华北有协助地方的义务，应解之款在应拨助的款项之下一扣，南京中央不但收不进，还要找点出去才够数。

至于汪精卫在“青岛会议”中为何自认吃亏甘愿败下阵来呢？这就不能不佩服王克敏那种老奸巨猾的手段了。原来王克敏与汪会谈开始，先就自我诉苦，说这两年来他本人是如何的惴惴自危，无论做得好做不好，难免提心吊胆。据王说“满洲国”进关，宣统皇帝回銮北京城这一举，已是日本关东军随时准备好了的，只要一声令下，可以说干就干。王克敏说至此，却向汪先生谈起知心话来了。他告诉汪氏道：“以目前的局面而论，尚不致影响你汪先生上台，如果你汪先生的势力一旦进入华北，到那时难免和日本关东军引起直接摩擦，日本人一翻脸，什么事都会做出来，到时南京的大局就不易撑持了。我何尝想再干下去，只是为了全局，不到适当时候，不敢随便抽身，事实上今天我王克敏是‘皮’，你汪先生还是‘毛’，皮之不存，毛将安附？我想汪先生一定看得清楚明白的！”

王克敏虽然鼓其如簧之舌，向汪精卫说了一大套，汪氏只微笑静听，并不表示任何意见，王氏见势不佳，结果唯有打出他手上最后的一张王牌，果然使得汪精卫为之动容。这张王牌是什么呢？原来，王克敏将陈中孚、张燕卿两人在两年中如何拥吴佩孚出山的安排与计划，向汪氏和盘托出，并老实不客气地对汪说：“吴子玉一上台，他的对手是蒋先生，不是你汪先生，这还是羽毛不全的话，如果一旦羽毛丰满，吴氏的为人与历史，就不必多所分析了！”汪氏听罢王克敏的这一席话，对王的态度竟完全变了。至此，汪才恍然大悟自己这次“还都组府”费尽心力，原来还留有这一大漏着，不曾填补。所以在那次“青岛会议”上，汪氏唯有闷声不响地吃下王克敏所送上的一颗苦果，而王克敏也就凭借着这一记“闷攻”，居然使得汪精卫当堂认输。

汪氏离开青岛回南京后，自此肝经火旺、脾气大变，对吴佩孚总想来个釜底抽薪的办法加以解决，乃由杨琪山、赵叔雍氏通过陶心如等的关系，邀得陈中孚南下，谈谈安天下的大计。最初的行情传说是，汪想拉陈中孚任行政院长，这倒是很合陈氏一向崖岸自高的胃口，对于吴佩孚也算有了一个面子和交代；其实汪氏这一举措，就算自己肯，汪夫人和汪周围的人也不会肯，因此，汪陈一见面，只谈“监察院”的人选问题，而避免接触到汪自兼“行政院长”的问题了。中孚心里的不高兴自在意中，吴佩孚之不会南下与汪合作，此刻亦成定局。

交际草下毒成疑案

吴佩孚自经汪氏这么疑神疑鬼的一闹，对于出山问题灰心更甚，幸好那时土肥原调到山西前线去任师团长，因久离戎马生涯，再去带兵打仗，却弄得全军覆没。陈中孚呢？先前搞“维新政府”既遇上个王子惠；此刻捧吴佩孚又因与张燕卿两不协调，致使陈张二人，彼此皆讨不了好，就此息影津寓，不再活动；张燕卿呢？在劳神伤财之余，又另起炉灶，掉转头来帮重庆组织方面工作起来了。吴大帅所住的北平什锦花园，这时倒清静得如春水池塘，微波不漾。吴氏每日念经、读《春秋》；佩兰夫人不过打打很小的麻将消遣。那时在什锦花园走动的女太太中，有一位外号“交际草”的某太太，年纪四十不到，人却生得健硕高大，会哼几句老旦，是女票友。因为那时在兵燹之余，多数名门闺秀，都随了家人津沪港川逃难去了。这时在北京城勉强活动一点的人，除了“小山东”吴素秋母女之外，连言慧珠、童芷苓亦不多回北京。新艳秋已嫁了个姓郃的翻译随往汉口去做戒烟局长的太太去了。至于这位常往什锦花园吴寓走动的女太太，她的丈夫是湖南人，直鲁军南下之第一次，曾担任江苏缉私统领，但北伐军兴，北洋军阀垮台，这位先生也一直不甚得意，抗战初期曾在某新闻机构挂了个名义帮戴雨农工作得很努力，他太太留在北京，因与民初外号“棉花将军”的谈焕章很熟，故而到吴家也时常跑跑上房，陪吴太太打打小牌。这时候大部分人都很穷，而这位太太不知道被哪一方面收买了，某次竟与另一女客带了一包毒药进入什锦花园吴寓，预备从厨房点心里下手要毒毙吴佩孚。到底她是客串性质，没有受过纪律训练，又没有立场与认识，自己却先心虚吓跑了。她这次下毒未成，却令吴佩孚苦恼不堪，因为这究竟是日本人干的呢？抑或是重庆方面？还是南京方面？在当时的环境之下，太不容易揣断了。大家只好不动声色地静观其变。可是吴氏的肝火因此涌上，某次吃东西触伤牙龈，痛上头面，拔了两颗大牙，竟引起发炎，那时还没有盘尼西林这种特效药，只有砵磺硫磅制剂可供注射，血中毒一深，就送了这一代强人的性命。

酸秀才不愧大豪杰

限于篇幅，笔者于纪实之余，不欲另作论客式的综结，唯对吴佩孚之生与死不得不略抒感想与慨念，以完此残篇。

按佩孚之初兴，诚如薛观澜先生所说，吴某者一傻小子也。而民国以还之举兵犯上，吴氏又是始作俑者，以后的冯玉祥、郭松龄都是学他的样。再就内战时代的得失而论，吴在衡阳回师撤防，予南方以喘息之机，死灰竟得复燃，攘南既未全其力，安北又难奏其功。以上所言，皆薛先生对吴氏之评骘，可为确论。

唯笔者对吴氏晚年之行径及其死因，有不能已于言者：窃思有史以来，国变出忠臣义士，家变见节妇孝子。成仁殉节虽系一刹那间浩然之气，但可遇而不可求。若身陷敌手，不屈于威武，相持相对既非一朝一夕，虽有可乘之机，而因不作轻诺、不愿寡信，以求俯仰无愧乎友敌，生为酸秀才、死成大豪杰，吴佩孚之得全晚节，虽曰偶然，抑亦天之厚其人焉！后死如我侪，际兹离乱末世，承前有心、启后无方，只能就一事一善努力倡导，聊尽小国民之心责云耳！

将军与诗人

——吴佩孚、杨云史遇合悲欢

王培尧

军阀戎幕一诗生祸

民国十年七月二十九日湘鄂战争爆发，吴佩孚派他的心腹大将萧耀南、张福来等率部援鄂，而孚威上将军、直鲁豫三省巡阅副使吴佩孚匹马当先，亲自督阵。一败湘鄂联军于羊楼司、岳州，再败三败川军于宜昌郊外。在七月下旬到九月下旬，名噪一时的江东才子杨云史（圻），正因为写了两句“白骨如山诸将贵，黄金满地五丁愁”的诗，被嫉妒他的人向江西督军、北洋军阀陈光远检举，说他是在讽刺陈光远的贪财好货、穷兵黩武。当时杨云史正在陈光远的戎幕，被这位行伍出身、椎鲁无文的陈督军礼为上宾。陈光远听人说杨云史居然不念宾主交欢、历时半年的情分，还写了诗来骂他，心中大为不快。他当时就把杨云史给找来，问他这两句诗是什么意思？

杨云史一看苗头不对，就怕陈督军一声光火，遭了他的毒手。当下支吾其词，应付敷衍过去。回到下处便写了一封信，留呈陈光远。说是方得山妻来函，有“园梅盛开，君胡不归”之句，因而“不禁他乡之感，复动思妇之情”，坦承他很想念他那位“绮年时有端丽之誉”的徐霞客（檀）夫人，请陈光远准他辞职、恢复自由之身：“遂其山野，庶白云在山，靓妆相对，此中岁月，亦足为欢，则将军之赐也。”

陈光远命他的秘书，把杨云史这封留书讲给他听了，不禁哑然失笑地说道："念书的人就是胆子小，就算他写诗骂了俺，俺也没怪罪他呀？他想老婆，要走。还是让他走了吧。叫人拿一千块钱，给他做盘缠，莫让人说我亏待了他。"

可是杨云史毕竟"福薄"，他没得着陈光远的这一笔傥来赏赐。陈光远派人送一千块大洋给他，那位副官到了杨云史的住处，杨云史早已"走之夭夭"，双扉紧扃了。

杨云史逃离江西督军衙门所在地的南昌，并没有回家去和他的霞客夫人"靓妆相对"，反而溯江而西，过彭泽，越梁山，到汉口去闲住了一段时期。时在民国十年九月，湘鄂战争已告结束，然而相约会攻湖北督军、北洋军第二师师长王占元的川军，却姗姗来迟。猛扑宜昌，两度均遭吴佩孚的北洋劲旅击退。杨云史泛舟作江汉游，他曾在路上碰到戒严。因而有感于中，作了一首《辛酉九月吴将军与川军战于宜昌，江路戒严，有感旧游》的五言律诗，诗云：

浔阳风水急，渺渺感余情。
战国难为策，高秋得用兵。
清笳山上发，江火雨中明。
寇盗频年满，西川事可惊。

有一位杨云史的同年好友潘毓桂，跟直系军阀巨擘、权势绝伦、炙手可热的蓬莱秀才吴佩孚也很熟。他到了宜昌，往吴佩孚的临时行辕谒见。闲话之际谈到了方始离开陈光远戎幕的杨云史。潘毓桂便出示杨云史的这一首新作。当吴佩孚读到"寇盗频年满，西川事可惊"两句时，不禁击节欣赏，登时就说："杨云史是江东才子，名动公卿。你若能代我求贤，延他入幕，我必待之以上宾之礼。"

潘毓桂当下便慨然应允，他说："这有何难？玉帅有意礼延云史入幕。

我愿代表玉帅，专程走一趟汉口，以示玉帅对他的爱重。”

“好哇，”吴佩孚大喜过望，他迫不及待地说：“那么，就麻烦你走一趟，我这就命人为你备船。”

孚威一生巅峰时期

潘毓桂顺流东下抵达汉口，他找到了杨云史，向他备述吴佩孚仰慕之殷、礼聘之诚，果然一拍即合。不日，杨云史便收拾行箧，由潘毓桂相伴，买舟西上，直赴宜昌。途中，他又作了一首五绝，题曰：《吴将军自宜昌见招，遂西行》，诗云：

长叹从军去，西来浩荡行。
关山趋史迹，风雨入诗声。
江色生灯火，秋光带甲兵。
将军如有意，第一是苍生。

到了宜昌，和吴佩孚初次觌面，双方都是慕名已久，相晤之下，备极绸缪。吴佩孚当晚置酒和杨云史作长夜饮。一个是秀才当兵、历尽艰辛危难而拥众百万，俨然北洋直系的万里长城、擎天一柱，功勋彪炳、中外闻名；一个是自幼即有神童、才子之目，乡试中过南元，诗文传诵四海，轻裘缓带的一代诗人。那夜红烛高烧、娓娓倾谈，将军起了雅兴，诗人也感染豪情。吴佩孚、杨云史抵掌论天下大势，杨云史便说：“来时舟上，得诗一首，录请玉帅斧正。”

吴佩孚喃喃地笑着说：“岂敢岂敢，正想拜读。”

杨云史便将上列的一首五律，双手递呈吴佩孚。吴佩孚接过去细细一看“将军如有意，第一是苍生”两句，使他触动心事。他自此向杨云史高谈阔论，畅述自己的平生抱负，爱国、救民，一般的是以天下苍生为重。

这使将军与诗人的感情，更为接近。吴玉帅开始在以江东才子杨云史为平生知己了。

由于对川军楼船东下的战事尚未结束，吴佩孚军书旁午，尤需时赴前线督战，他留杨云史在宜昌军次盘桓几天，长日诗酒流连，大有不舍遽然分袂之势。九月十二日川军再度集结，猛攻宜昌，吴佩孚为杨云史的安全着想，命卫队护送他到汉口，期以战胜川军后，再践武昌把晤之约。

川军二次进犯宜昌，这一仗从九月十二日打到二十三日，整整的十一天，吴佩孚终将川军击败。二十五日，川军退守南沱溪，实际上已无力发动攻势，因而由刘湘出面向吴佩孚请和。

不久，吴佩孚命孙传芳为长江上游总司令，代统王占元的北洋第二师，坐镇宜昌。这便是孙远馨（传芳）出人头地，从此青云直上，当到东南五省总司令之始；吴佩孚既将宜昌方面布置妥当。十月初，他回到汉口，和湖南省长赵恒惕、四川的川军总司令刘湘，分别议和签约，从此各守“疆土”、互不侵犯。

吴佩孚在北洋军阀中虽然气焰熏天、不可一世，但他一向标榜“不要地盘”主义。民国九年的直皖战争，他以迅雷不及掩耳之势击溃皖系兵多将广、武器犀利的边防军，获致大胜。当时直系领袖曹锟，跟奉系首领张作霖在天津举行分赃会议，曾有意畀他以山东督军，使吴佩孚衣锦荣归而造福桑梓，然而吴佩孚却断然拒绝，他只愿回洛阳去埋头练兵。因为他早已料准了直、奉两系势将付之一战，必须未雨绸缪、预为准备。这是吴佩孚在北洋军阀中，总算能见微知著、洞烛机先，因而博得虚名的原因之所在。不过他在当了直鲁豫三省巡阅副使后，始终是一个没有地盘的北洋军阀首要，自也形成了他有说不出口的另一层内心苦闷。

不料，天遂人愿，奇峰突起，从民国二年即已盘踞湖北的北洋第二师长、湖北督军王占元，他是个比陈光远之流尤为贪财好货，不惜克扣军饷、一意徒饱私囊的北洋军阀头子。王占元本是袁世凯小站练兵时一名挑水伕子的出身，风云际会、扶摇而上，居然贵为湖北一省的军政首长。他大肆搜刮，不遗余力。民国十年便因军中欠饷引起了兵变，乱兵骚扰，武昌宜昌两地庐舍为墟。蒋作宾、孔庚等军界人士乃与川湘连横、兵分两路驱逐王占元，爆发了湘鄂战争。当时吴佩孚正在洛阳练兵，遂以援鄂之名率部大举南下。便在他初度结识杨云史，邀他入幕的当儿，迭败鄂湘川军，宰制武汉，取王占元而代之。他命部将萧耀南为湖北督军，爱将兼老把弟张福来屯兵岳州，旋即拜命兼领湘鄂巡阅使，进而与东三省巡阅使张作霖、直鲁豫巡阅使曹锟分庭抗礼，一字并肩。不但取得天下之中、四战之地的湖北及湖南一部为其地盘，而且逐渐使其势力向长江以南着着进展。此所以说，杨云史参与吴幕之时，正是孚威上将军事业发皇得意、处于巅峰状态之期。

吴佩孚在武汉与川湘双方议和，兼及部署防务时期，杨云史也曾几度应邀到吴佩孚的行辕小作盘桓。但是因为当时吴佩孚太忙，杨云史也想趁这一个空当，回家一趟，和他的爱妻徐霞客并肩赏梅，双宿花间。因此他跟吴佩孚相约，决定回他的故乡常熟过了年后，再到洛阳去参与吴佩孚的戎幕。

合肥相国长孙女婿

杨云史，美丰姿，负才名，风流倜傥，卓荦不群。他是江苏常熟的名门望族之后，所以在十七岁那年，就娶了当朝一品、位极人臣的安徽合肥相国李鸿章的长孙女，也就是李鸿章长子逊清外务部左侍郎李经芳的长女公子。这位合肥相府孙小姐芳名国香，字道清，她在逊清光绪十八年（一八九二）下嫁杨云史，当年芳龄二十，要比杨云史大三岁。虽说是侯门之女、千金之躯，但是她嫁到杨家以后，不但毫无骄奢之气，益且反能事上孝，与人恭，性节俭，御下宽。她曾是杨云史少年时期的贤内助，甚至于亲手为杨云史补破袜子和烂衣服，而谈笑晏如，丝毫不以为苦。

这位相府大小姐小时候念过书，通文翰。嫁给了杨云史后，见她的少年夫婿爱作诗词，她便也找了本李后主词来读，又跟着她的才子丈夫学作诗。不过，杨云史却嫌她作的诗多半意境萧索，仿佛有不祥之兆，所以禁止她多作。乃使李国香的兴趣，改向填词发展，她曾在八年之间填词一十七阕，后来杨云史还为她辑为《饮露词》付梓。就附在他自己存世的唯一作品——《江山万里楼诗集》两卷之末问世。

杨云史曾经直承他的李氏夫人词填得并不好，"存之者存其人也"。不过这位李氏夫人系出名门，家学渊源，也是一位很风雅、很懂得生活情趣的女士。曾有一次，杨云史夜饮回家，淋了一身的春雨，李国香亲手为他更衣，然后，用纤纤玉手剪去烛花，掷之于地；使室内大放光明，再摆好棋盘，邀杨云史说："当与君遣此无事之时。"

一局既罢，李国香便成了一阕《菩萨蛮》。词曰：

博山香定纤丝直，薄妆闲坐西窗侧，棋罢正思暝，画屏春夜寒。
玉阶苔藓薄，花雨廉纤落，春恨自阑珊，梨花半不开。

又如婚后的第四年，光绪二十一年乙未（一八九五）初秋，小两口儿畅游西湖，双宿曲院。入夜，月出清波，清露有声，而湖中藕香阵阵吹来。李国香喜而不寐，她推枕而起，即兴填了如下的一阕《菩萨蛮》：

莲塘夜静箫声起，银屏梦觉凉如水，玉臂卷湘帘，星河秋满天。
悠悠今夜怨，只有鸳鸯见，清影不分明，巧云移月行。

闺阁诗词，能写得这般清婉纤丽，也就算是很不容易的了。

杨云史娶了侯门长女李国香为夫人，两情绻缱，如鱼得水。四年后，他中了秀才，上北京做了京官，当詹事府的主簿。詹事府是掌管东宫太子庶务的机关。主簿者，不过一名书记而已。才高八斗如杨云史，当然不能以此为满足，庚子那年（光绪二十六年，一九〇〇），杨云史应顺天乡试，得了个第二名举人，亦部俗所谓“南元”的。因为在满清时代，科举制度有一个尊北抑南的不合理规定：每届乡试，分成南北两闱，而北闱的第一名举人即称之为“解元”。这个解元必须是直隶人氏。其他各省举子即使文章冠于全场，也只能取作第二名，是为“南元”嘉名之由来。

高中南元后，杨云史曾被派到礼部衙门做事，可是他不干，因为他自有在当御史的爸爸和一门贵显的李鸿章父子为他刻意安排。于是他捐了个官，升任邮传部郎中，旋即外放驻新加坡总领事。

然而，当杨云史春风得意、科场成名之际，正是他中馈阙如、惨遭鼓盆之痛的当儿。李国香和杨云史做了八年的恩爱夫妻，偏就在杨云史一举成名的当年年初，庚子正月，病逝北京，得年二十八岁。她给杨云史生了宏祚、炎祚两个儿子和全荫、重荫、怡荫、满荫四个女儿，其中全荫和重荫是双胞胎。

李国香死后七个多月，庚子年的八月初四，杨云史思念过切，曾在漫游中州（河南）的旅次，梦见了李国香。醒后便作了两首五律，备述人天永隔、音容已杳的憾恨。这是他对李国香仅有的两首悼亡诗。诗云：

苦念竟偿愿，相看喜且悲，艰难容一见，辛苦欲何之？
况乃别离久，从今生死知，莫嗟真永诀，同穴可相期。
谂余憔悴苦，一至感君情，儿女经年大，干戈隔世惊。
宁辞见面死，不愿断肠生，心似沧溟水，波澜不可平。

续弦夫人总督掌珠

既然是“儿女经年大，干戈隔世惊”，那么，“宁辞见面死，不愿断肠生”，也就万万不可能了。此所以，杨云史不久就告再娶，他的继室夫人徐檀，小字霞客，是官拜护理漕运总督、广东按察使徐文达的千金。徐霞客丽质天成，既美且慧，她的诗文作得很好，因而和杨云史时有闺中夫妻唱和之作。徐霞客曾有一首寄夫婿的七绝，写在喜闻杨云史客中大病得愈之后，诗云：

遥知病骨梅风格，应更清诗雪肺肝；
半世不闻温饱语，家书未敢劝加餐。

使杨云史读后，欣喜之余，转觉黯然。因此他便和了她一首：

洛南一雁拂寒云，黄菜西风不可闻；
聊把自家如待客，添衣健饭为怜君。

徐霞客绮年玉貌，曾以其姿容之美轰动京师，王妃贵妇，争欲一睹，而且和她相处甚谨（所以杨云史颇以两夫妻的郎才女貌，铢两相称而自豪，有过“顾影未除公子气，娶妻难得美人名”这么自负的诗句）。

杨云史是在他二十七岁那年出国的，那是光绪三十四年戊申（一九〇八）秋天。他的元配丈人李经方当了出使英国大臣，便奏调杨云史掌书记，旋即改任驻新加坡总领事，自此留在星洲供职。

杨云史在星洲独居，他很喜欢南溟风景之胜、物产之丰，当时橡胶事业发达，南洋华侨莫不争植橡胶树，开辟橡胶园。杨云史近水楼台，获知橡胶获利之巨，不觉怦然心动，也想插手其间，赚一笔钱，来一改寒素家风。他在庚戌那年（宣统二年，一九一〇）请假回国，把家中的产业变卖，得了一千两银子，算算不够，又向亲戚朋友筹借到一笔巨额款项，便带着他的霞客夫人，重返新加坡，租了一万二千亩土地，组织了一个橡胶公司。从此胝手胼足、斩荆辟棘，深入人迹罕到的不毛之地、日与虎狼蛇蝮为伍，可以说是历经艰危、九死一生，然后雇工种了橡胶树十九万株，占地达三千余亩。这一段筚路褴褛的创业期间，历时一年又半。他的霞客夫人曾相帮着他亲主中馈，接待宾客；甚至常常亲下庖厨，做些拿手好菜，以飨嘉宾。所以杨云史曾有诗云：

> 鸟下吏人散，停享水木边，夕阳闲洗马，新月乱鸣蝉。
> 烧灶山中竹，煎茶屋后泉，殊方能健饭，调护觉妻贤。

这都是写他们两夫妻在南洋新加坡开辟草莱、努力奋国的写实之作。

植胶有成、前程无量，辛亥那年（宣统三年，一九一一）清朝鼎革，民国新立，杨云史正打算弃官从商、安享收获。叵耐江东才子时运不济，民国三年（一九一四）欧洲大战爆发，橡胶价格直线下降。杨云史所拥有的那一十九万株橡胶树雇工工资俱将超过收割后的售胶收入，迫不得已，他只好任由辛苦经营的橡胶园荒废下去。三年后，又复成了原来的茂林丰草。这时候，杨云史连地租钱都缴不上来了。一万二千亩地，以致被新加坡当局没收。两夫妻终至怏怏铩羽回国，六年辛苦，落了个两袖清风、血本无归。

杨云史南洋之旅，他曾经到过爪哇、安南、曼谷、缅甸、锡蔺，且曾两度旅经台湾。他在轮船上遥见台南诸山，矗立海中，烟峦叠嶂，苍然秀拔。他怆念郑成功收复经营之功，与乎《马关条约》割台之恸，作有长达五百八十言的《台湾诗》长歌，以及两首《晓过澎湖，舟中望台湾诸山》的五律两首，诗云：

> 家山青不尽，故故送人行，东下惭严助，南迁异贾生。
> 海星秋更洁，岛月晓犹明，指点烟中路，悠然去国情。

> 地已中原尽，山犹故国疑，荒云如坏阵，孤岛似残棋。
> 天意今何世？诗人万古悲，炎风限南北，帆影去迟迟。

经营橡胶业失败，回国之后，不但家产荡然、收入无着，还背了一身的债。杨云史家中人口众多，日子当然很不好过。他赋了一阵子闲，纯粹是为了生活问题，这才万般无奈地入了江西督军陈光远的戎幕。不料竟因一诗生祸，险遭不测。因而夤夜逃出虎口，戚戚皇皇于江汉之间，只不过亟于另谋一枝之栖而已。乱世文人，遭遇何惨？杨云史徒负才名，他的一生际遇，着实令人同情。

此所以吴佩孚一语相召，他立刻便专程赶赴宜昌前线。吴佩孚待之以国士之礼，诗酒饮宴、相处甚得，杨云史当时真是感激涕零，他曾在从宜昌回汉口的时候，写信告诉他的霞客夫人说："三年择妇而得君，十年择主而得吴！"

那一股子欢忭雀跃、手舞足蹈的兴奋之状，真是跃然纸上。

开府江汉月照南楼

民国十年冬，杨云史匆匆的回家打了一转，和他的霞客夫人欢聚，"缘窗红烛夜，风片雨丝闲""草堂差幸早，林下有朱颜"。"绿窗""林下"是指他们两夫妻的卧室，周围种了一十六株梅花，每届花发，香溢帐帏。杨云史为此曾有"绕床十六树梅花"，扬扬得意、沾沾自喜的名句。

原先说好等到过了旧历新年，再去洛阳使署报到，可是吴佩孚迭有电报来"促驾"，杨云史只好依依不舍地别了霞客夫人上路。途中舟次，大雪纷飞，返照敛寒，他呵开冻笔，在定泊浔阳时，灵感忽来，"诗清得未有"，杨云史振笔直书，写下了对吴玉帅歌功颂德，把他捧上了三十三天的七律五首。中有"嵩高峻极耸双峰，万壑千谷尽附庸""伊洛阔洒同入海，万流虽细俱朝宗""裘带风流玉垒开，东都形胜更群才""自古英雄嗟落日，至今父考说云台，平原千里烽烟净，百战功高且把杯"之类的绝佳诗句。他把吴佩孚的百战功高、大名宇宙，又那么样的诗酒风流，蔚为天下物望之所归，描写得淋漓尽致、气吞河岳。复将吴佩孚的部属，比拟为光武中兴的云台二十八将。尤有"山走中原气骨开，事业已随形势改"的句子，诚所谓善颂善祷，用尽气力与功夫了。

普天之下，出则为将入则为相者流，能有几个不爱戴高帽子的？此所以，吴孚威获诗大喜，他再问杨云史还有什么近作？杨云史便呈以他的那首《闺中之乐图》五言律诗一首，诗云：

我忆山妻瘦，梅花伯仲间，绿窗红烛夜，风片两丝闲。
池月清如水，黄昏香满山，草堂差幸早，林下有朱颜。

思家之念，活脱纸上，连吴佩孚也深感打电报催他早来洛阳，未免有点不近人情了。他正在高兴头上，便慨然地向杨云史说："过年的时候，你就再回去一趟吧。"

听了这一声吩咐，真是喜出望外、雀跃三百。因此，杨云史到洛阳不久，便又回家乡度岁，写下了壬戌（民国十一年）初春早起的名句：

早起添香供佛前，煎茶风定鸟窥烟，
定州花盏白如玉，坐看山妻种水仙。

在家里有"山妻"朝夕相伴，闺中风光，无限旖旎。可是住不上一个月，又得走了。行前，杨云史无可奈何的在赋诗安慰他的霞客夫人：

总是寻常事，还家意便亲，梅枝寒带雨，山色晓生春。
浩荡从军客，苍茫乱世人，匈奴犹未灭，挥手莫沾巾。

壬戌三月初七，中华民国十一年阳历四月二十二日，是吴佩孚的五十初度。寿诞之前，吴佩孚特地造了一幢继光楼，专作接待四方宾客之用。他曾亲笔写了一副对联，悬挂在继光楼的楹上，联曰：

得志当为天下雨；
论交须有古人风。

杨云史又呕心沥血作了《壬戌三月七日寿子玉巡帅》五律六首，那第一首写的便是：

开府临江汉，旌旗下岳州，众峰趋太室，一月照南楼。
谈笑轻刘表，风尘揖马周，功名非为己，未敢贺封侯。

尽管吴佩孚在寿诞之前，曾经先期恳词辞贺，尤且下令三军，不许轻离防地，赴洛阳祝寿，可是届时各省督军、政坛显要、名流耆彦、文士骚客，仍然“不期而至，咸集洛阳”。其中最使吴佩孚高兴的，便是梁启超的老师、保皇党领袖，当时仍然隐为士林领袖的南海康有为，写了一副脍炙人口的寿联，带着他的门人徐良、梁用弧，在吴玉帅寿辰三日之前，就翩然来到洛阳，据他说是专为贺寿而来。

康有为赠书吴佩孚的那一副寿联，可以说是民国以来名联第一，词曰：

牧野鹰扬，百岁功名才半纪，
洛阳虎视，八方风雨会中州。

康有为到贺，使吴佩孚喜之不胜，他曾连开七天一十四顿盛宴，顿顿尊康有为上座，而自己则主座奉陪，从始到终，从未或缺。康有为健于谈，他日日清词雄辩、语惊四座。在那七天之内，但逢风清日朗，吴佩孚便亲自陪同康有为，驱车出游，将龙门、白马、北邙、香山诸大名胜都游览过了。阴历三月十日，康有为畅游洛阳已历六天，执意要走，说他还想到开封去逛逛，只是吴佩孚苦苦挽留，请他多耽留一日动身。

康有为惊才偏是仇

就在这一天晚上，康有为偶然翻阅杨云史送给他的一卷《北游诗》。一读之下，不禁拍案惊奇，他告诉他的两名门人说：“这真是诗史啊！”

众所周知，康有为斯人脾气既古怪，架子又大得出奇。他到洛阳给吴佩孚祝寿，事前曾声明，决不接见俗客。吴佩孚为了对他表示尊重，早就吩咐过接待人员，严禁干谒求见。当时到洛阳贺寿者多达七百余人，加上吴佩孚的文武部属，各级干部，震于康有为的赫赫大名，都想“一见颜色”，满足他们的好奇心理。康有为却始终不肯破例，唯独到了阴历三月十一日那一天，他主动约见杨云史，和他促膝长谈，娓娓不倦。有所谓：“绵绵然如针芥之相投”，康有为和杨云史谈得十分投机，还亲笔写了四个大字送他，是为“风流儒雅”。

长谈中，还有一段趣话，那是杨云史真诚坦白，他告诉康有为说：“先时我不敢与先生作深谈，是因为戊戌政变那年，先君和先生政见不合，弹劾先生，以至先生出亡。所以我未便贸然自荐。”

康有为听后，十分讶异地问：“啊，尊大人的名讳是？”

杨云史便详为陈述他的先世，原来他的祖父杨汝孙，是一名岁贡生，候选训导，和杨云史的伯祖父讳沂孙、泗孙的昆仲齐名，有声于世。道光年间，杨沂孙曾经当过安徽凤阳知府，杨泗孙更是咸丰壬子科（咸丰二年，一八五二）以一甲第二名进士及第，也就是俗称的榜眼，授翰林院编修，做官做到太常寺少卿，亦即主办宗庙仪礼的副主官。杨云史的父亲杨崇伊，光绪庚辰年成进士（光绪六年，一八八〇），当过陕西汉中知府、陕安兵备道，少年时期杨云史曾跟着他住在陕西任所。丁酉（光绪二十三年，一八九七）时杨崇伊调回北京出任御史，他是清廷守旧派拥慈禧太后的主要人物之一。戊戌（光绪二十四年，一八九八）康梁的保皇党在北京百日维新，施行新政。当时保皇党人往说袁世凯挟制直隶总督荣禄和时在颐和园中的慈禧太后，被袁世凯向荣禄告密。北京城中一时谣诼四起，保皇党人造谣指说慈禧即将废立光绪，宫中太监则在茶楼酒店散布流言，反谓光绪密谋倾害慈禧，而且将引外国人为助。士大夫深信不疑，口耳相传，由御史杨崇伊、庞鸿书于八月初五密疏告变，请慈禧太后再度临朝听政，把大权从光绪手中夺回去。这个密疏系由杨、庞两位御史悄悄地交给庆亲王奕劻，请他转送颐和园，而面呈慈禧太后的。

因此戊戌年八月初六一大早，光绪正循例上颐和园去给慈禧请安，没想到慈禧早已由间道经西直门，直趋入宫中，怒气冲冲地来到光绪寝宫，将他桌上所有的奏章、奏疏，一股脑儿抱起来就走。等到光绪的车驾上颐和园扑了个空，仓皇地折回皇宫时，慈禧太后立即传见，一见面，就怒气冲天地责问："我抚养你二十多年，如今你竟听信小人的谗言，想要谋害我呀？"

当时光绪吓得浑身颤抖，嗫嗫嚅嚅好半晌，方始挣扎出这么一句："亲爸爸，儿……儿子没这个意思。"

慈禧太后毫不客气啐了光绪皇帝一口，然后又高声喝骂："你这傻子，今儿没了我，明儿个还会有你呀！"

骂过了便传懿旨，推说光绪生病，无法日理万机，自即日起由慈禧太后临朝训政。紧接着，便下诏收保皇党人及其赞助者下狱严惩。可是慈禧心目中的罪魁祸首康有为已经先一日走了。梁启超也由日本人保护逃往东京，从此这两师徒便成为天涯逋逃，回不了国的钦命要犯。康有为的弟弟康广仁和谭嗣同、杨深秀、杨锐、林旭、刘光第旋即处斩于北京菜市口，这便是戊戌之变的经过。六名维新烈士则被史家称为"六君子"。

杨云史在康有为的跟前，说明了他就是当年保皇党的死敌，奏参康梁以及所有维新人物，不惜将之一网打尽的御史杨崇伊之子。回言前尘，倒教康有为不免略现尴尬。他打了个哈哈，说是："这些往事，如今已成过眼云烟，不值一提了。何况当年尊大人和我们政见不同，各行其是，又何足加以介意呢？倒是阁下忠义之士，我却不甘错失于交臂，愿在今朝，与君订交。"

不羁之才·名动公卿

杨云史听他这么说时，难免深受感动，又很感激。他们畅谈天下大势，一直谈到深夜时分。杨云史晓得康有为一行翌晨就要动身赴开封，看看为时已晚，他便起立告辞。康有为还难舍难分地执着他的手，一直送到门外，一面跟他的门人徐良、梁用弧说："云史真国士也，他作的诗海内一人而已。我对他至爱至敬，也算是很有缘分的了。"

第二天早晨，杨云史陪侍吴佩孚，在洛阳金谷园车站为康有为一行三人送行。康有为当着吴佩孚的面，紧紧握住杨云史的手说："我这一趟洛阳之游，能够和你订交，真是不虚此行。望你善事孚威上将军，早成勋业！"

吴佩孚深知康有为目空四海、睥睨群雄，他竟专程而来为自己贺寿，送了那么一副颂扬得体，备极推崇的寿联。又当众表示如此爱重杨云史的绝代才华，这都是十分难能可贵的事，对于孚威上将军的声威，江东才子杨云史的才名，俱有莫大的帮助。于是从此以后，他和杨云史越来越显得近乎。

杨云史也在深感康有为爱他之真挚，与不以冤家仇敌为嫌的宽宏气度。从此他对康有为倾心结纳，佩服得五体投地。不过，他毕竟是一位诗人，在基本气质上自难免多愁善感，他为康有为着想，慨然于他也是一个生不逢辰的伤心人。所以杨云史在他的长歌《寄南海先生》一诗中，写着有如下沉痛的诗句：

宇宙相逢尽一杯，风尘满地此低徊，
希夷踪迹人间少，邓禹功名马上来。
一自流连成万古，独怜天地有奇才，
驱车金谷走相送，别有伤心别有哀。

这是长歌中的第二首，其余寓意深远，而在一吐积愫的句子，还有："竭来百感都非是，不为伤春怨道穷。""北回绿草夕阳红，汉寝唐陵指顾中，别有销魂说不得，相看无语两沉雄。"，又如："似闻东北一支离，更是西南战伐时，满眼风尘三万里，更从何处着残棋？"忧国忧时之念，沉郁于字里行间。其实，杨云史和康有为，就政治思想而言，他们确是同道中人。而此道云何？又可以从他赠梁用弧、徐良的一诗中可见端倪。且录原诗如次，括号内均采杨云史的原注，诗云：

《赠梁倾侯（用弧）徐善伯（良）游洛》

花里逢君百尺楼，百年此会独风流，
晚来煮酒洛阳社，春雨茫茫话九州。
同侍先皇二十春，掉头江海出风尘，
南州群彦如相问，莫道中原无故人。（余昔与倾侯同官户部。）

吾道今何世？胡为河洛间？夕阳满天地，且看洛阳山。
金谷雕轮动，春风柳接天，千门飞絮里，犹忆故宫前。

"同侍先皇二十春……莫道中原无故人"，杨云史已经说得很明白了。他和康有为、徐良、梁用弧，全都是暗奉清朝正朔，不以民国主宰自居的守旧保皇的愚忠之辈。杨云史曾经彰明昭著地说："余少有不羁之誉，长负公卿之许。方二十一，以秀才为詹事府主簿，二十七为户部郎中，举孝廉，邮部奏调郎中，外部奏允英国南洋领事。迄辛亥逊国，弃职东归，所谓宦者，如是而已。计弱冠从政，事德宗景皇帝（光绪）者十二年，事幼帝（宣统）者三年，闲居又十二年，以至于今，则苍然将老矣。当少年时，亦尝长揖王侯，驰骛声誉，以求激昂青云，致身谋国。迨乎哀诏晨下，谢表夕发，皓素登舟，涕泣归国。长为百姓，潇洒江海，盖非拙也，不欲宦也已！自兹以往，无禄为养！"

这话昭然若揭，说得很明白了，杨云史皇恩浩荡、世代公卿，他在清朝统治之下一心只求激昂青云、致身谋国。但当辛亥革命，民国缔造，清朝皇帝宣告退位的“哀诏”早上颁布，杨云史晚上就辞去新加坡总领事的职务，他为大清帝国戴孝，一路哭着回来，决心从此做一名浪迹天涯的老百姓。他不愿再吃公事饭，做中华民国的官，“不欲宦也，无禄为养”，一片孤臣孽子之心，俨然直追饿死在首阳山上的伯夷与叔齐。民国以降，大家讲究的是民主自由，士各有志，不能相强。身为中华民国的大国民，杨云史却还在违背潮流，一心忠于清室。和民国初年的那些清朝遗老，如康有为、郑孝胥、陈夔龙一辈人物，并无二致。只不过，就年龄而言，康、郑、陈谓之为遗老，杨云史却只能称之为遗少而已。

天步艰难　纲常惨淡

杨云史的深沉悲哀，厥在于他矢志“无禄以养”，但是他时运不济，在新加坡租了一万二千亩地，种了十九万株橡胶树，他早该成为南洋富豪，拥资亿万，然而偏巧在收获之期，碰上了第一次世界大战，胶价急降而赔光了老本，使他负债累累，更遑论有“潇洒江海”，做遗老、遗少，度悠闲寓公生涯的本钱？杨云史生不逢辰，于是常年忧患，几乎无以赡养老母和妻子儿女。幸亏他的续弦夫人徐檀，字霞客，“曳纨绣而被明珠”，是出身大富大贵之家的名媛，但却能悯杨云史之志，布衣荆钗，洗卸铅华，甘于跟他艰苦度日而了无怨言。民国初年，杨云史为衣食所迫，曾经再借点资本，做做生意买卖，想赚点钱来解决生活问题，然而以名公子、士大夫，一位高蹈绝俗的诗人，溷迹商场，博什一之利，其本身就足以使他痛苦万分。读书人耻于言钱而每每就被钱所扼，杨云史做生意分明是外行，前后五年间，又被他蚀了上万块现大洋。钱没赚到，反倒债台高筑，左支右绌，他那个大家庭，日子就越来越难过了。这就是他为什么肯于到行伍出身、老粗督军陈光远的幕中，混一碗饭吃而险些惹上杀身之祸的缘故。论一生的境遇，内心的痛苦，杨云史和杜少陵实在是相差无几的。

所以，杨云史之被吴佩孚延揽入幕，诗酒交欢，就杨云史来说，无非感恩知己，因而以为得了个安身立命之所。他很希望吴佩孚能成为“人中之龙”，建立不朽的勋业，但他所期望于吴佩孚者，则不过请他以天下苍生为重而已。在他的内心之中，他和吴佩孚仅有私谊，而这种私谊是不能与清朝故君之恩所可比拟的，因此，他始终认为和逊清废帝有君臣之份，他永远忠于清室，对吴佩孚，充其量他只能做到一个“义”字。

最有力的证据，是在民国十一年的五月十二日，在北京故宫里的溥仪废皇帝，突如其来地下了一道于法无据、于理不合，但却大有人情味儿的谕旨：“开复杨云史父亲原官”，七月十二日，又御笔书颁“含谟吐忠”的匾额，追赐故御史大夫杨崇伊。原来，杨崇伊在光绪朝中，当了多年的御史，他在戊戌政变之后，犹仍不断的抨击权贵，直声振天下，一时有笑比河清之目。光绪三十四年戊申（一九〇八），他因为所开罪的当朝权贵太多了，便有时任江苏布政使的旗人瑞澄，参奏了他一本，诬指杨崇伊干预地方细故。军机处获奏，也有人说：“细故不得入罪上闻”，打算留中不发，不了了之。可是瑞澄存心要把杨崇伊扳倒，他一日三电，频频催促。庆亲王奕劻更以去就力争，清廷终将杨崇伊罢官了事。后来张之洞、端方仗义直言，为杨崇伊辩诬，请求开复原官，可是慈禧、光绪相继病故，不久杨崇伊也死了。杨云史丁忧三年期满，正想为他的父亲申冤，请求昭雪，时值辛亥首义，不旋踵清室逊位，杨崇伊的冤抑也就无从洗刷。讵料事隔十一年，溥仪居然颁下开复杨崇伊原官的旨意来，真教杨云史感恩涕零、兴奋莫名，他曾为此写了五首《纪恩诗》，一以叩谢龙恩，一以表明他的满腔忠悫。其中有两首诗写的是：

天步艰难日，纲常惨淡时，死前臣泪尽，身后帝心知。

一字褒忠定，他生报国迟，十年垂涕道，不为感恩私。

又如：

臣幸未从贼，飘零十一春，伤哉天下事，不见读书人。
举国尊邪说，先朝有直臣，眼中家国在，只是失君亲。

由后一首诗看，可知杨云史一心只有清室，他确是全无国家民族意识的一位逊清遗少了。

自杨云史入于吴佩孚的幕府，吴佩孚毕竟是秀才出身，知书能文，极喜附庸风雅，爱写并不见得高明的诗、画大幅的梅竹，他绝非椎鲁无文的陈光远可比。因此，他颇能善待杨云史。他曾邀同杨云史遍游洛阳附近的名胜古迹，如洛阳城南十五里，古柏青苍、花草没胫的关壮缪（羽）墓，水绿风和、幽鸟满山的洛水，以及洛阳西北十里，北回山之阳的晋代石崇遗迹金谷园，都曾留下了传诵久远的诗篇。据杨云史说："洛阳西北十里，北邙之阳，平畴麦陇间有村落焉，绕村数里，是名金谷园。考县志园在金水，距此五十里，未知孰是？"不过，据笔者查明统志所载："园在府城西十三里。"那么杨云史陪侍吴佩孚所漫游之地，多半就是金谷园的原址了。

吴佩孚说绿珠故事

金谷园是洛阳的一大胜迹，曾是晋代做过荆州刺史、迁卫尉，富甲天下、以奢靡相尚的石崇所建的一所别墅。石崇自己形容金谷园的壮丽，有云："清泉茂树，众果竹柏，药物备具，又有水碓鱼池。"其实，金谷园之足以流传千古者，还在于园中的清凉台，那儿便是石崇的美妾绿珠坠楼自杀之处。绿珠姓梁，既美而慧，善吹笛，石崇闻其艳名，想娶她为妾。绿珠的母亲想难他一难，便索取明珠三斛，作为聘金。不料石崇毫无吝色，立刻量珠将此绝代佳人聘去，遂成千古佳话。

吴佩孚曾与杨云史数度漫步金谷园，从容地为他细说金谷园的故事。

历史上谓石崇系因使人航海而致富，可是吴佩孚却说："我考证石崇是骗取了江洋大盗的财物以后，把强盗杀了灭口因而发大财的，所以石崇后来才会由于声色而遭了杀身之祸。还有人言之凿凿地说，绿珠就是那个强盗的后身，从而可见这因果报应，那是丝毫不爽的。"

杨云史后来作《金谷园》长歌，备述绿珠的事迹。据他说绿珠被石崇量珠聘去后，极获石崇的宠爱，可是自从晋武帝司马炎崩后，五王乱国，晋惠帝元康元年（二九一）赵王司马伦和孙秀入洛阳，盗国柄，司马伦自为相，孙秀则为中书。他耳闻绿珠貌若天仙，便命人去向石崇讨来。当时石崇正在金谷园中，由姬妾陪侍，在清凉台上俯瞰清流。孙秀的使者来索绿珠时，他也曾尽出美姬数十人，请使者挑选一位以报孙秀。可是使者说孙秀只求绿珠，石崇便道："绿珠我所爱，不可得也。"

使者还报孙秀，孙秀因而大怒，他诬指石崇和他的外甥欧阳建、潘岳，拥淮南王"作乱"，矫晋惠帝诏派武士往捕石崇等人。当时石崇正在清凉台上饮宴，绿珠闻讯，便跳楼自杀。石崇、欧阳建、潘岳等都遭了满门抄斩的惨祸。杨云史以长歌记这一段历史上著名的故事，他曾感慨万千地说："孙秀使收崇，崇叹曰：'奴者利我财耳。'收者曰：'知财为祸，何不早散之？'崇无言，遂族诛之。嗟乎！高台爱妾，今也则多。前事之不臧，后人之师也。"

这便是他作《金谷园》长歌的题旨之所在。《金谷园》长歌，无疑是杨云史平生最重要的作品之一。

吴佩孚和杨云史所凭吊的金谷园旧址，当时已被辟为大校场，是吴佩孚阅兵观操的所在了。筑台阅武，建壕垒坛，于是帐卷山明，旗翻草暗，笙歌故墟，一变而为刁斗森严。曾有一次，吴佩孚邀杨云史观操，傍晚归来，杨云史曾口占一绝，以纪其盛，诗云：

草绿辕门动绣旗，将军新令教鱼丽，
一声画角青山晚，万马归营鸟不知。

孚威上将军得了杨云史，灵感泉涌，诗兴大发，历年统率师干、南征北讨之余，形容于他性格的另一面，风流温藉、舞文弄墨的雅兴随之而生。他在洛阳西宫行辕，种了两千株牡丹，嫣红姹紫，云蒸霞蔚，使得庭无余隙，香闻十里。洛阳牡丹甲天下，吴玉帅对他所植的这些奇花异卉钟爱极了，不论牡丹含苞、半绽，全放、盛开，或者是暮春、夏初、晓露、月夜、午晴、细雨、风中，每一时节各有牡丹的千百妍态，他总是邀来江东才子杨云史，陪着自己细细把玩，逐一品评，他和杨云史都留下了不少咏牡丹的诗句。

除了陪同吴佩孚赏花、吟诗、饮宴、畅谈诗文与历代掌故，杨云史在吴佩孚幕中的唯一职责，是为主编吴佩孚所部大军的逐年战绩战史，此所以《江山万里楼诗集》中有："画阁春星露满空，牡丹如斗月如弓，高窗大几烧红烛，细与英雄纪战功"之句。可见杨云史对他的工作环境，和所从事的工作，都是相当满意的。而外间所传杨云史膺聘为吴佩孚的机要处长、秘书处长，又有什么参与密勿、言听计从之类的说法，完全是推测想象之词。吴佩孚开府洛阳时有所谓八大处，几等于小型的内阁，从政治、军事、外交以至于电讯、园林，都拥有大量的专门人才，自无须杨云史为他划一策，而杨云史又是性情中人，读书种子，凡此军国大计亦非其所长，所以杨云史当时可说是游于吴孚威之幕，也可以说是隐于吴孚威之幕，他依然是一位高蹈绝俗的名士。

杨云史的毕生杰作

不过，两次直奉大战，他都躬逢其盛，跟着吴的总司令部的盛大幕僚，随从队中同进止。所不同于众人的是，杨云史无须备咨询、建策出力，吴佩孚只要用他的一支笔，发为诗文，记述孚威上将军的赫赫战功。当一次直奉大战吴佩孚以一师二旅，大破张作霖的八万养精蓄锐之师，两军交绥，前后仅四日而胜负立判，从此吴佩孚有"常胜将军"之称。杨云史真是兴奋万状、夜不兴寐，他曾有多首写战场实景之作，对于直军的士气，大收鼓舞之效。及至战事结束，直胜奉败，杨云史又对吴佩孚的用兵如神衷心赞佩地说："……初外人多观战，以奉军众且强，隐为公（指吴佩孚）忧，以问公，公期以七日，咸未敢信。及战胜，期仅四日耳，则皆惊服，谓拿破仑用兵无此神速，称公为长胜将军，公所至，商民争犒军，酒食山积，夹道纵观，争欲见颜色，战胜之威，从军之乐，我知之矣！"

将军百战功，于是化为诗人的不朽名句，杨云史记吴佩孚之大败奉军，曾有诗云：

夜半东风起，军中万马鸣，用兵不在众，卷甲及平明。
百战增诗力，三边破竹声，胡天飞鸟绝，不敢近长城。

像这样的好诗，即令在将近半世纪后的今天来读，也是绝佳的战斗文学。

不幸的是，杨云史好运不长，而"常胜将军"吴佩孚，竟在荣膺"常胜将军"之名的两年以后，正在"百岁功名才半纪"，如日中天，然而他却再打一仗，竟因冯玉祥的临阵倒戈，惨遭败绩。他多年来一手训练的劲旅，居然全军覆没。这固然是一世之雄如吴佩孚者的最大挫折，同时也使始终参与斯役的杨云史："侍从帷幄历有年所，久安从军之乐，数被战胜之荣，今乃于千载不偶之事，天崩地坼，目击而躬逢之。"所以他"伤正义之不伸，慨天心之助长，恸尊亲之忧辱，哀纲纪之沦亡"，而在目眦发指，惊痛惋惜之余，痛定纪痛，写下了他毕生的杰作——《榆关纪痛诗》十首，使康有为誉他为"诗史"的美誉，为举世所公认。

《榆关纪痛诗》十首，系杨云史在吴孚威兵败山海关，自天津塘沽口乘桴于海，鼓轮南下，而于阴历十月二十四日，毕一日之力，作于黄海舟次。原诗附有长序，根据他随侍吴佩孚左右，所目睹的种种内幕秘闻，因此又颇富有史料价值，而为若干年来，纪当年史实所未予采用的，特加以语译，详列于次，括号内则为笔者所附注。

杨云史首记二次直奉大战之起，系因浙江督军卢永祥（北洋皖系硕果仅存的一位督军）在江浙战争中，被江苏督军齐燮元（直系）所击败，卢永祥逃往日本，于是遣使向奉天张作霖求援，张作霖自一次直奉大战败于吴佩孚后，三年以来，整军经武，埋头训练，正要报那三年前的一箭之仇。卢永祥的求援刚好畀予他可乘之机，所以他在十三年八月，兴兵十二万，开始进犯直军的第一道防线——山海关。

山海关守将彭寿莘（第十五师师长，有兵一万），急起迎战，双方互有胜负。旋吴佩孚奉命督师，任讨伐总司令，并以直鲁豫巡阅副使王承斌为副总司令。八月十九日（阳历九月十七日）吴佩孚亲率所部第三师的一个旅，抵达北京，设立讨逆军总司令部于四照堂，各省督军（北洋军阀首要）纷至毕集，表示愿听吴佩孚的驱使，会师榆关（山海关）。吴佩孚乃以十天的时间，编定正军十路，援军十路，准备迎敌。（直军部署及战事经过，金佛郎案风波，冯玉祥倒戈均见章君穀先生之《吴佩孚榆关丧师记》一文，此处不再赘述。）

杨云史的杰作《榆关纪痛史》原文如次：

六合军需动，安危仗令公，长驱二十万，鼓角下辽东。
不以兵车力，何由衽席功，执鞭非吾愿，长揖事英雄。

第一首，是说古今万国，无不以武力而能底定，所谓：“以杀止杀”，那是觅致和平的唯一途径。一国的安危，因而就只有靠吴孚威的“长驱二十万众，鼓角直下辽东”了。不过，杨云史又说他只是一介书生，扬鞭执辔，并非他之所愿，用兵辽东，他唯有长揖而事英雄而已。

传营七百里，一夜下辽阳，鸿雁来明月，关山入大荒。
用兵非得已，决策莫能当，指顾诸军合，辕门万马行。

这第二首，写吴佩孚亲领劲旅，自当锐敌，在山海关连营七百里，军威大震，连战连捷，兼带也写了战地的景色，和吴佩孚决胜算于帷幄之中，兵威之壮，跃然纸上。

吹角平原里，青天万马鸣，关山秋月白，刁斗满长城。
岂不念妻子，其如轻死生，夕烽看未了，浩荡意未平。

第三首写直奉在吴佩孚身先士卒，亲临指挥之下，士气高昂，轻于死生。

兵车接昏晓，飞挽动幽州，一雁下秋塞，千人登戍楼。
连樯天尽处，万暮月当头，风定旌旗肃，山寒水急流。

第四首写兵车日以继夜的在自幽州（今河北北部）开来，大军云集，又有海军助战，山高月小，一片秋色中，呈现满目肃杀气象。在这时候，吴佩孚亲冒矢石，出入敌阵，率领直军健儿，往复决荡。直军大有获胜之望。

再见金牌恨，中原尽失声，前军当劲敌，大盗劫神京。
举国今无主，何年见太平，班师万家哭，功败更成名。

第五首，杨云史是在把冯玉祥临阵倒戈，回师入京，囚北洋总统曹锟于延庆楼，逼他下令停战，为“大盗之劫神京然”，且将吴佩孚奋战山海关，终因冯玉祥之叛，而功败垂成，仓皇回师，是跟岳飞奉十二道金牌班师同为千古恨事。他曾列举事实，以证中外人士对冯玉祥倒戈、吴佩孚忠直见欺之切齿痛恨。据说当时国人闻者无不相向扼腕，或竟痛哭失声，英美人士有提到冯玉祥的，居然愤慨地将手中酒杯，摔得粉碎，一泄其内心愤懑。

又谓曾有一位英国顾问柯乐文，曾经当面质问冯玉祥说："停战应该是双方同时为之的事，假若直方停战而奉方趁势打过来，你又怎么办？"

冯玉祥强词夺理地答道："我自会用武力对付。"

柯乐文笑道："那你走的还不就是吴大帅的老路子吗？"冯玉祥为之语塞。

冯玉祥倒戈之幕后

吴佩孚兵败山海关后，天津报纸曾经刊出冯玉祥倒戈的幕后新闻。据说张作霖贿买冯玉祥等倒戈的代价是奉天老头票一千万元，其中冯玉祥独吞四百万元，剩下的六百万元分给王承斌、胡景翼、孙岳等三人。不过张作霖也机灵，他唯恐冯玉祥他们临时变卦，先付一半现款，另一半则开银票。倒戈后奉军大胜，张作霖到了天津，冯玉祥拿银票请张作霖如约兑现，张作霖却顾左右而言他，存心赖账了。这一着，为冯玉祥始料未及，因此他为之大恚，却拿张作霖无可奈何。

过了几天，奉张、皖段（皖系首领段祺瑞）和国民军的冯玉祥举行善后会议，席上有人称赞冯玉祥的功劳，使冯玉祥沾沾自喜，他也起立大谈其首都革命如何如何，当时张作霖就嘻笑怒骂地插嘴说："冯将军，你别忘了，你是我雇的，你没有在这儿称功发言的资格。还有，你从我这儿拿去的钱，一共花了多少？你还得给我一一开出来，办一办报销的手续。"

当时，冯玉祥既羞且愤，几至无地自容。杨云史说冯玉祥自此有了和张作霖势不两立之心。

当冯玉祥和王承斌一同到天津去迎接张作霖时，张作霖立命东北陆军第一师师长李景林，解除冯玉祥的津北军和王承斌的二十三师全部武装，并且勒令王承斌辞直隶省长职。冯玉祥无可奈何，王承斌则即日逃入租界。

杨云史认为榆关之败是中国的不幸，而非吴佩孚个人的不幸。所以他用孟子的话再安慰吴佩孚说："天将降大任于斯人也，必先苦其心志，劳其筋骨……"，并且预言在不久的将来，他终能遂其治国平天下的壮志雄心。

诗人仗义将军泣下

杨云史附于华甲输上，作了传诵一时，洛阳为之纸贵的《榆关纪痛诗》十首，船抵上海，吴佩孚深感他的书生情义，可是也不欲因自己的兵败而连累了他，他曾力劝杨云史登岸。杨云史不得已而勉从之，他到上海后，他的岳父李经方，为了庆贺他的锋镝余生，无恙归来，特地在上海皇宫酒店，大开盛宴。可是杨云史一看皇宫酒店的建筑陈设、家具器皿，一概都照法皇路易故宫的体制，雕镂眩目、穷极壮丽，一根柱子，有价逾万金者。又眼见洋人仕女婆娑起舞、声乐如水而衣香如雪，缅怀百年前巴黎全盛时期的穷奢极侈，回忆他在战场所见的炮火连天、血肉横飞，再一听说江浙战争后竟有九县百姓流离失所、露宿江干，使他不胜感触，竟至当着许多贵宾，潸潸地流下了眼泪来。

为这一强烈的内心感受，他还曾赋诗四首，今录其中之二如下：

乱后清游百事非，强来行乐总欷歔，
隔江月上罢歌舞，清露无声飞绣衣。

淞滨战地近繁华，白骨千村足怨嗟；
莫向江头闻野哭，可怜天子已无家。

前一首写满目繁华的情景，和他内心的凄凉，形成鲜明对照。后一首嗟叹江浙难民的无家可归之苦。

吴佩孚兵败如山倒，所部星散，当年的亲信肱股，多年干部，以及得过他不少好处、曾经誓死追随的无数部属也纷纷离去。吴佩孚受郑士琦之峻拒于先，齐燮元的冷落于后（直奉二次大战原是因他而起的）。吴佩孚仓皇南来，路经南京，齐燮元仅只登舟一谒，连吴佩孚跟他谈好了联名发个通电，竟然也在事后立即通电否认。及至到了武汉，那位由吴佩孚亲冒锋镝，迭败川湘鄂联军，为他打出了一块湖北地盘来的部将萧耀南，居然也婉拒吴玉帅在武汉停留。而在吴佩孚遄返洛阳，见逐于陕军憨玉琨后，把他撵上了豫鄂交界，面临冯玉祥国民二军强敌的鸡公山。到了这个时候，吴玉帅的老部下便纷纷自动求去，逃得一干二净。吴所余三五千兵，只剩了千余名卫队，赫赫洛阳使署八大处，群贤毕集，冠盖相望，当年的猛将如云、谋士如雨不再。下属东逃西散，各奔前程，只剩了五六个人，和吴玉帅同生死而共患难。

谁都知道杨云史是一个手无缚鸡之力，家无赡石之粮的穷书生。他从吴佩孚游，为时不过三年，他是吴佩孚幕府中的客卿，实不同于其他的僚属。因此谁都想不到杨云史会在吴佩孚四面楚歌、朝不保夕的当儿，老远巴巴，自出盘缠，抱着必死的决心，赶到鸡公山上来跟吴玉帅做伴。杨云史从上海回到常熟家乡，和他久所悬念的霞客夫人与子女诀别。夫妻父子家人才只见一面，便匆匆忙忙地赶去慷慨赴义，决心以一死而酬知己。

十一月初七，杨云史身入虎穴，由汉口直赴郑州，刚好迎上了自洛阳狼狈返来的吴玉帅，两人相见，使吴佩孚为之感动得热泪盈眶。他告诉杨云史，他只在洛阳住了一夜，当夜就听到陕军憨玉琨来袭的枪声。残余的卫队勉力支撑到破晓，又急急撤出洛阳，逃到郑州，想不到竟和千里来投的杨云史碰了个正着。

杨云史当时问他："玉帅打算怎么办？"

吴佩孚挺有把握地说："我们回汉口！"

然而，世态炎凉，人心大变。吴佩孚一行方抵信阳，受萧耀南之命的湖北各界代表便来挡驾："吴玉帅您说什么都好商量，就是请您不要踏入湖北省境。"

吴佩孚不胜愤恚，当时下令专车续往南行，他对湖北代表的答复是什么事都可以照办，他就是非到武汉去不可。——他并不是要当萧耀南的恶客，去看他的脸色。甚至于还冒着被萧耀南变脸拿下，解往北京去向张作霖请赏的危险。实际上是吴佩孚前有虎狼、后有追兵，已经走投无路了。

孚威上将军敢于冒险，被他一力提拔的萧耀南，也真辣手。专车开到花园，不能走了，因为前面的铁轨已被萧耀南命人拆掉。

鸡公山上一夕数惊

吴佩孚四顾茫茫，实已陷入绝境，他唯有冒险侥幸，命专车开回去迎上追兵，当夜，驶抵鸡公山下，再走一步，就是冯玉祥国民二军总司令胡景翼的防区。斯时也，天寒地冻，日月无光，连吴佩孚、杨云史在内，俱已饿了一天，便那么在风吹草动，危机四伏之中，一脚高一脚低地逃到了鸡公山上。

找了一幢空屋子，暂充孚威上将军的临时行辕，一整夜风声鹤唳、草木皆兵，又加上冻馁交加，将士面无人色。自吴佩孚以次，没有人敢合上眼睛打个盹儿，此时此境，文弱书生，乱世诗人如杨云史者，反倒坚强起来，勇者无惧。他在危疑震撼，生死不容间发之际，竟能口占五律三首，饰词慰勉吴孚威：

天险今何在，班师战垒边，秋笳哀似笛，塞水乱如弦。
绕树卢龙戍，驱兵江海船，短歌行不得，此恨古今怜。

慷慨孤忠泪，崎岖百战功，人心洗兵马，天意厄英雄。
一雁长云外，千山落日中，愿言从患难，风雪入鸡公。

当代论风义，嗟乎唯使君，将兵多益善，奔殿败能军。

辽海关山月，中原日暮云，亡秦终必楚，余子漫纷纭。

心惊胆战，实则是惊弓之鸟，闻弦心悸，好不容易熬到了天亮，谍报传来，消息更坏。十一月初六陕西憨玉琨部进陷洛阳，郑州、开封，旋又与国民二军总司令，督办河南军务善后事宜的胡景翼展开一场鏖战，与此同时，胡景翼的一部正在大举南下，扬言直登鸡公山，活捉吴佩孚。事实终于证明，忘恩负义的萧耀南，的确在把他的老长官往虎口里送。

于是吴佩孚的残部散者日众，吴孚威进退失据，大有束手被擒之危。但他仍还坚持他的三不主义：不住租界，不积私财，不举外债。对于萧耀南命人来说愿献十万大洋请他出国考察的建议嗤之以鼻。这时候即令在吴佩孚的忠贞将士之中也是谣诼纷纭，频频自相惊扰。说什么蜈蚣（吴公）上了鸡公山，鸡公克蜈蚣必定性命难保。正好吴佩孚在榆关闻变，带了一百名卫队匆匆回到天津时，像伍子胥般的一夜须发尽白。他心力交瘁，终告在鸡公山上病倒。杨云史在楼头与他为伴，是日大风忽作，山摇地动。杨云史正为吴佩孚处境之艰危，五内似焚，寸心犹如刀割。他独步楼头，推窗外望，远眺遍地的积雪，一时感从中来，又赋五律一首，诗云：

乱山残雪里，多难此登楼，红叶风俱至，青天水急流。
诸侯皆富贵，一将独林邱，将老犹为客，余生万古愁。

其实以当时吴孚威的处境而论，他连做客也都在所不能呢。

吴佩孚在鸡公山上整整住了一个月，外有强敌，内生蟊贼。他自己又因心力交瘁而多病，千疮百痍，应付维艰，其处境之难有非常人所可忍受者，可是他固然咬紧牙关，逆来顺受，却也有杨云史一日一诗，尽其所能予他以安慰与激励。杨云史曾伴同吴佩孚攀登鸡公山的绝顶，终于找到了吴佩孚部将靳云鹗那幢中西合璧式的豪华别墅，于是相偕搬进去住。那一天，恰好直奉构兵，被北洋皖系渔翁得利，当上了临时执政的北洋之“虎”段祺瑞，深知他无兵无勇，难以在奉张和国民军系冯玉祥之间左右逢源，曲尽绸缪。段祺瑞夙仰吴佩孚是能征惯战的常胜将军，深愿录吴佩孚为己用，所以他秘密派遣私人代表，上鸡公山往说日暮途穷的吴佩孚，赍送段祺瑞的亲笔信，表示他愿“甘冒天下之大不韪”，起用吴佩孚为陆海军元帅，仍兼直鲁豫三省巡阅使，驻在洛阳而埋头练兵如故。段祺瑞一心想诱使吴佩孚做他的武力后盾，万里长城。当此一消息在鸡公山上传开，于是使那些视吴玉帅犹如涸辙之鲋的直系将士，额手称庆，以为绝处逢生，又将有万里前程。殊不料吴佩孚一听来使的慷慨陈词，登时就了然于胸，其所谓的利害种种，无非皖系安福派策士的诱降之计而已。于是孚威上将军不惜疾言厉色，立挥段祺瑞的代表使之仓皇辞去，当夜便下了鸡公山。这一幕虽然使吴玉帅所部深心觖望大大的不以为然，却让江东才子，卓荦不群的杨云史在一旁看了，深心翕服，为之拊掌称快，所以他立呈五律一首，诗云：

满目伤心色，凄清画不成，寒鹰幡废垒，落日照残兵，
百战逢佳节，孤城送远行，一为挥手去，云海闭柴荆。

他把吴佩孚的大义凛然、坚贞不屈，在这首诗里，真是抒写得淋漓尽致了。若非有杨云史的这一首诗，也就无法传诵吴佩孚的一身硬骨，誓死不屈的元龙豪气。

吴孚威在鸡公山上的处境日艰，杨云史足使顽廉懦立，令人读了荡气回肠，不胜低徊的诗篇也就越来越多，譬如他曾在鸡公山顶，伴同吴佩孚伫观落日，曾刻意激劝吴佩孚惕厉奋发，写着：

川原夕阳尽，西望一登台，人意随山乱，军歌动地哀。
大家何处去？今日偶然来，向晚起风雪，将军且举杯。

段祺瑞恼羞成怒记

吴佩孚峻拒段祺瑞恳邀出山相助，使得曾有“气令智昏”之段祺瑞大为不怿，他恼羞成怒，便以临时执政名义下令驻开封之国民二军总司令胡景翼，及国民三军总司令孙岳彻底消灭吴佩孚的残余之众。胡景翼和孙岳都是吴佩孚的老部下，一方面畏惮天下之物议，一方面也带点感情作用奉命以后，并未立即采取行动，而以先礼后兵的姿态，派遣代表，相继登山，跟吴佩孚婉言相商，请他自动解除武装，遣散总部人员，并且提议由胡景翼派一支部队作吴佩孚的卫队。胡、孙的此一举措，使鸡公山上的紧张气氛，大为缓和。不过，吴佩孚仍然峻拒胡、孙的要求，他义正词严地答复胡、孙的代表们说：“我早就发表通电，声明从此不再与问国事，这便是我已恢复平民的身份，又何劳胡总司令给我派什么卫队，名曰警卫，实则监禁呢？”

他驳得胡、孙的代表，哑口无言，唯有废然告退。可是谈判既已开始，在胡景翼、孙岳不为已甚的心情下，“进剿鸡公山上吴佩孚残部”一举，乃又成了拖延之局。而吴佩孚虽然时在病中，他的神志却很清楚，利用这一段时期，他暗中补充湖北第一师寇英杰部的械弹，派人召集旧部，增厚寇英杰的兵力，使寇英杰的实力迅速壮大，然后拉拢过来，再度成为他的节制之师。

有了这一着“明修栈道，暗渡陈仓”的妙棋，旬日之间，情势全改，等到寇英杰的部队已能应付方面战事。吴佩孚便下了一道命令，派寇英杰为鄂豫边境警备司令，担任鸡公山附近的警戒之责。这么一来，鸡公山就不能再算是三不管的地区了，吴玉帅必将东山再起，从而有了个好征兆。往先唯恐受吴玉帅连累，被国民三军犁庭扫穴、玉石俱焚的那般军官幕僚，也就靦颜的重回鸡公山上，再度向吴玉帅表示矢志追随。杨云史亲眼目睹此种好转的气象，倒也颇表欣慰，他曾作《喜洛阳诸将渐至山中》七绝一首，诗云：

黄河直上上青天，日出鸡鸣度虎关，
欲问洛阳旧亲友，中原风雪万千山。

杨云史在鸡公山上，忍饥耐寒，和败军之将，几至天涯海角无逋逃处的吴佩孚共生死患难，历一月之久，新败之余，大难之中，怅家国之多难，念难萌之有自，作为一个忧国忧时的诗人，自难免要比任何人起更多的感慨。所以，除了上列各诗外，他又写了《鸡公山感怀诗一百韵》，而以“愿进后言贡当道，轻重文武事彰彰，横流泛滥不可挽，谁其致之袁端张”作为总结。所谓“谁其致之袁端张”，指的是袁世凯在革命党人与清廷之间从中渔利，阴谋窃国，和端方的处置川汉铁路国有处置失措，引起民变，以及张作霖的两度掀起直奉战争，又贿买冯玉祥倒戈，乃使吴佩孚兵败榆关，流落鸡公山上。因此，他所起的感慨其实是嗟清祚之云亡，与乎吴佩孚一生勋业的付诸东流，兼而有之的。

吴佩孚在鸡公山上拖到了十二月初，段祺瑞大有必欲得而甘心之意，他一日三电，催逼湖北督军萧耀南将吴佩孚的卫队缴械，押解吴佩孚入京。萧耀南为了应付新上司，就顾不了旧主子，他把段祺瑞的一叠电报，送请时已进驻信阳的寇英杰，请他拿去给玉帅看看，相机劝吴佩孚解除武装，然后再度宣告下野。当时，吴佩孚就问寇英杰：“照萧督军的意思，我的卫队缴了械以后，我该到哪儿去呢？”

寇英杰答道：“萧珩帅（萧耀南字珩珊）叫我请示玉帅，可不可以到武汉去，跟萧珩帅住在一起，先保住长江实力，作为玉帅将来东山再起的凭借。”吴佩孚却一声冷笑地说：“谢谢，我不领他这个情。卫队缴械，办不到。他不让我住在湖北，我下岳州，我跟炎午老弟（湖南省长越恒惕）打过一仗（指民十湘鄂之役，吴佩孚替他部下萧耀南打下了湖北的地盘），可是赵炎午不会不认我这个朋友。”寇英杰当然明白他说这个话的分量，以及他心中对萧耀南有多么的愤恚和不满，没敢再接腔。辞出以后，立刻将吴佩孚决定到岳州的事，知会了萧耀南。

向北京段执政一请示，段祺瑞的回电迅即便到，电文中严词责成萧耀南，决不许放吴佩孚到岳州去。果若如此，段祺瑞将唯萧耀南是问。

萧耀南夹在段吴之间，左右为难、无计可施，他只好再命寇英杰由信阳上鸡公山去，陈述他的处境艰难，请吴玉帅“恤念下情”，仍然照他的原议，卫队缴械，上武汉去由他负责保护。

萧耀南罔顾故主恩

这时候，国民二军胡景翼部经不起段祺瑞的再三电促，已经向鸡公山一带，展开攻势，寇英杰部正在竭力抵御，鸡公山上情势危殆，间不容发。吴佩孚的道义之交，有血性、重感情的湖南省长赵恒惕，派一名顾问，带着赵恒惕的亲笔信，来请吴佩孚到岳州歇马。吴佩孚感激之余，请杨云史为他接待这位顾问先生，风雨一杯酒，江山万里情，杨云史又有感而发，作了一首《送某顾问出山》的五律，诗云：

衣上洞庭雪，因君一把杯，投诗入江去，送客出云来。
此地难为计，斯人大可哀，剧怜庾信宅，万里发寒梅。

同情吴佩孚处境之艰危，将他比作南北朝时回不了故国，拜洛州刺史，累迁骠骑大将军，开府仪同三世的庾子山（信），可谓恭维得体，用典用得贴切之至。

那位逊清末代状元，曾被杨云史尊之为师的南通张季直（謇），居然也在吴佩孚落难鸡公山最危殆的当儿，遣使远来慰问，而且赠之以五律一首，使吴佩孚极为感动，其原诗云：

壮语遭时忌，斯人实可嗟，一舟成敌国，四海欲无家。
治易刘中累，能军李左车，盈虚有消息，尺蠖即龙蛇。

期许、慰勉、推重与同情兼而有之，难怪吴佩孚读后为之感奋莫名。

赵恒惕的迎吴代表既来，吴佩孚志已决矣。他摒挡一切，率领僚属、卫队，克日下山，自信阳向岳州进发。当时他所求于一手栽培提拔的老部下萧耀南者，只不过是借一借道而已。倘若萧耀南肯睁一只眼闭一只眼，让无路可走的吴玉帅从汉口下车渡江，再登上粤汉路车驶往岳州，投奔他的老朋友赵恒惕，那就等于放他一条生路了。讵料，萧耀南竟因段执政之命“断可不违”，他又故技重施，吴佩孚的专车驶近广水，前面的路轨早已被拆除了一大段。

当时，吴佩孚痛心疾首，欲哭无泪，前无去路，后有追兵，他实已陷于绝境，他只好把眼一闭，心一横。好吧，我就在这儿挺住，萧耀南必欲置他于死，他决心死在广水站外的专车上。

双方正在相持不下，乍看来似乎绝无转圜的可能，便在这千钧一发之际，竟然天无绝人之路，有一位吴佩孚的老朋友，被吴佩孚称之为“子惠老弟”同于“炎午老弟”的四川督军杨森，铁肩担道义，慷慨抱不平，他无惧于新任当权、把持北洋政府中央的段祺瑞，更不值邻省那位背主求荣、落井下石的萧耀南，一听到吴佩孚受困鸡公山，进退失据，先就打了个电报来，敦请吴佩孚入川休养。及至久不见复，唯恐受厄于萧耀南时，又派他戎幕中的重要角色，军务代表刘泗英，带着吴玉帅在湖北倘有差池，川军立将东下武汉，找萧耀南算账，措辞严厉迫切的哀的美敦书，赶到武汉营救。

刘泗英一到武汉，就听说吴佩孚南下岳州果然受阻，刻正陷在广水的荒郊野外，插翅难飞的惨状，他十分之愤慨，立即附车北上，找到吴佩孚的专车，登车请谒。吴佩孚见到刘泗英，凄然说道：“段合肥一日三电，逼萧耀南严行拿办。刘代表你看如今该怎么办？”

“请玉帅放心，”刘泗英说：“我此来奉有杨惠公的命令，萧督军倘不妥善保护吴玉帅，而使吴玉帅有所差池，杨惠公立将亲率川军，南下武汉，找萧督军算账。我因为听说玉帅陷在广水，所以特地来先代表杨惠公慰问，我马上就要回武汉，当面去跟萧督军把话说明。”

这不啻是救兵自天而降，吴佩孚连连颔首，他说：“那就请刘代表再辛苦一趟了。”

刘泗英坐一辆火车头，从广水回到汉口，他邀集了四川督军、省长和黔军方面的驻汉口代表，一同晋谒萧耀南，办这个严重的交涉。四个人到了武昌，步入湖北督军公署，迎面遇见赵恒惕邀请吴佩孚入湘的代表、岳州警备司令邹礼。邹礼也是去找萧耀南商议让吴佩孚顺利通过武汉而去岳州的，他方才碰了萧耀南的钉子出来，所以他附耳告诉刘泗英说：“情况不大妙啊。”

刘泗英却昂然不顾，他带着川黔代表一齐走进了萧耀南的办公室，略一寒暄，先就把杨森的那封哀的美敦书，递交萧耀南。

萧耀南把杨森的信接过去一看，低下头去沉吟片刻。然后，他正式答复刘泗英，反复解释，其要点不外乎下列六点：

一、兹事体大，应该从长计议。

二、所可声明者，本人决不做冯玉祥第二。

三、目前力求敷衍段祺瑞，不过为保全湖北地盘，免贻他人侵夺之借口。

四、必须拥有湖北地盘，吴玉帅始有东山再起之望。

五、深盼杨子惠将军谅解本人所处环境难于应付。

六、州黔两方如有解决当前僵局的任何高见，只要能够行得通，萧耀南极愿接受。

不过，萧耀南在说到最后时，又再强调一点：“不瞒各位说，段执政也派得有代表，在我的衙门里坐催押解玉帅入京，由此诸位可以了然我的处境，以及我不便让玉帅过武汉的苦衷。”

刘泗英立即侃侃然以大义相责，他率直地指出萧耀南目前所应考虑的并非处境，而系原则方针问题，以目前吴佩孚的情况而论，他身为吴佩孚的部属，究竟是该置吴佩孚于死地呢，还是竭尽可能地加以保全？刘泗英大义凛然，理直气壮，使萧耀南神明内疚，无词以对。于是又由刘泗英提出“缓段保吴”之计请萧耀南采纳，双方几经磋商，反复研讨，终于商定了三点结论：

一、请吴玉帅莫去岳州，就在湖北境内的黄州（今之黄冈）小住，以犹仍为吴佩孚所拥有的决川、浚蜀两舰为司令部。

二、卫队以两营为限。

三、决川、浚蜀两舰之舰炮缴出炮闩，改用机关枪。

刘泗英等带着这三点结论再赴广水车上，报告吴佩孚。当经吴佩孚欣然同意，十三年十二月二十八日，萧耀南派人修复已拆除的铁轨，专车终告脱险，一日而达汉口大智门车站。萧耀南避不见面，吴佩孚也不下车。这时候段祺瑞催促萧耀南生擒吴佩孚的电令如雪片般飞来，把个萧耀南慌了手脚，命人示意吴佩孚请他快走，吴佩孚答复说我当然是要走的，只不过决川、浚蜀两舰停泊在江边码头，由大智门前往必须通过租界，吴佩孚坚守他的“不进租界主义”，最后是将两艘兵舰开到刘家庙，请吴佩孚在刘家庙登舰，方始解决了这一个问题。

吴佩孚离开了武汉，萧耀南去了一件大心事，他曾为此发表通电，两面敷衍说：“吴前使来鄂，奉执政电谕勿任或往他处，以靖人心等因。吴使鉴于各界环请之诚，即于江三、日乘轮离汉，不问世事。我执政保全将才，及吴前使遵守和平之旨，俱可昭示于天下，垂美无穷。耀南奉命周旋，公谊私交幸获俱尽。”

通个通电自相矛盾，令人读后反坠五里雾中。

一到黄州，吴佩孚就在座舰之上写了一首五绝，《初至黄州走笔示云史》，诗平平，但是诗后却有一句注，杨云史确可引以为荣。诗云：

为谋统一十余秋，叹息时人不转头，

赢得扁舟堪泛宅，飘然击檝下黄州。

（时幕僚星散，惟圻侍左右而已；——吴氏原注）

脱离险境，幸获自由，杨云史便从大处落笔，赋诗劝慰吴佩孚心中放宽，而且预祝他早日重整旧业，再度出山。诗云：

如此人间卧谢安，梅花肥大酒杯宽，
云迷江树黄州近，日落山田赤壁还。
愿共英雄同患难，不须妻子问平安，
即今横槊临流处，付与他年指点看。

景物萧萧万古情，朝来风雪夜来晴，
眼前谈笑自千古，到处江山垂大名。
割据纷纷真细事，英雄落落岂虚生，
不须泪洒新亭酒，尚有中流击楫声。

“横槊临流”“眼前谈笑”，吴佩孚也真能听从杨云史的意见，权且寄情山水，付与诗酒。他由杨云史做伴，游遍了黄州附近的名胜古迹，诸如赤壁、西山、东坡九曲亭、安国寺塔、灵泉寺、试剑峰、陶侃读书堂、寒溪寺、快哉亭、杨守敬故居、黄州城楼、月波楼等处，将军与诗人，都留下了题咏唱和之作。深感杨云史之情谊，受了大诗人的感染。吴佩孚和杨云史在黄州整整两个月，这是他们最接近、最亲密，几乎朝夕聚晤、形影不离的一段时期，同时也是吴佩孚旧诗作得最多的短暂两月间。

在这两个月里，吴佩孚所作的诗，十有七八是《示云史》《和云史》的，其中较重要的几首如：

《赤壁春夜书示云史》

戎马生涯付水流，却将恩义反为仇；
与君钓雪黄州岸，不管人间且自由。

《除夕见示云史》

转为新年惜旧年，金戈铁马事茫然，
近来省识闲中乐，自注清波洗水仙。

《寒溪寺偕方岩[1]云史看梅花二首》

陶公高咏此山中，上有孙权避暑宫，
寻个渔樵说闲话，晋朝名士汉英雄。

折得梅花香满衣，溪云山两送将归，
一蓑一笠临皋去，十里春江明翠微。

《和云史梅花诗》

此君根骨本来清，寂寞空山更有情，
修到梅花尚多事，为谁辛苦去调羹？

《赤壁舟中示云史》

两字功名百战哀，江山无改此登台，
举杯独酌看周易，樊口江鱼下酒来。

赤壁春流飘酒旗，江村隔两啭黄鹂，
晚来独背东风立，只看江山不看棋。

《示云史》

烟雨连江春水来，扁舟无事只衔杯，
吴头楚尾三千里，卷上风帘看一回。

---

① 张方岩，吴佩孚的参谋长。

水满长江酒满卮，春山如笑雨如丝，
东风吹绿黄州岸，日起开窗画竹枝。

黄州舰上诗酒风流

吴佩孚画竹，杨云史题咏，是当年黄州官绅争相罗致、视同瑰宝的珠联璧合“时人”之作。杨云史曾有题“吴将军画墨竹”的长歌，一开头就用“古来将门谁能画？小李将军与曹霸”这般气势如虹的句子，益以“蓬莱将军今英雄，宝刀有血笔有风，千军一扫如落叶，盘根错节罗心胸”，“欲画不画目如电，成竹乃在落笔先，气吞全纸檀乐涌，傍人犹见笔不动，兵法笔法一贯之，运为己意皆为用，须臾风雨到毫巅，兔起鹘落真宰宣，千枝万枝舞烟雨，一干两干撑青天，往往纸尽气未尽，清刚卓立天为穿！”那是何等的大气磅礴，痛快淋漓。

在黄州时，曾有一次，时在夏历二月初五，吴佩孚邀杨云史往游牛头湾马桥村，他们轻装简从，漫步田墙。当时吴佩孚看见农家门前积水，将要淹及门扉，他便恳劝乡民种树，说了些种树的益处，听得乡民们津津有味，后来晓得了这位茕茕儒者，居然就是孚威上将军吴佩孚，于是家家户户摆出香案，男女老幼罗拜于平畴绿野之间，引得吴佩孚哈哈大笑，他一面拱手道谢，一面顾盼自豪地告诉杨云史说：“这才是真正的民意啊。”

归后，杨云史又有三首写实之作，颇见风趣，诗云：

万顷江田烟柳斜，春流十里抱人家，
黄童白叟争来看，踏碎一川油菜花。

犬吠鸡鸣满水滨，平畴对语意相亲，
群儿拍手呼名姓，笑说英雄是好人。

使君最爱话桑麻，步入江村野老家，
争揖将军茅屋坐，殷勤笑劝吃杯茶。

可惜，大局混沌，国势阽危，吴佩孚的悠闲舒坦岁月，可能在他一生之中仅此黄州两月而已，黄州道上，又是各方代表，纷至沓来，始之于川湘黔，继起如江浙皖。《川湘黔联防条约》签订，吴佩孚重振旗鼓，东山再起之基础已告奠立。段祺瑞是最怕吴佩孚出此一着的，他命新任安徽督理（亦即督军）、安福系巨擘王揖唐访吴佩孚于黄州舰上，侦伺动静，一觇虚实。吴佩孚晓得王揖唐此行的目的，虚与委蛇，王顾左右而言他。那王揖唐当年夤缘出任南北议和总代表，被吴佩孚发表通电骂了个狗血喷头，所以王揖唐对吴佩孚恨之入骨，他正好趁此机会危言耸听，唆使段祺瑞火速对吴佩孚采取行动，于是乎，吴佩孚连闲中乐都乐不成了。

十四年二月下旬起，段祺瑞对吴佩孚采取断然手段，一方面怂恿川黔将领会攻川督杨森，迫其兵败下野，退回广安，段祺瑞以参谋总长一职为饵，诱杨入京，结果杨森没有上他这个当，不过他对吴佩孚的仗义声援，至此已属无能为力。另一方面，段复在武汉散播谣言，盛传吴佩孚旧部即将联络川黔滇合力图鄂，萧耀南一心慌，将吴佩孚的旧部第二十四师师长杨清臣、第十四混成旅旅长时全胜迳行拿办。后者为二月十二日的事。

段最厉害毒辣的一手，厥为密遣海军司令许建廷，亲率长江军舰八艘，声色不动地悄悄驶近黄州，打算出吴佩孚不意，包围决川、浚蜀两舰，图穷匕见，将吴佩孚等一举成擒。

天幸又有一位肝胆相照的老朋友，兼亦为其部下，前海军总长杜锡珪获悉机密，他急电在黄州诗兴正浓的吴佩孚，请他立刻下令两舰同时启碇速离黄州。吴佩孚获电后当然不敢怠慢，便在长江八舰鼓轮赶来之际，溯江而上。

当时还有一重莫大的难关，那便是态度越来越见恶劣、甚至于公然抓了吴佩孚旧部两员大将的鄂督萧耀南，吴佩孚料准了他已接获段祺瑞勒令拦江截击的电报，所以他迫不得已用了瞒天过海之计，三月一日深夜启碇后，下令二舰灯火全熄，肃然无哗，而在当夜接近黎明的时候驶抵武汉江面，然后乘两岸守军措手不及，加足马力，一冲而过。

那真是吴佩孚兵败榆关后最长的一夜，危机四伏，险阻重重，没有人想到已成瓮中之鳖的吴佩孚会从被许建廷衔尾急追，萧耀南严阵以待的大包围圈中冲将出来。决川、浚蜀两舰启碇不过两个多钟头，许建廷即已亲率八舰赶到黄州。获悉吴佩孚先已闻风逃逸，他立刻加速追赶，当吴佩孚座舰冲过武汉，抵达六十里外的金口，许建廷的舰队业已将及追上，而两岸又有通蒲镇守使兼第二十五师师长陈嘉谟所部的两万重兵，在大江两岸布好了炮兵阵地。

陈嘉谟是吴佩孚部将的部将，亦即湖北督军萧耀南的部属，当萧耀南都利令智昏，“却将恩义反为仇”，吴佩孚又怎敢期望奇迹出现，陈嘉谟会义释华容道，放他过关？他只要一声令下，众炮齐轰，再加上后面紧赶过来的八艘敌舰穷追猛打，这分明已是天罗地网，无路可逃。两艘军舰上的人仿佛全部绝望，人人心忧如焚，焦灼紧张。唯有早将生死置之度外的吴佩孚和杨云史，两人不约而同地表现了无比的勇气。吴佩孚在敌炮密集，露口相向之下从容自在，他效法谢安之雍容镇静，在座舱里凭窗打棋谱。在他身旁塌上，杨云史喝了半夜的酒，此刻早就烂醉如泥，鼾声大起。

情急了与行不得也哥哥

上天无路，入地无门，排炮猛轰一触即发，两舰人员设非俯首成降，便是葬身鱼腹，然而偏在此时奇迹出现，好个眷念旧主的陈嘉谟，他突然下令发炮，却是炮弹并非在向决川、浚蜀两舰飞来，而是落在追兵八艘军舰之前。陈嘉谟居然变成了吴佩孚的救命恩人，得力保镖，他发炮警告许建廷：“你若胆敢再进一步，我这两岸的大炮可就要向你舰队猛轰了。”

有此突如其来的剧变，许建廷大吃一惊，手忙脚乱，他忙不迭地下令掉首回航。

吴佩孚一行终告又逃过鬼门关，三月四日，在岳州各界盛大欢迎声中，安然抵达。赵恒惕立即通电保护，并且声明岳州为湖南省自治区，不容任何外力侵犯，否则即系与湖南一省为敌。赵恒惕在他的通电里义正词严地说："国内互争，皆缘政见偶异，并无恩怨可言。子玉果已解除兵柄，不妨随地优游，何必迫其侨寓租界？既非国家爱护将才之至意，尤乖政党尊重人格之美德！"

他算是狠狠地掴了段祺瑞辈一记耳光，此一义举，当年曾博得舆论一致赞扬。

杨云史"愿共英雄同患难，不须妻子问平安"，他记这一次死里逃生，曾有诗云：

> 舳舻千里溯沧州（隐者所居之水隈也），谢傅围棋且解忧，
> 我醉欲眠人亦散，春灯风乱岳阳楼。

前两句记的是那天舰中之事，后两句则记舰抵岳州，当地绅士公宴吴佩孚于岳阳楼，庆贺吴玉帅安然脱险。

十四年三月四日到岳州时，新任岳阳镇守使郑序彬（礼），以湖南省长赵恒惕代表的身份，往迎吴佩孚于舰上。邹序彬报告吴佩孚说："省长的意思，衡阳是玉帅的旧游之地，南岳为三湘第一名胜，玉帅在那边故交旧友又多，他命我请玉帅的示下，是否愿住衡山。"

吴佩孚心知这是赵恒惕在为他的安全、舒适着想，不过他另有隐衷，君子俟时而动，江浙二次战争齐（燮元）卢（永祥）之战将起，奉张和冯玉祥矛盾日深，已经到了水火不兼容的地步，段祺瑞无兵无勇，渐成傀儡，势将如秋扇之见捐。在岳州，不失为纵横捭阖，问鼎中原的理想活动基地。所以他对赵恒惕的一片关怀表示谦谢，同时又唯恐增加东道主的困扰和麻烦，吴佩孚决定把家属送上岸，借住在岳州绅士葛豪的家里，卫队

则分驻天后宫附近，他自己由诸幕僚和杨云史陪着，就住在船上。有一天，吴佩孚读到杨云史《洞庭风起城下帆樯如栉，湖畔多秦吉了，栖鸣桅樯，终日可听赋呈吴公》的一首七言律诗。[①]杨云史诗云：

岳阳楼下水连天，如此韶华但画眠，
尽日江豚吹白浪，守风愁杀岳阳船。
巴陵江上鹧鸪啼，啼满千樯十里堤，
纵有东风行不得，潇湘还在洞庭西。

彼此推心置腹，款款然情至意尽已久，吴佩孚方读一过便料中了杨云史的心事。转念一想，这恩恩爱爱的两口子，只为了杨云史矢志与自己共患难，两地分离，牵心挂肚肠。这三几个月来真是情何以堪？因此，他便打了个哈哈，说是："云史，我也得了一首，你看如何？"

语罢，运笔如飞，写了一首：《洞庭春望》，诗云：

青草山前芦蕨肥，洞庭湖里鹧鸪飞，
春风春雨无穷尽，帝女仙人何处归？[②]

诗成，吴佩孚哈哈大笑，他无须征得杨云史的同意，等杨云史辞出后，他便亲自作书，派人到杨云史的家乡，把杨云史的霞客夫人，妥妥当当地接到岳州来。以免杨云史"情急了"，霞客夫人却在嗟叹："行不得也哥哥！"这是吴酬答杨云史抛妻别子，誓死相随，以报知己的美意。原是皆大欢喜的一件事，殊不料诗人命薄，终至酿成一幕悲剧。

① 笔者注：《娜嫒记》有云："昔有丈夫与一女子相爱，书札相通，皆凭一鸟往来。此鸟善解人意，忽对女子曰：'情急了'"，因名此鸟为情急了。又以尔："秦中有吉了鸟。"吉了出于秦，乃称之为秦吉了。同时又称"情急了"。

② 笔者注：按本草纲目禽部："鹧鸪性畏霜露，夜栖以木叶蔽身。多对啼，今俗谓其鸣曰：'行不得也哥哥'。"所以吴佩孚用"行不得也哥哥"以对杨云史的"情急了"，确系一段佳话。

霞客夫人红颜天妒

不久以后，当杨云史骤然听说，他日夜苦思的霞客夫人，正在溯江西上，不日即可抵达岳州，跟他团圆，畅叙离情别绪。江东才子杨云史简直喜得笑逐颜开，春风满面，他踌躇满志，得意扬扬地写了一首七律，题曰:《闻妇霞客将至岳阳，遣舟以诗迎之》，诗云：

日日江楼听雨眠，早知诗句到愁边，
洞庭三尺桃花浪，催送湘江下水船。
一春白日去堂堂，千里迎君到岳阳，
如雨烟花三月半，画楼梳洗看潇湘。

霞客夫人旋即翩然来临岳州，在吴佩孚的尽心安排之下，杨云史和他的霞客夫人同寓岳州士绅易凤俦家。杨云史曾有一首五律纪实，诗云：

门巷高原上，巴邱万里情[①]，青林呼煮酒，江阁坐听莺。
细两涧成响，春流舟自横，清游思故郡，况复未复兵。

民国十四年三月，杨云史的霞客夫人，被吴佩孚命人接到岳州，大难不死，夫妻重圆，足足过了五个月的“只羡鸳鸯不羡仙”的幸福、美满岁月。一对恩爱夫妻泛舟洞庭、遨游君山，草暗花浓吊二乔墓，春雨晓晴洞庭早起，有数不尽的旖旎风光，人间天上。然而五个月后，诗人命薄，终以一出悲剧收场，这真是自吴佩孚以次，任何人都无法得能始料得及的事。民国十四年夏历八月，当霞客夫人和杨云史欢聚五个月后，当时吴佩孚业已组成七省联盟，由湘鄂川黔四省联防，再加上山西、河南、陕西而

① 笔者注：巴邱即岳州也。

共拥吴佩孚为七省联军总司令，高呼："尊段、拥吴、联冯"的口号，逼奉张摊牌。吴佩孚显已掌握有利的情势，利用其个人的声望，取得与天下群雄逐鹿的有利地位，孚威上将军终于东山再起了。

然而就在一切即将好转的时候，岳州大闹时疫，死者累累，杨云史的霞客夫人突然也受了传染，中秋节两夫妻还玩月有诗，当时他们的两个孩子要回籍就读，霞客夫人想跟爱子同行，却是夫妻告别之际转觉不忍，于是又告留下，便由于这一念之差，使她感染时疫终告一病不起，不几天后她便得病，顶小的两个孩子虽则割股疗亲，巴望她能早沾勿药，霍然而愈，可是拖到当月三十日，终告撒手而去，造成杨云史深心中莫大的憾恸。二十年患难夫妻，诀于一旦，使杨云史回首前尘往事，情何以堪？

最令杨云史伤心无奈的是，霞客夫人死后的第三天，入殓盖棺后的第二天，吴佩孚即以十四省联军总司令的名义，自岳州启程赴汉口，督师讨奉。这一天是阴历九月初三，阳历十月二十日，杨云史虽有伤妻之恸，可是在吴佩孚坚邀之下，他也只好全始全终，挥泪随师东行。吴佩孚这一次的受十四省联军拥戴，出任统帅，其前后经过，照他在十月十九日发布的效电所谓，厥为：

> 奉军深入，政象日非，孙馨帅（东南五省联军总司令孙传芳，号馨远）兴师讨奉，坚请东行，福建周樾帅（福建督军周荫人）电称：惟吾帅之命是听；湖北萧珩帅率湖北全体将领电称：此次共伸大义，欲动人心，首资号召，拟请钧座出山，希早命驾等语。救国锄奸，岂容袖手？兹定于二十一日赴汉，特先奉闻。

杨云史一路悼念亡妻，泪流不止，随着吴佩孚欢声雷动，欣喜腾涌的大军，陆续北上，舟抵汉口，萧耀南前倨后恭，判若二人，他亲率文武百官，恭迎江干。见到吴玉帅，上前敬礼，随侍左右。凡此，看在杨云史眼里，不但毫无扬眉吐气的心绪，无非是一片泪眼迷糊而已。

吴佩孚驻节汉口，忙着总部人事的安排，十四省联军总司令部，旋即因“十四省”范围仍嫌太小，改为讨贼联军总司令部了。当时总部各部门人选，群贤毕集，人才济济，极一时之盛。参谋长蒋方震（百里，保定军校校长，当时颇负盛名的军事学家）、总参议章太炎、蒋雁行（当过江北都督、陆军总长）、秘书长张其锽（一度出任广西省长）、军务处长张福来（前河南督军）、外交处长张志潭（当过内政总长）、交通处长高恩洪（前交通总长），前参谋长张方岩降充高级参谋，大诗人杨云史也得了秘书帮办一席。

九死一生，苦尽甘来，终于熬到了吴玉帅重掌兵符，号令天下，杨云史以危疑震撼，死生关头的唯一文侍从之臣，和吴玉帅朝夕与共，如影随身，他理应大展鸿猷，有所作为。然而他偏巧在贞下起元、剥极而复的前三天，死了恩爱逾恒的发妻。徐霞客不及见旌旗招展、大军云集，穷愁夫婿否极泰来、飞黄腾达的那一幕，固然是她红颜命薄、天妒佳丽，可是，杨云史在鼓盆之恸、悼亡悲泣之际，偏是枯木逢春，时来运转，登临他一生巅峰状态之时，这简直是命运予他的一大讽刺。时人多誉杨云史诗如杜少陵（甫），杨云史则尝自嘲他不过境遇和杜少陵相埒罢了。其实，造化弄人，命途多舛，杨云史还不如也曾走过几步好运的杜工部呢。

在讨贼联军总司令部里，人人忙着升官发财，邀宠立功，唯独一个杨云史，哭丧着脸，呆呆怔怔，一得灵感便写悼亡诗，编他的霞客夫人为他保存整理的诗集，睹物思人，如见一榻摊书，煎茶相伴，“江村消雨后，灯火可亲时”，贫贱夫妻百事哀，更何况一对佳偶二十年里聚少离多，经年累月地两地思念。杨云史怆然仓促永诀，追念霞客夫人在世时的四德俱备，他私谥霞客夫人为怀夫人，为之作一字一泪的《谥妻记》，记述她的生平贤孝事迹，和二十年来夫妻间所共的哀乐，又复在他自编的《江山万里楼诗集》每卷之首，附刊一张历年所摄的“行乐图”，及其遗照遗容，以便他自己：“每一展卷，如见其人，且志有功于是集也。”

汉皋名妓·互怜身世

民国十四年阴历十二月初七日，杨云史思念霞客夫人过切，他听朋友的怂恿，利用路经上海之便，到上海小慈航乩坛烧香拜佛，请他的霞客夫人降神。也不知是他精诚所至，感动神仙，还是小慈航乩坛有人故弄玄虚，他居然请到了徐霞客，而且还在乩礼上洋洋洒洒地写了数千言，徐霞客曾经向杨云史自述前身，和她在世时候的许多事情，据他说是历历如绘，丝毫不爽。徐霞客告诉杨云史说：她已获得佛祖的超度，赐名“烟霞旧客”，当时正在武昌珞伽左山的古洞里静修，三五世后可证正果，得道成仙。她又再三称谢杨云史待她的一片深情，希望他善自保重，抚养子女，临了一声“我去也”时，伤心欲绝的杨云史，早已哭倒在地。

他把霞客夫人所写所记全部抄录下来，每天“把卷三复，如睹音容，终日悲叹，不忍释手”，同时他还下定了愿心，要到海外访寻霞客夫人静修所在的珞伽左山古洞，哪怕是千岩万壑，他也非得找到那个地方不可。只是，杨云史生于忧患，不幸又为诗人，是命中注定了穷困终生的，就算他在吴佩孚的幕中有个差使，也得了吴佩孚不少的馈赠时，他也因为负债累累，家庭负担太重，而致“营斋营奠羽书忙，百日煎熬鬓已苍，何得俸钱过十万，自伤风雪典衣裳”。民国十四年他鸿运当头时冬天大风雪里还得当衣服济急，赋闲时穷到什么地步也就可想而知了。所以，他这个海外访仙山求见亡妻的愿望，一直到死都无法达成。

徐霞客给杨云史生了两个儿子：丰祚、贞祚。连同杨云史元配李夫人生的，他一共有四子四女，死前，又得了一个孙子和四个孙女儿。

“近来英气消磨尽，只画梅花赠美人”，名士风流，自古已然，伤妻以后的杨云史，泪痕不干，心如槁木死灰。然而，他却在十五年正月，居然自风尘中有所奇遇，结识了一位深情玉貌、“浓妆明艳淡妆清”的汉皋名妓。那是民国十五年正月，间杨云史随侍吴佩孚在汉口查家墩总司令部的时候，当时吴佩孚一心所“讨”的“倒戈将军”冯玉祥方于民国十五年元旦通电下野，出国考察，把他的国民军交给了张之江，张作霖则反转过来和吴佩孚拜把子称兄道弟，电请吴佩孚："关内事请公主持，关外事由弟应付"，冯玉祥的部将几次三番要向吴佩孚称降，请他"不念前嫌，共谋国是"，可是吴佩孚实已将冯玉祥恨毒了，他说冯玉祥的下野分明是诈，声言愿与各方化敌为友，只与冯玉祥一人为敌。他跟张作霖组成联军两路讨冯。吴佩孚这一次北上督师没带杨云史同去，所以杨在武昌查家墩很闲，偶或也出去应酬应酬。

当年北洋军阀官场之上奢靡成风，一请客就酒下有色，征歌选舞，叫条子传妓女，莺莺燕燕的一大堆，杨云史置身其间，耳濡目染，自然也恬不为怪，习以为常。民国十四年正月十五，上元之夜，查家墩总部留守人员照例举行会餐，声势显赫，出手阔绰的豪客多达一百余人。因此召来侑觞的汉皋名妓竟有一两百名，群雌粥粥，莺叱燕语，在座的老爷们儿自不免打情骂俏，品头论足，当时举座一致公认，其中就数一个叫陈美美的诸暨姑娘长得最美。杨云史一听便联想起诸暨苎萝山下，浣纱溪边不正是西施的故乡吗？他心中一动，问明白了陈美美还是初次出局应差，在座并没有她的相好恩客，便请她往自己的身边一坐。

罗帐香浓·白袷衣单

杨云史是吴玉帅尊之如宾、爱之如弟、介乎师友之间的红人。吴佩孚幕中的哪个不想巴结他一下，只是平时他志行高洁，戛戛非同流俗，又兼悼念亡妻，常时郁郁寡欢，愁眉不展，令人无从亲近高攀。如今难得他主动召来一位姑娘，于是大伙儿就兴高采烈，忙不迭地起哄，告诉陈美美：杨老爷是什么样的身份和地位。这陈美美虽然堕入平康，溷迹章台，居然还是个读书识字的，一听到杨云史的名字便晓得他是一位名重公卿的当代大诗人，她跟杨云史呢哝细语，倾诉身世，使杨云史因而得诗："自言不解说相思，今日逢君怨见迟，生长苎萝山色里，还从苏小问西施。皓齿明眸怨未休，共怜身世不胜愁，独眠人睡无消息，一夜春风吹画楼。”

一连几天，陈美美的倩影，在杨云史的心中念念不忘。他又在一个应酬场合上召了她来，这一回，陈美美向杨云史索诗，他写了《赠陈美美校书》四首，记他们结识的经过，把陈美美比做了浣纱的西施。再一次，陈美美请杨云史画红梅屏幛，他又欣然照办，在春雨淅沥声中，绘了四幅红梅，再题上八首绝句，这便是他们的定情之夕了。杨云史曾有如下风光旖旎的名句：“折得寒香烟满湖，孤山苏小伴林逋，羊羔儿酒销金帐，抵得清狂小宋无？”

杨云史有势力而不能用，有好差使而没钱，陈美美纯粹是爱重他的才华与多情，方能不顾一切委身事他二百余日：在杨云史而言哩，即令在陈美美的跟前，他也决不否认，他是丧偶之后，愁惨太甚，得了美美，疗愁劝酒，亦足为欢！只不过两人相处将近一年，双方自难免动了真感情，杨云史曾为陈美美写了无数首艳诗，假如事实许可，两人得能长相厮守，自也不失为一段美满姻缘。从杨云史为美美写的诗中，不难看出他的轻怜蜜爱，以及其情深款款，诸如《沉醉》：

罗帐香浓夜气清，尽教沉睡且休惊，
今宵被酒须将息，不脱春衫坐到明。

白袷衣单觉漏残，酒痕狼狈两阑珊，
自移银烛西楼下，夜半无人看牡丹。

有时候，想起了他的亡妻霞客夫人，杨云史在陈美美悉心服侍、曲尽绸缪之余，也难免会偶起伤感。例如，霞客夫人抵达岳州整整一年的那天，三月十五日，杨云史在美美的席上，就成诗一首：

处处新诗笼碧纱，自伤哀乐换生涯，

闲眠绣榻听春雨，共卷珠帘看落花。
幸有玉人同在客，为怜游子已无家，
去年今日迎梳洗，晓涉湘江去采茶。

武昌围城·一页秘辛

民国十五年七月九日，蒋介石就任国民革命军总司令，旋即麾师北伐，义师所向，北洋军阀望风披靡。当时吴佩孚正在南口讨冯，反复鏖战，久久不下，国民革命军以风扫落叶之势，下衡阳，克长沙，直逼湘鄂边境要隘汀泗桥，武汉告急，一夕数惊。吴佩孚匆匆率师来援，汀泗桥一战，被国民革命军打得落花流水，溃不成军，急遁武汉，企图做最后挣扎。九月六日他在查家墩总司令部树林子里席地而坐，计议军情，哗啦啦地一炮直从武昌城里的龟山上吊来，俄而又是一炮。一查问，原来是新任湖北省长兼汉阳防守司令刘佐龙响应国民革命军，欲置吴佩孚于死地，吴佩孚急招武汉警备总司令靳云鹗筹思对策，又不应，他这才晓得义师之来实已令他众叛亲离，慌忙撤向汉口、信阳，一片大乱声中，把他的秘书帮办杨云史给陷在武昌围城之中了。

据江西新城陈灨一所著的《杨云史先生家传》，还载得有如下的一段罕为人知的秘闻，据说当吴佩孚兵败汀泗桥，急率残部退守武昌城，国民革命军第四军第十师迅即力克武昌城东十里之洪山，以高屋建瓴之势，发炮猛攻城中各据点，吴佩孚遂率卫队渡江到汉口，一天晚上，他正与杨云史共坐议事，吴佩孚的秘书长张其锽一掀门帘走进来，显然他是有事要跟吴佩孚商议。可是他看见杨云史在座，便欲言又止，自去吴佩孚的办公桌上，写了个字条，递给吴佩孚。

吴佩孚看过字条后，答复张其锽说："这是何等的大事，我得郑重地考虑一下。"这时候，杨云史便率直地问："是不是子武献计决江灌敌？"吴佩孚直承说："是呀，云史你怎么会知道的？"杨云史说："子武曾经跟我商量过，我则期期以为不可。”事情被他说穿了，张其锽就告诫杨云史说：“请你务必要保守秘密，万万不可对外人说啊。”

张其锽退出后，杨云史便正色对吴佩孚说道：“子武的计划是决武泰闸以水淹敌军，可是武泰闸一开，咸宁七县俱将淹没，七县的老百姓数逾千万，而敌军只有四千，因为四千之敌，断送七县的人命，那未免太残忍了吧。况且敌军正踞守洪山，水平线在武昌城以上二三十丈，纵使开了武泰闸，决水充其量只能跟江水相平，对洪山上的敌军毫无作用，咸宁七县的千万百姓反倒先遭了巨劫，这是何苦来呢。如今敌我双方树帜举兵，都说举兵的目的在于救民，我们不能救民反而戕害民命的话，恐将为天下所不谅。”

吴佩孚听了杨云史的慷慨陈词，不禁为之动容，他颔首赞可说：“诚然诚然，我早就晓得子武这一计是行不通的，而且即使行得通，我也不能这么做。”

杨云史所谓的武泰闸，是清末湖广总督张之洞所筑的，耗资不下百万。民国十五年秋，正值长江涨水，江水高过两岸两尺多深，行人为之没胫。吴佩孚果若开闸决江，咸宁七县必将酿成洪水之灾，其后果之严重，简直不可想象。

“杨圻从此不画梅！”

这算是杨云史在吴佩孚幕中，做了一件大功德事。然而吴佩孚仓皇北遁，杨云史则陷在危城武昌，硝烟弥漫，腥风血雨。他早知武昌终必不守，唯恐他曾佐吴佩孚戎幕多年，会被国民革命军逮捕严厉处置，因此他下定了决心逃走。而在这兵荒马乱、自身难保的时候，他还怕牵连了情意缠绵的陈美美，让这弱质红颜，跟着自己受罪，所以他万般无奈的挥慧剑而斩情丝，结束了这段风流孽债。然而转念美美的万丈柔情，一片真心，转念重来崔护，未必桃花，从此萧郎，顿成陌路，他唯有和泪以俱，写下了《留别美美》长歌一首，语语叮咛地说：

健饭加餐早早眠，自家珍重胜人怜，
江头昨夜东风紧，翠被云衾放手边。

杨云史也自怨自艾地道：

年内海内尽知卿，惭愧风流小杜名，
醉不成欢行不得，画楼秋雨到天明。

那位爱重诗人才华，不惜以身相许的青楼奇女子陈美美呢，她明知杨云史陷于危境，非走不可，自己倘若必欲跟了去，一定会成为他带不动的累赘。所以她唯有自嗟命薄如纸，终日以泪洗面，默无一语，自从武昌围城之日起，以迄杨云史杂在难民群中走成了的那天为止，一连多日，她头不梳来脸不洗，仿佛在向杨云史无言地明其志。便在那断肠人对断肠人，流泪眼对流泪眼的十日之间，杨云史安排好了阴历九月十二日动身的前夜，美美强忍着不哭，为使杨云史也勉抑生离死别的悲哀，消磨那一个难捱难舍的漫漫离别长夜，她分明早已哭肿了眼睛，却强颜欢笑，殷勤地劝杨云史喝酒，伸手纤纤柔荑，为他把盏，然后请道："能不能再为我画一幅梅花，让我留作永久的纪念。"

杨云史点点头，答应了，他忍泪吞声，铺纸醮墨，泪眼婆娑的勉强成图，这时候，为新经大败的吴佩孚愁，为永诀在即的陈美美悲，更为自己的前途茫茫，死生难卜凄然，杨云史语语沉痛，血泪交迸地在画上题了四首七言绝句：

原知欢蒂是愁苗，悔把温柔慰寂寥，
枉负才名倾粉黛，风流两字太魂销。

戎马经年衣满尘，强欢暂醉暗伤神，
平生热泪黄金价，只赠英雄与美人。

照眼枝枝红雪堆，胭脂难买好春回，
罗浮以外非春色，从此杨圻不画梅！

旧梦新盟两不真，临歧再赠一枝春，
他年绿叶成荫后，陌路应怜画里人！

阴历九月十二日，杨云史逃出武昌围城，当日渡江到了汉口，他在汉口的朋友为他饯别，兼且庆质其“脱险”，因为他当夜就上船驶往家乡常熟了，寄厝于汉口的霞客夫人灵柩，则已由朋友帮忙先上了船，随他还乡。这时候，他万万料想不到，陈美美竟会也跟在他之后，出了武昌城，而且找到了朋友为他宴别的饭庄，陪着他直到终席，然后又在三更半夜把他送到了船上，相对欷歔，黯然神伤而已。杨云史当着美美的面，掩面哭着口占三绝，其中第一首写的是：

金樽酒尽出离筵，江月茫茫客在船。
此别莫须身世恨，感时泪溅玉人前。

一路痛哭，附舟旋里，哭怀夫人之柩、哭吴佩孚之败、哭陈美美之惨，哭自己的一腔无可奈何情，杨云史从汉口到上海，沿途呜咽啜泣的写出一首首哀而不怨、缠绵悱恻，令人读之酸鼻的诗篇。到上海，转常熟，来不及安葬他的霞客夫人，便又迢遥千里的去追正被国民革命军和奉军南北夹击，大军即将瓦解，后来竟至落荒而逃，进了四川的吴佩孚，诗人的一腔愚忠，愧杀那般吴玉帅一手提拔、戎服辉煌的北洋叛将。

他由上海而徐州、郑州，在郑州和吴佩孚见到了面，吴佩孚对他的二度前来共患难，同生死，说不出的感慨系之。杨云史跟着吴佩孚一直到河南巩县的黑石关，在仅余一支孤军，陷于四面包围之中，他还曾作了一首七绝如次：

黑石关前有战壕，秋山迤逦入嵩高，
独来马背寻诗画，万点寒鸦渡虎牢。

时间已经到了民国十六年六月，国民政府早就定鼎南京，国民革命军初期北伐告成，六月十六日奉军总司令张作霖就“大元帅”职，成立所谓“军政府”，企图负隅顽抗。冯玉祥的国民军在陕西发动攻势，将取洛阳，吴佩孚的一支残余人马恰好挡在国民军与奉军之间，成了个夹心面包之势，双方正待决战，都在请他让路。吴佩孚又重施鸡公山上不打、不降、不走的故技，于是奉军不耐，开始硬逼。农历三月初七（阳历五月十五日）又是吴佩孚的五秩晋三寿辰，吴总部正在大开筵席，为他贺寿，下午三时，忽有隆隆炮声。命人打探居然是奉军来攻汜水，吴佩孚立即宣布散席，残余人马陆续南撤，他自己也在翌晨拂晓离开巩县直下南阳，过登封时他几欲出家为僧，以了残生，后来经他的张氏夫人苦劝总算打消此念，穿过川鄂边区三不管地带前去万县投奔杨森。由于吴佩孚自知前途无望，他在巩县行前力促杨云史及早脱身，派人硬逼着把他送到郑州，然后转折回乡。

教张学良一怒拂袖

有一位杨云史三十多年的老朋友，江西新城陈瀛一，时在北京和奉军少帅张学良很熟。一日，张学良问陈瀛一说：“你认识江东杨云史吗？”陈瀛一答道：“我们是老朋友了，前清宣统二年我就在上海见到他，当众朗诵他所作的诗词，彼此意兴均豪。后来民国元年又见过一面，谈得很投机。他还说过将来他死后要我作墓志铭呢？少帅问他做什么？”

张学良说：“我最近偶然读到他作的《榆关纪痛诗》，对杨云史先生的忠于事主不觉肃然起敬。陈先生你能为我罗致杨先生入我幕府么？”陈瀚一应允了，他写了封信到常熟，正值杨云史又赋失业，无以全活。为生计所迫，他便风尘仆仆上了北京，当时张学良住在北京城里的卍字廊，杨云史往见，张学良就告诉他说：“我一向仰慕唐太宗的为人，唐太宗贞观之治能使四海讴歌其德泽，由此可见他才识之卓越。前些时我买到了一部宋版《贞观政要》，可否请杨先生逐日为我讲解，使我了然一代明主施政治军成功之所在。”

杨云史说：“好的，请少帅定一个时间。”

张学良把时间定好了以后，略谈数语，杨云史就起身告辞。从第二天起他便按时到张学良的书房，为他讲解《贞观纪要》。可是他一连去了好几天，都没能见到张学良的面。此公便光了火，说了声：“他这不是拿我在开玩笑吗？孺子真不可教也！”

当天就告病假，不再来侍候张少帅。其实当时张学良正帮着他父亲张作霖开府北京，公务极忙，他自己麾下就有三十万大军，更是军书旁午，百事如麻。他有心求教，自然不是在开杨云史的玩笑，不过公忙一时疏忽而已。所以往后北伐告成，全国统一，张学良还曾请杨云史出关一行，颇想有所借重。只是杨云史存了个先入为主的不良观感。那一趟沈阳行，竟又是一语不合，拂袖而去。从此以后杨云史便潦倒燕京，穷老赋诗，生活之穷困，有出于常人想象者。

吴佩孚间关回北平

另一方面，则吴佩孚率领残部，通过川鄂边界盗匪盘踞的地区，投奔时任国民革命军第二十军军长的杨森，在白帝城、万县、大竹一住五年。民国二十年春末，他又由蜀西行，渡过岷江，直入松潘草原，然后出长城，达陕甘，而五原、包头、太原以至北平。当时张学良正任国民政府军事委员会北平分会主席，吴佩孚的部将于学忠当平津警备总司令。张学良曾敬之如父执，执礼甚恭。杨云史也以满腔欢欣喜悦之情，到北平车站迎迓。他和吴佩孚重新聚首，把晤极欢，并曾目睹吴佩孚当面质问张学良，问他：“九一八事变，日本人夺我东北，你为什么不抵抗？”

张学良只好将事变发生时内在外在的环境，实际情况，择要的报告给吴佩孚。可是，吴佩孚听得不耐烦了，他打断了张学良的话，叱道：“国仇你不报，私仇你不报（指日人炸毙张作霖于皇姑屯），你老子的棺材都竖起来啦！”紧接着他又说：“你怕抗日，我帮你抗，我不是为名为利，我左手拿回东三省，右手交给你！你有仇不报，真是笑话！”

吴佩孚的强项，咄咄逼人，张学良也拿他毫无办法。只好从此采取敬而远之的态度，除非必要，决不见面。

吴佩孚率领残部，千辛万苦到北平后，住在东城什锦花园自宅，他照旧维持八大处和他一千零三十名生死相依、遣之不去的部属。从此，他和杨云史又是诗酒盘桓，促膝谈天，吴佩孚曾详告杨云史，他入川的艰险，和旅川五年，因四川内战时起，政局起伏，而至颠沛流离，吃尽苦头，旧部八千余人，五年里都在靠四川将领的馈赠接济，有时候一个接济不上，便唯有绝粮断炊。他又说，曾有一次，接连喝过十天的稀饭，言下之意，他这趟出川，也是事非得已。

吴佩孚又向杨云史欷歔言道这一趟出川的行路难，当他们一行出甘肃河套时，根本就没法找得到车辆马匹，迫不得已，吴玉帅就只好坐四名卫兵抬的竹椅，张氏夫人也被逼着学会了骑骆驼。

杨云史听后感触万端，他又纪之以诗云：

局踏岷峨外，崎岖陇蜀西，不知山万仞，只是觉天低。
落日明驼直，平沙塞雁齐，八千余子弟，艰苦两夫妻。

吴佩孚住在北平，开始潜心经典，讲学论道，慨然以尊孔教正人心为己任。杨云史和他时相过从，相与谈论，偶或也相偕出游。杨云史记这一段时期的孚威上将军吴佩孚是：

谈笑忘天下，英雄如是观，画梅师造化，学佛到平安。

班马陪清宴，芳菲侍醉欢，撑肠芒角出，许我伴高寒。

“班马陪清宴”“画梅师造化”两句，系指民国二十一年春夏之交，什锦花园吴宅海棠盛放，吴佩孚柬邀章太炎、杨云史花前痛饮，那一天，吴佩孚喝了不少酒，兴致之高，几至手舞足蹈，一再跟章太炎、杨云史说道：“今日我知隐居之乐也！”

当时，杨云史曾以所绘梅花一幅相赠，吴佩孚一向善于画竹，他从不曾画过梅花。见了杨云史画的那幅梅花时，他爱不释手，赞不绝口。顺便问起杨云史画梅之法，杨云史便反问他一句：“大帅也想学画梅花吗？”吴佩孚紧跟着就问：“莫非你肯收我为徒？”“那不敢当，”杨云史扬声大笑：“玉帅想画梅花的话，从明日起，我天天来陪玉帅画。”

吴佩孚学画梅花，前后不过一个月，经过杨云史略加指点，自此他便以工于画梅称。此所以杨云史赞他天资过人，“画梅师造化”。

民国二十二年春，日方蓄意挑衅，华北风云紧急，一夕微雨，吴佩孚和他的续弦夫人张佩兰杯觞两欢之余，又定了翌日一早往游西山大觉寺观赏杏花之约。届时杨云史如刻前往，霪雨方霁，西山如洗，连绵二十里的杏林，万花齐发，群芳争艳。吴佩孚深吸清润花气，欢喜得未曾有。然而，当他领着众人拾级登楼，凭栏眺望，看到了东陵和南口，山峦起伏，群峰笏立，蓦地使他想起了讨冯之役，麾下将士前仆后继，死伤狼藉，诚如杨云史料中他的心事，为他所写的：“围城幽事少，战地故人稀，举目河山异，登临泪满衣。”吴佩孚终于乐极生悲，百感交集，当着众人嘤嘤地哭了。

拭泪别吴·南旋省墓

吴佩孚和杨云史在北平聚首七年，他曾说这是他仔肩早卸，燕居怡逸，一生中最闲散优游，唯有赏心乐事而已的一段好时光。使吴佩孚能在“故京行乐地，归咏共忘机”，而克“安步来西苑，风光满液池”，尤其“养诗花发后，留客雨来时”，他能有这几年“台殿春无极，兴亡酒不知”的闲暇岁月，杨云史确实功不可没。

因为在这七年中间，吴佩孚每逢著书余暇，佳日兴发，或作园囿山水之游，或开花前月下之宴，他必定会请杨云史来，凑凑雅兴，谈论古今。吴佩孚在北京一如在黄州简直是一日不可无杨圻。他画了张画，题了首诗，写了篇文章，成了本著述，都得遣急足召来杨云史，跟他研究，与他商讨。杨云史曾经陪同吴佩孚到瀛台赏牡丹，上绛雪轩看太平花，迭有诗作，相互唱和。此所以当吴佩孚志行坚贞，英风亮节，被日本特务利用不成悍然杀害后，杨云史时在香江，伤心泪尽，他作《哭孚威上将军》五律四十首，为其呕心沥血必传之作，其中即有一首云：

静夜自花发，池台光气微，湿云如两露，幽草亦芳菲。
清昼欲明眼，天香方染衣，故京行乐地，归咏共忘机。

此亦纪实之作也。诗后还有跋，说是：“七年欢聚，都成大悲，追念前踪，此乐今生不可再得，我心伤悲，曷其有极！”

转眼间到了民国二十六年七月七日，卢桥变作，日本全面侵华之战终于爆发，北平迅即沦陷。沦陷之前，吴佩孚的幕僚部属，乃至于北平军政当局，都劝吴佩孚早日离开北平，免受日军之辱。吴佩孚则屹然不为所动，他说他有把握，日本人不敢奈他何。有谓万一日本人要找他的麻烦呢？吴佩孚便斩钉截铁地答道：“苟若非礼，有死而已！”

私底下，吴佩孚则对杨云史说：“我这次到北平，一住七年，历经张学良，何敬之（应钦）、商启予（震）、宋哲元四位军政首长，他们待我敬礼有加，多方维护。再加上北平老朋友多，时有聚会盘桓之乐。我都把北平当作自己的家乡看了，安土重迁，实在不想搬到别的地方去麻烦人家。我在北平安居、著书立说尊孔卫道。这便是所谓的以教辅政，也算尽了在野的师儒之责。”

然而，故都沦陷以后，在日军的铁骑之下，吴佩孚耳闻战局之恶化，华北、东南各地相继陷敌，国民政府宣布西迁重庆，祖国阽危，忧国忧时，他的心情就很不好受。有一段时期，他又酗酒，杨云史去看他的时候，每每打点精神，振作振作。吴佩孚一向爱好园艺，莳花植木，很有两手。他教杨云史种菊，亲自培植灌溉，乐之不疲。杨云史便成为他莳菊的助手之一。偶或看到他累得满头大汗，杨云史不免劝他节劳，往往自嘲地笑道：“玉帅跟我都有一大把年纪，再也不能跟年轻小伙子比啦！”

吴佩孚则意在言外地回答：“为菊花多累些个值得，我独爱此君的晚节孤芳！”

“秋来还种菊，此意晚相期。”由此可见，吴佩孚早就有了必要时牺牲一己，以保全晚节的心理准备了。

民国二十七年四月，一夕，杨云史又上什锦花园，神色之间，颇现黯然，因为他是向吴玉帅辞行去的，他告诉吴佩孚说：“北事日非，故都居，大不易。去年淞沪之战，江南残破，祖先庐墓，还不知怎么样了呢？几个月来，魂梦为劳，我想到南边去看看。”

吴佩孚听了，沉默良久，然后才轻轻地问：“几时回来呢？”

“那可就说不定了，”离愁别绪，充斥心田，杨云史一声长叹说：“如果家里的房子田地还在勉能维持生活，我想就在家乡住上一段时间。”

又隔了好半天，方始用低得几乎听不见的声音答了一句：“也好。”

杨云史回忆他和吴佩孚分别时依依不舍却又无可奈何之一幕，曾有诗四句：

八表同昏日，居夷上海槎，人心换天地，世界谢繁华。

此去难为水，何年共种瓜？离群非得已，珍重互吁嗟。

“书生本色·名垂宇宙”

然而这一分手，就此人天永隔。杨云史回到常熟家乡后，发现庐舍焚劫，早成一抔荒土。江山万里楼，只剩了一堆断垣残瓦，遍地木石沙砾。这时候，他得了朋友的帮忙，又拖家带眷去了香港。原来是说到香港走一趟的。然而，抵港不久他便得了个拘挛的毛病，肩背手足，因筋肉收缩而佝偻得难以伸直，贫病异域，行动又不便，境况就更可怜了。其间他和吴佩孚互通音问，吴佩孚总是书报平安，嘱杨云史不必悬念。不过在他获悉杨云史贫病潦倒，陷在香港时，吴佩孚便命杨云史的家人南下，到香港去把他接回北平来。杨云史也曾答应来年开春，天气好些，立即动身北返。可是民国二十八年十二月五日，杨云史在香港阅报，竟然惊闻噩耗，日方因逼迫吴佩孚出任伪职不成，恼羞成怒，下了毒手，趁吴佩孚偶攖牙疾，由日本军医开刀，一刀割破喉管，当场喷溅鲜血而亡，得年六十六岁精忠自励，大节不亏，为中外所钦仰痛悼，国民政府尤予明令褒扬。

杨云史获知吴佩孚病逝北平的消息，他还不知道吴佩孚之死，是出于日本特务的明刺暗杀。潜心巴望噩耗出于误传。当日，重庆《大公报》驻香港记者专程去访问他，杨云史一见记者的面便问：“吴玉帅之死，是哪一家通讯社的电讯？”

记者告诉了他消息来源，杨云史不可能再怀疑其真实性了。他欷歔不置，泪下沾襟地说：“私相信玉帅决不会进日本医院，或者是请日本医生。不过，也许是日本人给他派医生去的。”

这一点，倒是被他全部料中了，他紧接着又说：“大汉奸王克敏不敢在北平胡作非为，就是因为他怕玉帅。其实，玉帅的那一股凛然正气，连日本人都不免有所畏惮。记得去年夏天我从那边来的时候，玉帅告诉我说：‘我不能禁止人家威胁利诱我，可是我决不受人家的威胁利诱。你用不着为我担心。’去年冬天，谣言很多，都说玉帅快被日本人敦促出山了。玉帅还特地叫我家里的人知会我，他以前所说的如何，现在还是如何，将来也还是如何，他是决不会变的。”

杨云史还曾向《大公报》记者，谈了几件吴佩孚在沦陷后的故都轶闻轶事，他说从前当过一任内阁总理的步兵统领江朝宗，早先在北平组织了一个悟善社，请吴佩孚当会长，所以杨云史也参加。社内设佛堂和文坛，每月聚会几次，相互唱和。民国二十六年北平沦陷后，外间盛传江朝宗即将出任北平市长，是为吴佩孚出马的先声。当时江朝宗与吴佩孚实已多时未晤。有一天江朝宗访吴于什锦花园，吴佩孚就当面质问他可有这个话？他并且大骂江朝宗：“你的年纪比我大，还要落水当汉奸，受万世的唾骂！真是白发苍苍、老而不死是为贼。从今以后，请你别上我这儿来！”

杨云史说吴佩孚在北平时的生活情形，每天无非念经、吟诗、写作、莳花而已。民国二十七年时曾有一次，吴佩孚和杨云史谈起了他的经济状况，他很自慰地说：“我的生活毫无问题，家里置得有几亩薄田，又承蒙中央每个月补助我三千块。”当时杨云史说：“那也就很能过得去了。”吴佩孚却感喟地说：“如今这种年头，能过得去已经是福气了。”

吴佩孚之丧，杨云史曾哭之以联曰：

> 本色是书生，未见太平难瞑目；
> 大名垂宇宙，长留正气在人间。

末代诗人侘傺一生

杨云史在“望海长恸，泪枯心乱，死生契阔，深悔远行”之余，慨然于吴佩孚“知我之深，从谏之美，念兹在兹，弗忍缅述”，“溯自辛酉（民国十年）入洛，迄今二十载，流离播越，久共患难，言犹在耳，事岂忘心？身难北归，但有号哭。”因此他噙泪写成《哭孚威上将军》五律四十首。从“凉秋辛酉岁，仗剑洛阳宫，东井人间聚，嵩高天下中。怜才必知己，从一贯能终，二十年来事，欷歔白发翁”为始，根据事实略记他追随吴佩孚二十年间的见闻种种。而以“灵运先成佛，人间太寂寥，举头山海窄，闭目废兴销。何以报知己，空令赋大招，投诗南海上，风雨撼寒潮”一律作结，是亦为吴佩孚的平生知己，杨云史献给他的一首薤歌。

其实，自民国十年秋，杨云史被吴佩孚邀之入幕，以迄民国十六年秋，吴佩孚巩县突围，不忍江东才子杨云史和他同罹于难，强使之去。杨云史实际上在吴佩孚戎幕的时间，不过六年而已。这六年之中，以民国十一年吴佩孚任直军总司令，大败奉军，为吴氏一生事功的最高潮。当时的吴佩孚权倾朝野，望重中外，所以连他自己都会写出如下踌躇满志，目无余子的《五十自寿》诗来：

> 欧亚风云千万变，英雄事业古今同，
> 花开上苑春三月，人在蓬莱第一峰。

然而，曾几何时，“眼看他起高楼，眼看他楼塌了”。转瞬之间，到了民国十三年秋天，直奉二次大战，吴佩孚因冯玉祥之倒戈几至全军尽没，被自己的老部下东赶西撵，累累然如丧家之犬。反倒是杨云史书生仗义，“尔我同萧瑟，诗人亦可哀，艰难犹恋主，歌哭一登台”，抱着“殉主”的决心抛妻别子来从。由那个时候开始，杨云史便成为跟吴佩孚同生死共患难的刎颈之交了，他才过了几天安定日子？扳扳指头也可以算得出来。

吴佩孚死后，杨云史悲恸过度，从此贫病缠身，常年闷悒，偶尔有些文章诗歌发表，也是其声哀楚激越的煮字疗饥之作，读之令人酸鼻。他只比吴佩孚多活了两年不到，民国三十年撄疾病逝香港，得年六十七岁。

杨云史出身望族，少有神童之目，“江东才子”的荣冠，终身不改。他祖父当凤阳知府，父亲更是清末守旧党的锋头人物，累世簪笏，诗礼传家，先后娶了清末第一权臣，望重宾宇，子孙阔得一塌糊涂的合肥相国李鸿章长孙女和护理漕运总督、广东按察使徐文达的女公子，然而他却一生坎坷，侘傺蹭蹬，几至无以全活妻孥。康有为称许他："云史国士也，其诗海内一人，我至敬之，至爱之。"又谓："其旨远而微，其情深而文，其声逸而哀。回肠荡气，感人顽艳，清词丽句，自成馨逸。而肌肤若冰雪，天然去雕饰，左挹浮丘，右拍洪崖，超绝埃尘，若藐姑仙人焉！盖三李之芳躅复见于今，而非余子所能望见者也。云史为诗雄丽似少陵，名腾海内，而词则度世飞升，世鲜知者。"由此可想杨云史的诗词，在中国文学史上，必将有其重要的地位。然而，杨云史自己却曾啼笑皆非地说："……知余志者，莫不曰先生昔名公子，富贵中人，何自苦为？先生盖诗人也。嗟乎，我少年时，闻有诗人我者，则色然怒。今闻之则欣然喜。嗟乎！我何幸而为诗人也，则我知免矣。……抑闻海内人士誉我者曰云史诗如少陵。嗟乎！我又何不幸为诗人而为少陵也！"

曾有人谓：吴佩孚是中国旧式武将之最后一人，而他的平生知己杨云史则如康有所说的："遭遘国难，朝市变迁，感激既多，郁而为词"，他明明是二十世纪的人物，一辈子活了六十七年，然而他却始终心怀魏阙，永远在当清朝爱新觉罗氏的孤臣孽子，昧于潮流，无视时势，似乎他也可以说是最后一位末代诗人了。

郭松龄倒戈之失败及其影响

王盛涛

郭松龄为民国以来不可多得之将才；他善于练兵，也善于用兵。他的作战都是谋定而后动，出奇兵以制胜。可惜在民国十四年冬发动倒戈，棋输一着，从此一蹶不振。郭的失败不只影响于东北，也影响于整个国运。兹将他倒戈的始末及其失败后之影响，分述如后。

初年的经历

郭松龄字茂辰，生于光绪八年。于光绪三十三年毕业于奉天武备学堂（又称陆军速成学堂），初在三十三镇朱庆澜麾下任哨长（即排长）。后随军入川，于宣统元年，升任哨官（即连长），宣统二年，升任管带（即营长）。

清宣统三年，四川以铁路案排斥外省军队，郭乃返回奉天。民国元年三月考入北京将校研究所，以成绩优异，被选任为区队长，未半年，调任奉天督军署少校参谋。旋再考取陆军大学，于民国五年毕业，仍回奉天督军署任职。

民国五年，张作霖派参谋长杨宇霆率郭松龄赴徐州参加张勋召开之督军团会议，郭因有所建议未被杨宇霆采纳，遂负气赴粤；在广东曾任警卫军中校参谋及韶关讲武堂教官，民国八年再回奉天任东北讲武堂战术教官。

发迹开始

郭这次由广东回奉天任讲武堂战术教官，关系其一生至为重要，也可以说是他发迹的开始。他曾两次赴外省工作，均未得志，一次被四川排斥回来，第二次赴粤，也是仅仅担任一段时间的幕僚与教官，并未得展其所长。

他回奉任讲武堂教官，适值张学良在该堂受训，两人由相识而引为知己，遂由张学良把他推荐至张作霖处，由卫队旅团长而于民国十年夏提升到第八混成旅旅长，再于民国十四年秋由师长而升任第十军军长。前后不到六年工夫，由教官而提升到军长，总绾奉军精锐部队之大权，任用之重，信用之专，罕有其匹。虽唐肃宗之信用郭子仪，汉高祖之重用韩信，刘备之遇诸葛亮，也不过如是而已。

人生得一知己，死而无憾。郭松龄之遇张作霖可谓身受特遇之恩，纵有小嫌，也应该知道忍辱方能负重，不应因小不忍而乱大谋，更不应以私恨而鼓动全军作战，动员数十万，流血千里，以争私人之恨，宜其一败涂地了。

精于练兵

郭松龄才兼文武，善于练兵，善于带兵，更善于用兵。当其任第六混成旅旅长时，所有二、六两个旅均驻在北大营，两个旅司令部成立一个联合办公处，所有一切人事经理均由郭一人决定，张学良虽任第二混成旅旅长，很少过问，于此可见张对郭倚畀之殷。

郭头脑特别清醒，举凡两个旅的下级干部，他不用点名册就能叫出每个人的名字来，并能道其个性、品行、学术、能力，每当校阅时，必亲自主持；凡有不称职者，即派送讲武堂或军官团受训，另选学术能力优异者递补，因此他所训练的部队成为劲旅。后来张学良任第三方面军团长，郭松龄任第四方面军团长，也是三四方面军团部成立一个联合办公室。东北的奉军由旧式而转为后来的精锐部队，能够称霸于中原者，郭松龄的功劳，实不可没。笔者在近三十年来，所见所闻的将才，尚未见有能出其右者。

气度毁了他

从前苏东坡论贾谊时曾说道："贾生志大而量小，才有余而识不足。"引用这两句话以论郭，似可比拟。郭才略超群，但气度稍嫌狭小。凡事遇有不遂其意者，就任性发作，而不考虑其后果，这是他的一点小毛病，不幸这点小毛病，竟成为他的致命伤。

民国五年，他随杨宇霆赴徐州开会，因意见未被采纳，即负气而去。第二次再回奉天，张作霖并没有记取前嫌，仍是重用他，可以说是张作霖有容人之量，有用人之能。"大帅办事行不行，必先问问杨宇霆。"这是大元帅府里流行的一句话。杨在当时有左右张作霖用人之权，但是杨宇霆并未在此时记取前嫌而离间郭松龄。

那个时候的东北，并没有派系之分；张作霖用人大公无私，唯才是用，不分地域，不分学籍，不分新旧与亲疏，当时的奉军，可以说是上下一体。只是外人离间它，硬把奉军分为什么新派、旧派、士官派，其实绝无此种现象。郭松龄误听闲言，自造矛盾，竟于民国十四年冬发动倒戈。此种举动，勿论对东北、对国家、对其个人，均属不当。

倒戈害了郭松龄

张作霖于民国十一年起即与总理孙中山合作；曾派姜登选驻广州代为联络一切事宜，并于民国十三年秋响应总理通电，击溃曹吴势力。（按：民国十二年十月十日曹锟贿选总统，总理通电声讨，并于十三年九月十三日率师北伐，张作霖通电响应，并分两路进兵，策应总理北伐，即所谓第二次直奉战。）郭既为同盟会员，就应当因势利导，把奉军导入革命武力途径，迎接总理北上，完成南北政治统一，建设三民主义新中国，此目的如能达到，或者不至于发生后来之“九一八”事变。

我们知道东北为中国领土之一部分，张作霖既不能自身偏安于东北，也不能脱离中国而自立。无东北即无中国，中原不保，东北亦难自保，是东北与中原息息相关，无论在政治上，军事上，均不能与中原脱节。张作霖与总理孙中山合作，企求南北政治统一，这一行动，在当时而论，是最正确的。不幸总理孙中山于民国十四年春逝世，未能达成此愿，临终尚谆谆告诫于国人：“和平、奋斗、救中国。”郭为张作霖左右心腹，自应沟通各方意见，促成国家和平统一。一致对外之不暇，更何忍自相残杀。无奈当时倒戈之风特盛，那一些大小军阀们，任由政客宣传播弄，没有是非观念，没有国家观念，只有个人权利观念，个个都想找个机会，借个理由，去把自己的长官推翻，抢块地盘，关起门来做他的土皇帝。朝为长官部属，夕为仇敌冤家，互相争伐抢夺，恬不知耻，新军阀换旧军阀，一辈不如一辈，其混乱之情形，远过于春秋时代。

郭在此时或多或少是受当时那些倒戈风气的影响，使东北自相残杀，以便渔翁得利。

未作全盘考虑

郭的倒戈，如纯以武力而论，是百分之百的成功，但是以政治论，以人心论，以国际环境论，就不是那么简单的事情。

当时的东北，北有苏联虎视眈眈，东有日本处心积虑。这个时候的东北，真是虎视鹰扬的兵家必争之地，如无张作霖，恐怕早就不待“九一八”事变了。

郭的倒戈失败，是他个人的不幸。假使他能够于当时攻进沈阳的话，那就势必酿成东北长期内战。当时张作霖的计划，如郭军攻进沈阳，就打算首先把大元帅府焚毁，然后率领部队，退到山里，再召集吉黑两省部队，继续对抗，这一来，必将流血千里，生灵涂炭，其祸患实不堪设想。结果可能在两败俱伤之时，为外敌利用“乱兵引胜”的办法，乘机占领，或瓜分东北。那时候的中国，对外毫无作战能力，势必只有眼睁睁看着东北丢掉。

权势之念害人

中国人最大的毛病，就是私人权利，高于国家民族的利益。为了个人的权利，宁肯把国家弄亡了，也在所不惜。如南宋的秦桧，民初的袁世凯，抗战时期的汪精卫，这些人，都是只顾个人权利地位，不顾国家民族的生存，除了挨骂千古，还有什么可述？其实一个人能够立功于国家，并不限于虚位的皇帝与领袖。郭子仪薄天子而不为，诸葛亮能取而代之而不代，曾国藩能夺清朝之天下而不夺。此三公皆成绝代之功而风仪千秋。

郭生逢际会，才、德、位兼备，惜昧于一时的权势之念，抱憾终古。

滦州会议注定败兆

民国十四年十一月二十二日郭在滦州召集团长以上官长会议，宣布他的倒戈决心，当他讲话到中途的时候，曾痛哭失声，不能自已。后由他的夫人韩淑秀继续宣布开会的目的。张作霖是他多年的知遇长官，一旦宣布倒戈，其内心必有许多痛苦，所以痛哭不已，当时已造成骑虎难下之局势，又不能悬崖勒马。

当会议完了，就令赞同的人签字，其中有师长裴振东等拒绝签字，当即由郭解除裴振东等四个师长及一个旅长的职权（师长除裴振东外，其他三人为赵恩臻、高维岳、齐恩铭，旅长为孙旭昌）。会后第二天，将安徽督军姜登选杀掉。此外还有一个骑兵师长，未参加会议，听到倒戈的消息后，即率领骑兵师逃归沈阳方面，后来听说郭军里尚有一位将领作沈阳方面的内应，令炮兵将引信管完全抽出，所有打到沈阳方面的炮弹均不爆炸。当张学良出现于第一线指挥的时候，所有出关的郭军就纷纷投向沈阳方面。军心向背，非战力所能挽回。我们知道：兵以义动，“师克在和不在众”，郭军以此溃散之军心，焉能取胜？惜郭当时未加深察，一意孤行，遂造成后来无法挽回的败运。

东北人都知道：郭松龄就是张学良，张学良就是郭松龄，他们两个人可以说是一个人，道义相交，情逾骨肉，所有奉军的精锐部队，在名义上归张学良指挥，而实际上都归郭松龄指挥。不论为公为私，在郭而言，均不应利用张作霖兵败危急之际，乘机倒戈。

当郭死后，陈尸于沈阳小河沿的时候，杨宇霆曾挽以“论权论势，张将军哪点亏你？不仁不义，尔夫妻占个完全。”此联固属尖酸刻薄，而以张作霖对郭之殊遇，竟能做出倒戈事情，似有不忠不义之处。《春秋》责备贤者，我出此言，实为其深致无限的哀痛，倘其泉下有知，应鉴斯意。

郭军倒戈失败后，东北从此日趋没落，张作霖也霉运当头，紧接着于民国十七年被日本谋炸于皇姑屯，民国十八年发生中东路事件，民国二十年“九一八”事变，接着“七七”事变。

张作霖、曹锟亲家变冤家记

朱冠文

民国十一年（一九二二）直系的曹锟、吴佩孚，与奉系的张作霖关系恶化，奉系认为这完全是吴佩孚一手造成，而直系领袖曹锟的左右对此也有同感。在张作霖来说，当时他不喜欢吴佩孚，是因吴佩孚不该和他并驾齐驱，他觉得吴的资格很浅，怎可以和他平起平坐呢？事实上，自直皖战后，吴佩孚的发言权有时还超过张作霖。吴佩孚驻节洛阳，洛阳几乎成为全国政治的中心，吴佩孚一发言，总有很多人叫好、鼓掌，随声附和，这是让“关外王”最起反感的。同时，奉张认为洛吴处处跟他过不去，尤其是对梁士诒内阁的攻击，分明就是箭头指着张作霖自己。

张作霖对吴佩孚不满

张作霖越是对吴佩孚感不满，但吴佩孚的发言权却是一天比一天高。毫无问题，这位吴秀才很会抓着大问题发挥，从衡阳撤兵时起，他以一个小小师长脱颖而出，青云直上，得心应手，事事如意。张作霖看着这个北洋后进，越看越不顺眼，可是秀才已成局面，你越不满意他，他越得意。

曹锟在保定虽然倚赖着吴佩孚，可是也对吴佩孚的洛阳局面存有戒心；尤其是曹三爷左右时时把吴佩孚的专机向曹进谗，曹锟的兄弟曹锐（直隶省长）和曹锳（二十六师师长）也对吴佩孚不满，还有曹锟所宠幸的一群小人，更把吴看作眼中之钉。

奉系了解曹吴之间可以分化，所以拼命在曹锟身上做功夫，不断强调直奉之间的问题完全是吴佩孚一手造成的，如果不压制吴，将来直奉之战必然不可避免，而直奉之战定必两败俱伤，徒给南方的孙中山和皖系段祺瑞造机会。

曹锟的长处是：他自己原是一个忠厚长者，虽然无用，却能信任吴佩孚；有时候他虽然不喜欢吴，但在大前提下一切都信赖和尊重吴的意见。直系当时能一枝独秀，这是很大的关键。

奉直大战已箭在弦上

直奉之间局势紧张时，双方的亲信都奔走调解，希望避免战争，北洋耆要如赵尔巽、张锡銮、王士珍、张绍曾、鲍贵卿、孟恩远、车庆云、曹锐、王承斌、秦华等往来奔走，希望双方悬崖勒马。可是奉张早已积极布置，而洛吴也认为难免一战，因此双方都各走极端。

奉张这时的用兵计划在于包围洛吴，一面和广东方面接洽，由粤方分兵出湘、鄂、赣；张勋的旧部与张文生则会师安徽；田中玉响应于山东；陈树藩进攻陕西，同时极力拉拢河南的赵倜、赵杰两兄弟，希望他们反吴，乘虚捣毁洛阳基地。奉系的大军则纷纷入关，分驻军粮城、独流、津沽、密云、古北口和津浦线之良王庄、马厂、芦台等地。

这时，奉直大战是箭在弦上，双方都能放而不能收，一发不可收拾之势已成了。

结成孙段张三角同盟

奉张对吴佩孚所采取的攻势，照理说是很厉害的，因为这时奉张已和中山先生取得联系，又和皖系有秘密往还，外间盛传所谓孙段张的三角同盟正接近事实。奉张希望中山先生的北伐军出师后，迫使吴佩孚首尾难于应付。由北伐军首先向直系进攻，随后皖系起而响应；接着暗中策使安徽督军张文生、河南督军赵倜、陕西省刘镇华都在直系心脏地区和其周围地带动作起来。同时更吸收了许多下台的军阀，如王占元、张敬尧、吴光新等，这些人都把吴佩孚恨入骨髓，他们虽已下台，可是百足之虫死而不僵，仍有旧部散处各地，如：张敬尧的旧部吴新田在陕南，王占元的旧部孙传芳在湖北，吴光新的旧部卢金山在鄂西。这些人当然都希望起而打倒吴佩孚。奉张自己觉得是得道者多助，因此在吴佩孚猛轰奉张支持的国务总理梁士诒时，一直对吴的挑战行为采取不应战态度。

中山先生的北伐迟迟不能出动，是因为受了陈炯明叛变的阻碍，因此联合反直的行动遂不能开始。

曹锟不希望见到直奉两系兵戎相见，所以一再约束吴佩孚不要太走极端。同时并派直军二十三师师长王承斌（奉天人）三次到沈阳表示善意。奉张对于这位亲家曹三爷并无恶感，所以也派察哈尔都统张景惠到保定回拜。曹锟建议把北京和直隶境内的奉军调走，以免直奉两军因防逼近区而引起冲突。张作霖慨然同意，并令张景惠主持关内奉军撤退的事务。

鲍贵卿组阁注定流产

不想就在此时，曹锟的弟弟曹锐等怕奉军撤退，吴佩孚势力更大，因此又说服了曹锟，特派曹锐到沈阳，向奉张要求，挽留关内奉军。曹锐并向张作霖解释，说攻击梁内阁完全是吴佩孚的个人行为，与曹家兄弟无关；吴佩孚跋扈自专，很多方面并不听曹锟的命令等语。张作霖于是也表示奉系所恨的是吴佩孚一个人，对曹家毫无怨恨之意。

民国十一年（一九二二）二月十五日，大总统徐世昌通电表示关于内阁问题的态度，电报中略云：“中枢进退，皆属本大总统之职权，而本大总统于人才进退之际，但期有利国家，初无丝毫成见。至于整饬纪纲，则本大总统职责所在，不敢不勉。”

徐世昌把内阁问题的责任归在自己身上，意在保全张作霖的面子，同时暗示可以“训斥”吴佩孚以平奉张之怒。末了则提议拟派内阁的陆军总长鲍贵卿组阁，因鲍氏也是张作霖的儿女亲家，对直系也有好感，是比较行得通的。徐还命鲍贵卿自己到沈阳去和张商量，哪知张老帅见到鲍亲家却沉下脸来说：“霆九！你如果要过总理的瘾，可以自己上台，何必千里迢迢来关外问我！”

张作霖下定决心一拼

这时候，各方都在密切注视吴佩孚的态度。吴因为自己的兵力散在陕西和两湖，部署尚未周全，因此十分静默，且曾通电辟谣，说本人和奉张决不开战。

是年二三月间，北方局势万分险恶，段祺瑞从北京溜走，表示可以北伐，这些对直系都极不利，因此张作霖对直系的态度便愈益强硬起来。他以换防为名，动员大批奉军入关。吴佩孚接到这个情报，也在京汉线扣留车辆，调动军队，准备应战。

于是曹锐大起恐慌，正巧三月八日（阴历二月十二日）是张作霖的五十五岁生日，曹锐以祝寿为名，再到沈阳，张作霖对待他仍像往日一样，有说有笑，可是一谈政治问题就打哈哈，顾左右而言他。曹锐找到孙烈臣打听消息。

孙说：“咱们大帅想请教四爷，究竟是部下亲呢？还是亲戚亲？”

部下是指吴佩孚，亲戚是指张作霖。曹锐指天誓日地表示曹家兄弟决不会纵容部下作出对不起亲戚的事情来。

孙烈臣说：“好吧！咱们把你这话回复大帅。”

于是张作霖很认真地向曹锐提出了四个条件：

第一，梁士诒销假复职，复职后让他自动下台；

第二，吴佩孚不得兼任直、鲁、豫巡阅副使；

第三，段芝贵督直；

第四，直军退出京汉线北段，京津地方完全划归奉军屯驻。

张作霖这时已下定决心要和吴佩孚拼一下，如果吴佩孚敢于反对梁士诒复职，他就以“反抗元首”及“军人干政”等罪名，胁逼徐世昌下令讨伐。

要求曹锟压制吴佩孚

就在这时，北京爆出了一个大参案，是关于财政方面的，财政部以盐余作为担保，发行债券，定名为“八厘债券”，总额九千六百万元。由于直系攻击，所以另外成立一个“偿还内外短债审查委员会”，由审计院、检察厅及银行界重要分子合组而成，以董康为委员长。当时财政当局打算借此掩人耳目，不料审查结果果有弊端，遂提出大参案，建议法庭票传财政当局和有关人员到案对质。参财政总长张弧看见风色不对，乃弃职逃往天津。吴佩孚抓住这个题目，又大做文章，称赞董康是“包公再世”，要挟北京政府立刻下令将张弧撤职查办。

曹锐正在沈阳，张作霖见到吴佩孚的电报，气上加气，便声色俱厉地质问曹氏兄弟有无约束吴佩孚的能力。

张说：“这个姓吴的根本不把咱们亲家（指曹锟）放在眼中，实在太欺负你们了！他攻击北京内阁就是打击我，打击我无非是逼你们和我作对。如果没有我，还会有你们吗？三哥（指曹锟）如果碍于情面，我只好代你们重重地教训他一顿。”

在张作霖盛怒之下，曹锐赶回保定，要求曹锟以大力压制吴佩孚“胡说胡为”！

吴佩孚表示服从曹锟

曹锟听了曹锐许多不利于吴的话，既感于事态严重，同时为了要缓和张的盛怒，乃考虑对吴约束一下，因此电召吴到保定来面商一切。吴借口忙于军务，不能分身。这一来可真恼怒了曹三爷，乃表示如果吴敢于一意孤行，他们兄弟就在张、吴两人之间宣布中立。吴听到这个消息，才松了口气，表示一切问题请老帅做主，自己绝对服从。

由于事机紧逼，曹锟便代吴拟了一个电稿于三月十日发出，这个电报解释五点：

（一）元首提梁士诒组阁，张曹两使均赞成之，佩孚反梁氏乃反对其媚外政策，根本不牵涉他方。（二）佩孚服从曹使，对于张使采同一之观念，既服从矣，其不反对也明甚。（三）共和国家，内阁失政，国会得而弹劾之，人民得而攻击之，不能因佩孚之反对梁氏，疑为奉直间别有问题。（四）奉直譬之人身之元气，而内阁股肱也，不能因股肱有疾而自戕元气，（五）张曹两使遇事和衷，初无芥蒂，表面虽有奉直之名，内容实无界域之见……以上各节均证明谣言之不足信，挑拨者别有用心……

由于这个电报，外人以为事有转机，乃由赵尔巽、张锡銮、王士珍、张绍曾、王占元、孟恩远共同列名，出面调停，分电张作霖和曹锟，另拍一词意大致相同的电给吴佩孚，致张曹的电文是这样的：

比年国家多故，政潮迭起，其间主持国是，共维大局，实两公之力为多。近以阁题发生，悠悠之口，遂多揣测。又值双方军队，有换防调防之举，杯蛇市虎，益启惊疑，道路汹汹，几谓战祸即在眉睫。其实奉军入关，据闻曹帅原经同意，张帅复有奉直一家，当与曹使商定最后安全办法之谏电。两公和平之主旨，可见一斑。况就大局言之，胶澳接收伊始，正吾国积极整理内政之时，两公任重兼圻，躬负时望，固不肯作内争之导线，重残国脉，贻笑外人。即以私意言之，两公昔同患难，谊属至亲，亦不忍为一人一系之牺牲，自残手足，事理至显，无待烦言。现在京津民情，震动已极，粮食金融，均呈险象，断非空言所能喻解，非得两公大有力者躬亲晤商，不足以杜意外之风谣，定将来之国是。弟等息影林泉，惊心世变，思维匹夫有责之义，重抱栋榱崩折之忧，窃于排难解纷之余，更进为长治久安之计。拟请两公约日同莅天津，一堂叙晤，消除隔阂，披剖公诚；一面联电各省，进行统一。弟等虽衰朽残年，亦当不惮驰驱，赴京相候，本其一得之见，藉为贡献之资。爱国爱友，人同此心，迫切陈词，敬祈明教。两公如以弟等谬论为然，并请双方将前线军队，先行约退；其后方续进之兵，务祈中止前进，以安人心，而维市面，专务远大，是所切祷！

委周自齐为国务总理

这一段时期中，政潮正方兴未艾，梁士诒既不辞职，也不销假回任；而外交总长颜惠庆代理阁揆，坚决不肯继续代理下去，因此必须有一个取舍。徐世昌虽然是老狐狸，可是面对这般情势，也不知如何措手。他要求直奉双方推出一个双方都能同意的人选出任阁揆，可是张作霖却表示："竭诚拥护元首，应由元首主持。"吴佩孚也表示"军人决不干涉"。

这时，徐世昌听到一个秘密消息，就是张作霖准备向全国建议召开"统一会议"，其目的在恢复旧国会，改组北京政府，驱逐新国会所产生的"总统"。因此，徐在是年三月十二日通电各省，催促办理新国会选举，这是他恐惧政局突变的苟延残喘办法。可是既然要拖下去，首先就要结束无政府状态，就要委派内阁总理；因此，他于四月八日自作主张任命周自齐为国务总理。徐以为这样做是在没办法中找出来的办法，因为：

一、让梁士诒下台，便可以向吴佩孚交代。

二、梁士诒和周自齐同属旧交通系，在实质上旧交通系仍掌握政权，换汤不换药，对张作霖和梁士诒并没有损失。

三、周自齐刚从美国回来，向美国借款有路可觅。

四、周一向对徐世昌感情很好，相信周出任阁揆后，府院之间关系会很融洽。

各国均注意中国局势

当周自齐出任阁揆的命令发布后，梁士诒首先提出抗议。梁说："内阁未被批准辞职以前，只能由原班阁员代理总理，周自齐不是阁员，用什么底缺来代理总理？这种代理是违法的。"

梁士诒有法理根据，因此徐世昌乃于四月九日倒填八日的日期发布一个更换阁员的命令，任命周自齐署理教育总长，并发出更正电报，在周自齐署理内阁总理的命令上补进了一个"兼"字。这一手更糟糕，简直是欲盖弥彰，对徐挽救政局危机的努力一点也没有帮助。

直奉之间的关系危如累卵，双方摩拳擦掌，战鼓频催，西方国家当然非常注意中国局势，它们似乎对直系颇表好感。美国公使休士曾当面劝告张作霖，应根据华盛顿会议的精神大举裁减奉军；英国公使艾斯顿建议不得在京奉路运兵；天津领事团根据《辛丑条约》，不许天津驻兵，并抗议奉军占领塘沽车站的行为；北京外交团曾警告直双奉方不得断绝京汉、京奉、津浦各路的交通。

徐世昌面对这紧张局面无能为力，北洋的元老也无能为力，皖系则暗中欣喜，他们切望直奉火并，两败俱伤，使皖系可以重整旗鼓。不只是皖系，许多没落的北洋军人也希望直奉火并后让局面变换一下，给自己带来新的生机。

吴佩孚拟拉拢卢永祥

民国十一年四月三日（阴历三月初七日）是吴佩孚的四十九岁生日，

各省直系军人托词为吴祝寿，云集洛阳，讨论对奉系的作战计划。曹锐也来祝寿，硬拉吴佩孚同往保定，吴却坚决不往。在这次会议中，曹锐是主和的，因此碰了吴的钉子。

吴为分化皖奉同盟，曾派专人到浙江拉拢卢永祥。这两位山东军人本有一段渊源，当宣统二年曹锟升任第三镇统制时，卢永祥是第三镇所辖第五协协统，吴佩孚则是第五协的管带，等于是卢的直接部下。十二年后卢虽是浙江督军，可是比吴佩孚的两湖巡阅使，相形之下不免见绌了。当吴以一连串通电迫梁士诒下台时，卢永祥曾发通电有句云："卖国在所必诛，爱国必以其有道"二语，意在指吴以爱国标榜。所以在吴的专使去见卢时，卢永祥扬首而言曰："子玉到今天还记得起我吗！"

大量奉军向关内涌入

这时奉军以保卫京畿为名，络绎不断向关内涌入，奉军在关内的一师三混成旅都集中在军粮城一带。到了四月初，张作相又率领二十七、二十八两师入关，驻扎独流南面。四月十日奉军暂编第七旅又入关驻扎津浦路良玉庄，卫队旅亦进驻津浦路一带。四月十五日奉军又进兵两旅，驻扎塘沽、天津一带。十六日李景林又率领万人开到独流。十七日张作霖又令炮兵四营带了五十四门大炮，进驻马厂，辎重兵进驻芦台。四月二十日又派马队进驻通州。并以张作相为关内总司令。奉军计划以一军开往徐州，会合张文生的新安武军，从陇海路进攻河南，并约河南督军赵倜为内应，另一路奉军于四月十七日开抵京汉线的长辛店。

表面上张作霖还是说："直奉本属一家，北洋团体万无破裂之理。"他还下了一道手令，严禁天津奉军损害曹家的一草一木。

曹氏兄弟是真的不愿和奉军兵戎相见的，因此对于奉军的埋首前进不予阻止，并且还节节退让。奉军开到天津前，曹锐即将省长公署的文件、用具席卷而走，派警察厅长杨以德代理直隶省长，所有驻津的直军均撤退回保定，文武官吏也纷纷避居租界。奉军还没有开进德州，德州的驻军曹锳（曹锟的第七弟、直军二十六师师长），就弃职出走，径自退回保定。曹锟对这两个弃职的兄弟很不满意，他派张国溶代理师长，并将该师撤回正定。不过曹锟仍还电令津浦路线直军不得抵抗奉军，所有营房及德州工厂均让交奉军，并把自己的家眷送到汉口，表示愿意下台。

直系诸将对于曹氏兄弟的一再退让与不抵抗主义表示极大的不满，而紧接着曹锟也看出退让于事无补，又因直军已开赴琉璃河布防，为了保全地盘和权位，他才下了抵抗奉军的决心。他招来秘书，向他口授一个电报打给吴佩孚，他说："你就是我，我就是你；亲戚虽亲，不如自己亲。你要怎样办，我就怎样办。"秘书打算把曹老帅的口谕改成文言发出，曹说："不必了，就用我这几句话打给他吧。"

是年四月二十一日，浙督卢永祥建议请曹锟、张作霖两人到天津举行一次面对面的会谈，讨论如何减轻紧张的局势，如何撤退双方的军队，如何达到和平的途径。这个建议得到田中玉、齐燮元、何丰林、陈光远、张文生的一致支持。他们请卢永祥领衔发起一个联合调停会议。

吴佩孚通电义无反顾

奉系这时因为南方局势有变化，孙中山的北伐军不能出动，而北洋海军总司令蒋拯在上海宣布亲直反奉，张作霖的反直联合阵线未能形成，所以很愿意局势暂时缓和下来。可是吴佩孚却利在速战。四月一日吴佩孚、齐燮元、陈光远、田中玉、赵倜、萧耀南、冯玉祥、刘镇华等联名通电，向奉系应战。这个通电中，田中玉、赵倜、刘镇华都是被吴佩孚硬拉进去的。田中玉、李厚基、阎锡山在奉直两派的斗争中，都有局外中立的倾向。甚至齐燮元也不愿列名，他已宣布保境息民和附和卢永祥的调停建议，只因萧耀南质问他为什么要置身事外，他才被迫列名。所以当这个通电发表后，卢永祥质问他为什么要违反自己的诺言，与吴佩孚同一鼻孔出气，使齐燮元甚为狼狈。

吴等联名通电如下：

> 慨自军阀肆虐，盗匪横行，殃民乱国，盗名欺世，不曰去障碍，即曰谋统一。究竟统一谁谋？障碍谁属？孰以法律事实为标题？孰据土地人民为私有？弄权者何人？阋墙者安在？中外具瞻，全国共见，当必有能辨之者。是故道义之言，以盗匪之口发之，则天下见其邪，而不见其正。大诰之篇，入于王莽之笔，则为奸说；统一之言，出诸盗匪之口，则为欺世。言道义而行盗匪，自以为举世可欺；听其言而观其行，殊不知肺肝如见。事实俱在，欲盖弥彰，徒形见其心劳日拙也。佩孚等忝列戎行，以身许国，比年来为国锄奸，止戈定乱，无非为谋和平求统一耳。区区此心，中外共见。无论朝野耆硕，南北名流，如有嘉谟嘉猷，而可促进和平者，无不降心以从。其有借口谋统一，而先破统一；托词去障碍，而自为障碍者，佩孚等外体友邦劝告之诚，内拯国民水火之痛，惟有尽我天职，扶持正义。彼以武力为后盾，我以公理为前驱。得道多助，失道寡助。试问害民病国者何人？结党营私者何人？乱政干纪剽劫国帑者又何人？舆论即为裁制，功罪自有定评。蟊贼不除，永无宁日。为民国保庄严，为华族存人格，凡我袍泽，责任所在，除暴安民，义无反顾！敢布腹心，惟海内察之！

曹锟通电态度转强硬

曹锟态度既由弱转强，直奉之间局势更形恶化。这时直方的军队有王承斌所辖的二十三师原驻保定附近，张国溶的二十六师回驻马厂之南，张福来的二十四师在四月中开驻涿州，第十、十五两混成旅和第二、第三两补充团，本来驻在高碑店，也由吴佩孚令调北上至琉璃河驻扎。其余如第三师和第十二、十三、十四、三混成旅都奉调北上，进驻涿州、良乡、清河等处。冯玉祥的第十一师、胡景翼的暂编十一师、吴心田的第七师、刘镇华的镇嵩军、张之江的第二十二混成旅、张锡元的一旅、陕西陆军第一、二两混成旅，都出潼关，进驻郑州一带，军势甚壮。

四月二十二日曹锟又发出通电并答复赵尔巽等前电如下：

民国肇建，战祸频仍，国本飘摇，民生凋敝。华府会议以来，内政外交，艰难倍昔，存亡之机，间不容发，国内一举一动，皆为世界所注目。近者奉军队伍，无故入关，既无中央明令，又不知会地方长官，长驱直入，环布京津。锟以事出仓促，恐有误会，是以竭力容忍，多方迁让。乃奉军陆续进行，有加无已，铁路左右，星罗棋布，如小站、马厂、大沽、新城、朝宗桥、惠丰桥、烧烟盆、良王庄、独流、杨柳青、王庆坪、静海以及长辛店等处，皆据险列戍，以致人民奔徙，行旅断绝，海内惊疑，友邦骇怪。锟有守土之责，何词以谢国家？何颜以对人民耶？向者国家多故，兵争迭起，人民痛苦，不堪言喻，设战事无端再起，不惟我父老子弟惨遭锋镝，国基亦将倾覆，言念及此，痛心曷极！顷据张巡阅使皓日通电，谓："统一无期，则国家永无宁日；障碍不去，则统一终属无期。是以简率师徒，入关屯驻，期以武力为统一之后盾。"锟以为统一应以和平为主干，万不可以武力为标准。方今人心厌乱已极，主张武力，必失人心；人心既失，则统一无期，可以断言。皓电又谓："统一进行，如何公开会议，如何确定制度，当由全国耆年硕德，政治名流，公同讨论。"似此则解决纠纷，必须听之公论；若以武力督促其后，则公论将为武力所指挥，海内人心，岂能悦服？总之张巡阅使若以和平为统一之主干，此正锟数年来抱定之宗旨，在今日尤为极端赞同。尤望张巡阅使迅令入关队伍，仍回关外原防，静听国内耆年硕德政治名流之相与共同讨论。若以武力为统一之后盾，则前此恃武力统一主义者，不乏其人，覆辙相寻，可为殷鉴。锟决不敢赞同，抑更不愿张巡阅使之持此宗旨也。锟老矣，一介武夫，于国家大计，何敢轻于主张。诸公爱国之诚，谋国之忠，远倍于锟。迫切陈词，伫候明教。

直奉之战已无可避免

张作霖获悉曹锟兄弟态度转变后，了解直奉之战已不可避免；但因曹既然有通电，不能不答复。张的漾电乃于二十二日发出，文曰：

顷接曹巡阅使通电，所指此次奉军入关经过情形，多与事实不符，当再详晰陈之。查从前奉军原驻关内者，不过一师两旅，直皖战争以后，因京畿地面空虚，酌增两旅；并经曹使面告以南方不靖，请以两师兵力援助，年余以来，奸人挑拨，猜疑迭起。作霖鉴于各方情势，为息事宁人计，即于今年一月决计撤回。乃甫经动议，大总统饬派鲍总长，曹使遣其令弟曹省长，先后东来，谆谆挽留，曹使来电，且有"弟如决计撤兵，兄即辞职"之语，电牍具在，可复按也。作霖当时以大总统既再三传谕，曹使又情意殷殷，公义私情，无可诿卸，即允遵留驻。惟各军久驻关内，训练检阅，劳逸不均，当拟先行输入一部分换防，并与曹省长商洽，酌添少数军队，以资联防。曹省长说出："奉直两军驻在一处，且看有无冲突"一语，时有大总统所派之鲍总长在座，共见共闻。若谓"既无中央命令，又不知会地方长官"，然则鲍总长非大总统特派之总长，曹省长非直隶之长官乎？且此次所称奉军所驻地点，皆从前奉军原驻之地，并未扰及人民一草一木。乃前队甫经过津，而曹省长即弃津不顾，马厂驻军亦弃炮退走；涿州琉璃河方面则挖壕备战，郑州方面则积极增兵，将对奉军决战之阴谋，乃完全披露。此即奉军进兵之事实，与曹使所谓"竭力容忍，多方退让"之经过情形也。至于统一问题，作霖通电措辞，系"以武力为统一之后盾。"曹使颠倒其词，称谓"武力统一"，则此电文具在，乃欲以一手掩尽天下人耳目耶？总之奉军如无益于直，则撤退可也，留之何为？留之而又诬其启衅，诬其扰民，其心安在？种种事实，谁为启衅？是非功罪，自有公论，绝非口舌笔墨所能强辩。霖与曹锟亦决不作此无谓之争。第恐真相不明，听闻淆乱，用再通电陈明，敬希鉴谅是幸。

这时，赵尔巽等调人还在作最后努力，张作霖更于二十三日电复诸调人谓："如仲帅（曹锟字仲珊）到津，自当即日就道，共商解决。"

张作霖通电痛骂曹锟

四月二十五日，张作霖终于翻脸了。他发表通电痛骂他的亲家曹三爷，骂曹一生行事模仿他的"祖先"曹操，是个口是心非的奸雄。电报指摘直皖战前吴佩孚痛骂段祺瑞实际是由于曹锟的指使，但曹伪装不知情；后来曹张在天津见面时，却又自己道出真情。这是张直接攻击曹的开始，在此以前张只攻击吴而不及曹，现在既然亲家相骂，可见直奉之战已经千钧一发了。张电如下：

对于奉军入关一事，大意尚须奉质者，请再详言。我兄来电所称"不奉中央明令，不告本地长官"两语，已将奉军经过事实，明白通电，其是否不奉中央明令，不告地方长官，明眼人皆能明晰。弟姑援一成例言，为我兄弟相共研究之资料：前年直皖战争，我兄首统雄师，直趋畿辅，岂亦奉有中央明令耶？涿州、良乡、琉璃河附近，皆京兆尹地辅，并非直隶辖境，亦曾通知该管长官耶？至于武力为统一之后盾，绝非"武力统一"四字所能解释，即使断章取义，为谋统一而兴兵，较之为地盘而兴兵，为公为私，岂可同日而语耶？昔贤云："苟不欲人加诸我也，吾亦欲无加诸人。"我兄不此自责，而乃强诬奉军以不奉命令，武力统一；何不稍加反省，乃竟冲口而出也？吴佩孚之骂段合肥也，吾兄曾嗾使之，此吾兄与弟亲言，不敢相诬也。今则以施之合肥者，将施之于弟矣，犹对众通电云："事事退让"。只许我负天下人，不许天下人负我，虽魏武一生得意之语，后世即以此为"奸雄"二字之歌诀，在汉魏专制时代则可耳，若大同之世，天下为公，一举一动，皆当适合人民公意。项城晚年一用手段，则群起而指摘之，卒致败亡，近事可为殷鉴。吾兄老矣！文字之间，或未暇详究，一味以罪恶加人为快，不如俯采微言，自为更正，不失为改过不吝之英雄也。愿吾兄三复之？

宣布张作霖十大罪状

与奉系骂曹的通电同日，以吴佩孚为首的直系军人齐燮元、陈光远、萧耀南、田中玉、赵倜、冯玉祥、刘镇华等，联名通电，宣布张作霖的十大罪状。当天吴就到前方督战去了。这封通电全文如下：

国民苦胡逆张作霖久矣，以国家多故，犯而不校，启大盗自新之路，存上天好生之德，涵育包荒，以有今日，斯乃父老昆仲夙昔所怨责，而佩孚等所内疚神明者也。狼子野心，非我族类，德不能化，语不能感，矫命乱真，犯阙称兵，罪恶贯盈，末日已至。长此容忍姑息，既无以拯国民水火之苦，更无以答友邦希望之诚，用敢厉兵秣马，整饬戎行，直揭罪魁，昭告中外。张作霖包藏祸心，窥窃神器，盗取假谋统一之名，阴行破坏统一之实。曩岁国民大会，原期排难解纷，而张则力阻其成。比年西南北犯，无非增长内乱，而张则甘为作伥；近复勾结叛逆，四出构兵，障碍统一。其罪一。梁士诒洪宪祸首，张作霖则举为总揆；张勋复辟罪魁，张作霖则邀求巡阅。倒行逆施，危害国体。其罪二。害莫大于祸国，奸莫甚于通外，张作霖兼而有之。嗾使耿玉田运械俄人，诱致蒙匪；袒护梁士诒直接交涉，断送青胶。勾通外人，贻祸祖国，稍有人心，何此！其罪三。华府会议告终，友邦劝裁无用之兵，而忍出张作霖则招匪以为兵。青岛收回，吾国视为新硎之试，而张作霖则运匪以扰鲁，丧心病狂，负罪友邦，其罪四。国之与立，惟在法纪，破法乱纪，张实作俑。以法令为刍狗，视元首若弁髦，法纪荡然，政纲解纽。擅调军队，控制中央，垄断政权。屡召会议于京津，威迫河间；突然进兵于浦口，兹复陈师入关，危及元首，破坏法纪。其罪五。京师首善之区，中外瞩目，秩序森严，自张派奉军盘踞，白昼劫掠，跋扈恣睢。闾阎则一夜数惊；商贾则谈虎色变。豺狼当道，狐鼠横行。其罪六。设官守土，各有其责；疆域攸分，界限斯别。特别三区，原属直省管辖，京兆、津沽，原为直军驻守，乃以德报怨；任其宰割，既占察哈尔，复据热河。京畿首都，乃成盗匪之外府；津沽要地，尽为盗匪之防区。既让小站、马厂；又让静海、天津。彼竟得陇望蜀，占据永清，进窥保阳，让之不已，无所逃避，守土保民，义无反顾。彼先开衅，黩武逞兵。其罪七。昔截秦皇岛军械，今劫三家店军火，攫取饷糈，则竭泽而渔，剥窃金钱，则囊括以去，致使陆海各军，饷糈无着。曩昔叶恭绰长交通，则受贿三百万；近今梁士诒入阁，又报效四百万；命张弧发行公债，则更所入无算。劫掠饷械；行同盗匪。其罪八。帝制安福之党，多盘踞要津，所有作奸犯科，亡命盗匪，无不收纳。其罪九。关外为胡匪发源地，辽藩为罪人逋逃薮，招亡纳叛，残杀同类。其罪十。综其罪孽，擢发难数，穷凶极恶，豺狼不食。作霖不死，大盗不止；盗阀不去，统一难期。若其肆虐，永为民害，则人道可以不存，国法可以不立。白山黑水之马贼，得以纵横一世，驰骋中原，国家之体面何在？国民之人格何存？佩孚等既负治盗剿匪之责，应尽锄奸除恶之义，爰整义师，歼厥巨魁，以泄公愤，以快人心。罪止一人，胁从罔治。敌忾同仇，独夫气沮；人心厌乱，天意亡胡。从此残暴既除，和平可睹；障碍既去，民国以安。谨此露布，中外共鉴！

时局演变到此，是不可收拾了，非一战分胜负才能见得分晓，于是，第一次直奉战争，终于爆发。直军获大胜，奉军败退关外。

张作霖被炸殒命经纬

赵庆升

张作霖之崛起

张作霖风云际会之时，曾号令我国半壁河山，为国人心目中的一代豪雄。民国十七年六月四日晨五时三十分，张在沈阳西北皇姑屯附近被炸重伤，十时整，于沈阳帅府饮恨而殁。

张原籍直隶省河间府，清道光元年，其祖父因当地灾变逃荒于关外，后流落至辽阳县刘二堡定居。张幼年丧父，家贫，帮佣为生。

光绪二十年甲午之战爆发，张时年二十岁，应募入北洋毅军，与日军转战于海州锦州一带。翌年，停战后加入当地地方武装，在辽西头目董大虎旗下以勇悍著称，不久竟成了拥有三十人之小头目。

张作霖身体虽甚瘦弱，但精力充沛，机智超人，向上心尤为旺盛。光绪二十六年拳匪之乱，招致八国联军侵入北京，慈禧太后挟光绪帝出奔西安，一时人心惶惶不可终日，张遂乘机占领广宁中安堡为根据地，奋力扩展其势力。地方官自顾不暇，亦唯有视若无睹。

光绪二十八年，慈禧太后及光绪帝自西安回銮，张作霖正式为清政府招安，出任新民屯管带。光绪三十一年八月日俄战争停止，张乘机扩充力量，使所部遂渐迈向正规，武力大增。至民国初年，更因势乘时，一跃而为二十八师师长，进据沈阳。

民国四年，袁世凯称帝，颁予张一等子爵爵位。翌年帝制废，袁愤卒。北方政局极不稳定，张之势力举足轻重，从而屡获北京当局不次之迁，自师长一跃而为奉天省长，再而为东三省巡阅使，终于独揽东北军政大权；也由此激起了其逐鹿中原之野心。

民国九年张作霖首次入关，联合直隶军战败皖军。民国十一年与直军战于京畿，败北。民国十三年复入关邀战直军，大胜，乃逼曹锟下野，推段祺瑞就临时执政。民国十五年北京政变，段祺瑞出走，张复入关进驻北京，就安国军总司令，势力竟延伸至大江南北。民国十六年六月十八日，张为北洋众军阀所举，就任陆海军大元帅。从此，号令文武百官，召见各国使节，列鼎而食，气焰之盛，是为张毕生事业之最高峰。

死亡之归途

民国十七年三月十六日，国民革命军以击灭北洋军阀，统一全国为目标，第二次自南京渡江誓师北伐，一路势如破竹，所向披靡，虽五月三日在山东济南遭受日军之强行阻挠，北伐行动亦未中止，其主力绕过济南仍沿津浦路北上。同时冯玉祥之第二集团军，及阎锡山之第三集团军，亦奉命沿平汉路北上。

面对此一形势之北洋军大元帅张作霖，决心以沧州为中心与革命军进行会战，当以张宗昌、孙传芳两部配置于津浦线北段，张学良、杨宇霆两部配置于平汉线北段，并派直属第五师扼守张家口方面，以防阎锡山部之抄袭。但未几德州失守，平汉线亦相继撤退，虽冒兵家之所忌，阵前撤免了张宗昌，亦无法抑止革命军之前进，战火遂向京津迫近。

革命军北伐行动之神速，使当时全国民心为之欢欣鼓舞，日本朝野亦为之震撼。一向敌视我革命行动之日本田中首相，鉴于出兵济南仍未能阻止北伐行动，乃于五月十八日进而发表强硬之无理声明，其大意为："为保护帝国既有权益，维持地方治安，当战乱扩及满洲时，日本政府将采取有效措施。"

同时，驻北京公使芳泽谦吉亦向张作霖递交日本政府之备忘录如次：“一、容许奉军于京津战事开始前撤回满洲。二、如京津战事发生，一旦北洋军被击败，则禁止撤出关外，日军对企图逃返满洲之奉军，一律解除其武装。三、任何状况下，严禁革命军进入满洲地区。”

芳泽并进而劝张道：“大势既已如此，莫如急流勇退，能在战火未波及京津之前，将军队集中撤回关外，既可保全实力，维护关外地区，复可作卷土重来之计。”

此时的张作霖，壮志未酬，岂肯铩羽而归，对芳泽的劝告及日本的备忘录，不独无动于衷，犹计划以北京为中心布成弧形阵地，与革命军作“背城借一”之战，以博最后转机。然革命军士气旺盛，民心归向，虽各线战况异常激烈，仍能长驱直入，至五月下旬，第二集团军之韩复榘部及第三集团军之商震部，已相继越过石家庄直向北京逼近，大有犁庭扫穴之势。张终为形势所迫，于五月三十一日接受了杨宇霆（张之参谋长）及张学良之苦谏，决意撤回东北。行前将京城事务吩咐张杨两人了办，并请出段祺瑞向阎锡山等折冲。匆匆摒挡就绪后，旋于六月三日晨一时三十分于前门站登上豪华的特别专车，抑郁地离开了故都，在沉寂的深夜里，怀着卷土重来的幻梦，踏上了死亡之归途。

在皇姑屯被炸

特别军用列车，以二十节头等车厢组成，张作霖身着大元帅服，昂然坐于第八节贵宾车厢之中央，身后帅旗飘动，随员穿梭侍奉，威风一如往昔，豪情不减当年。

六月四日的清晨，东北天气仍有春寒料峭之感，同车之黑龙江省省长吴俊升（张作霖之盟弟）怡声向大帅问道：“天儿有点冷，要不要加件衣服？”

“唔！”大帅漫应着。但略视腕表，已经五时三十分，再数分钟将到达终点——沈阳，便接着道："算了，马上下车了！"

列车仍在平稳地疾驰，车头已进入了皇姑屯外之陆桥下。沈阳车站的月台上，仪队及文武官员已整齐地排成迎接之行列。

当第七节车厢驶入陆桥下之一刹那，忽然轰地一声暴响，陆桥被炸纷毁，第七八九节车厢首当其冲，被陆桥之钢梁铁轨枕木等所撞击，面目全非，列车之前半段亦同时脱轨，前冲约二百公米倾覆，后半段则倾于路旁起火。转瞬间，伤者呻吟呼救，生者豕突狼奔，左近并杂有枪声，一时凄惨混乱之景况，犹如激战后之战场。

须臾，与张同车之日籍军事顾问仪我少佐苏醒，见张大帅卧于身旁，虽失却往日的神采，但受伤似不严重，遂探问道："怎么样？"

"没有什么！"大帅倔强地应道。

"到那边休息一下吧？"仪我少佐的目光略指附近日军哨所，向大帅说。

大帅紧皱着眉，摇摇头未予回答。

不久，沈阳宪兵队长闻讯驰来，将大帅抬上汽车，立即向沈阳疾驶而去。

同车厢之吴俊升、潘复，及弁从多人均于爆炸当时毙命，独张景惠重伤被治愈。大难不死，三年后伪满傀儡登场时，竟出任了伪"满洲国"总理。

少帅张学良当日于北京获得急电后，立即兼程遄返沈阳。

沈阳城中的大元帅府警卫森严，对大帅之伤势保持了高度机密，直到事发后第四日（六月八日），各方始获得张作霖已经死亡的如下消息："列车爆炸时，张胸部被撞，内出血甚剧，乘车返回沈阳之途中，恐遭伏击而多方迂回，终于归后未久之上午十时整不治身亡。"

民国十七年六月十九日，正式发表张作霖之讣告，二十三日于沈阳举行了盛大葬礼，从此一代豪雄与世长辞。

日方的狡辩

列车爆炸后，张作霖之死讯虽极度保密，但消息早已不胫而走。各地报纸对日军拒绝共同调查肇事真相，深表不满，并指责爆炸行为系日军阴谋所为，一时舆论哗然，极受国际间之瞩目。日本政府因难以再保持缄默，乃于六月十二日以陆军省名义发表事件声明如下：

北宁与满铁[①]两线之交点，设有陆桥，满铁线在陆桥之上方通过，故该桥应视为满铁线之一部，由日人管理之。

张作霖元帅返沈之前日，中国宪兵曾要求于右述地点设置警戒，我满铁守备队认为系适应时机之举，遂予许可，惟中国军方于配置警戒之际，进一步要求将哨兵配置于陆桥上方，因超出容忍范围，未予认可；因此陆桥下方之警戒由中国军方担任，陆桥上方之警戒则仍由日军负责，其警戒方式，昼间由分遣所瞭望台之哨兵行目视警戒，夜间则由分遣所人员行游动监视。

六月四日凌晨一时许，陆桥附近有可疑分子三名，攀登满铁线之路堤，几经喝问，突遭射击，我游动哨兵于还击中射杀两名，一名被遁逃。

经我军检查被射杀者之尸体，搜出手榴弹两枚及书信三封，其中二封为私信，一封却为国民革命军东北招抚使之信件，并记有张之列车行动时刻。据此分析，死者显系革命军之便衣人员。

四日拂晓，我方警戒自游动位置撤回瞭望台监视中，北宁在线适有列车通过，当驶至陆桥之瞬间，突然发生爆炸，一时烟尘弥漫，遮蔽现场，左近并时有枪声，我守备队不明真相，乃进入掩体注视状况之发展并准备应战，但未几枪声停歇，一切静止。

---

① “满铁”线，即中长路南段，于日俄战争后割让给日本。

爆炸现场迄今仍在严密调查中，而且前所可判明者，为铁线之双轨桥梁被炸毁，桥脚上部倾坍，列车之部分车厢顶端被击破，其破坏力显非投掷性炸弹所可能，想象中必为大量炸药预置于桥梁下引发所造成。

张之特别列车，行动时刻既属机密，其前后并有警卫车二列，且连日军队移动频繁，北宁路上兵车充斥，日军岂能预知张之行动而行爆杀？

谋杀张氏之背景

以上声明，显系日军搪塞性之谎言。在日军严密警戒下安装大量炸药进行爆炸，谈何容易？此一声明为日军掩耳盗铃之行为，更昭然若揭！但是日军何以突然对张作霖遽下毒手？事实真相又如何？此中秘密被保守了近二十年之漫长岁月，直至日本投降后之东京审判中，始由陆军省兵工局长东宫隆吉少将全部揭露。（按：东宫隆吉于列车爆炸时任沈阳独立守备大队上尉中队长，驻于陆桥附近。）

溯自民国十六年（昭和二年）四月二十八日，政友会（日本政党之一）击败若槻内阁取得政权后，由总裁田中义一领班组阁，田中为日本长州军阀山县有朋元帅之直系，于大正十四年（民国十四年）四月继高桥是清出任政友会总裁，积极主张“对华强硬政策”，甚合少壮军人派之脾胃。组阁后，适值我国民革命军第一次自南京渡江北伐，因鉴于中国之统一影响了日方既定之大陆西进侵华政策，乃断然向山东出兵强加干涉，并于六月十七日在东京霞关官邸召开震撼国际的“东方会议”。会后于七月七日发表对华政策纲领八条，其含义如下：

一、敌视中国之国民革命。

二、将满蒙地区置于“特殊地位”，以为征服中国称雄世界之基石。

并于七月二十五日依对华政策纲领拟具上奏文（即震惊国际之田中奏

折），恳请宫内大臣一木喜德郎代奏予日皇裕仁。

自此，日本政府悉改过去作风，对中国之国民革命行动强加干涉，各地驻军更横行无忌。也由此激起了我民族爱国意识，各地排日怒潮风起云涌，抵制日货运动如火如荼，即日本视为“特殊地位”之东三省地区内，排日事件亦层出不穷。张作霖身为东三省军政首长，因久居京华，逐鹿中原，自顾尚且不暇，自无对日人积极负责之表现，有关日人权益待决案件，堆积如山，甚少过问，终于引起了日人之疑虑及关东军不之满。

民国十七年五月十八日田中声明发表之同时，关东军司令部密议乘张败退进入满洲之际，迫其下野；但在会中有高级参谋河本大佐愤然吼道：“杀掉张作霖岂不是一切问题迎刃而解？”并做进一步解释说：“迫张下野，谁能保证其继承人改弦易辙，若较张更难控制又如何？杀掉张作霖，其子张学良必不善罢，其部下亦必骚动，我军可借维护治安名义，解除其武装，一举占领满洲，进而另觅属意人员在我军保护下组织政府，满洲权益问题岂非一劳永逸？”

河本的言论既出，与会之少壮军人群起响应，关东军司令松冈中将面对激动之群情，又曾屡获田中首相“放手而为”的明示，遂裁决照河本所述而行。爆毙张作霖及占领满洲之计划于焉开始。

关东军一意孤行

河本大佐在关东军司令之授意下，开始协调督导列车爆炸及占领满洲之计划：

首先派遣竹下及田中两参谋，借向北京武官处联络之名义从事调查张之列车编组及行车时刻，并饬关东军特务机关于山海关锦州等沿途各站密布侦探，以传递张之行动情报。

爆杀张作霖之地点，经图上研究后，选定于北宁与满铁两线之交会点；现场布置及执行，则交由驻于当地之守备队长东宫上尉负责，并自朝鲜新义州调遣兵工一组，携电气发火之五百磅高爆炸药箱两个配属其作业。

五月二十日，关东军为配合占领计划，将司令部自旅顺推进于沈阳，并将独立守备队、第十四师团、第二十七旅团、外山旅团、安田混成旅团，及大刀飞行联队之一个中队（战斗机十二架）等先后集结于沈阳；又自满铁线调往沈阳车站机车十部，客货车厢百部，作业手两百人，以便利关东军自沈阳向各地出兵。

在部队集结之同时，关东军向大本营呈出《满洲占领行动计划》，其要旨如下：

> 一、将主力自沈阳调至锦州义州方面，以拒止关内之中国革命军，并适时解除撤退中之奉军武装。
>
> 二、以一部进出新民屯、新家屯方面，以掩护主力之行动。
>
> 三、请大本营增遣兵力，配合满洲驻屯军，相机向哈尔滨、齐齐哈尔方面出动，以完成满洲之占领。

然而，关东军越出“满铁”沿线地区，形同向国外出兵，须奉日皇裁可之命令（日人简称奉敕命令），故关东军于沈阳集结后，因静待奉敕命令之下达而并未行动。

关东军预定向各地出兵之开始时刻（H 时），计划中已定为五月二十二日夜十二时整，是晚全军官兵床前待命，各部队受领命令之军官则彻夜守候于司令部内。但是，直到第二天早晨，奉敕命令始终未到达，虽经电询大本营，亦未获出兵之许可。

何以奉敕命令届时未能下达？缘田中首相已暗中委派小川铁相及町马大佐（张作霖之顾问）与张作霖在北京密商“满洲铁道借款条约”。五月十八日田中声明之后，日方已加紧胁迫张作霖接纳条约中各项条件，待张作霖返沈后将行换文仪式，如事成，日本将贷款与张，在满洲地区增建五条铁路，由日人管理并沿线驻军保护，从而兵不血刃囊括全部物资，支配整个东北；但唯恐国际间之干涉，故未成事实以前极度保守机密。而关东军既已准备就绪，却不见奉敕命令之下达，只认为中枢“对华政策”之踌躇，甚感不满；而奉军之撤退即将开始，可利用之机会稍纵即逝，密云不雨犹感焦躁，乃决意单独进行其列车爆炸计划，以引发全面之军事冲突。

河本大佐在进行列车爆炸计划时，为掩饰世人耳目，导演了一出双簧：

五月二十七日，河本于司令部邀晤日本浪人安达隆成，托觅愿效死之华人三名，未几，安达转托于沈阳黑社会之老大刘戴明，并介绍与河本相晤，商谈之下以二万元成交。

当时沈阳下流社会中，多嗜毒之无业游民，些微之代价即可驱使其赴汤蹈火，刘与河本约定后之次日，即以五十元报酬觅妥吴贵生、张文才及查大明等三人，并简单交付任务如下：

> 六月四日晨一时，往皇姑屯陆桥附近之日军哨所，密将日人交付之信件取回。

当约定之时刻，查大明因腹痛未往，余二人则按时出现于哨所附近，不意竟被伏于旁侧之日军刺杀，其尸体并被利用而变为国民革命中之工作人员。

虎口余生之查大明，于事件发生后之第五天，被日军特务捕杀，刘戴明则被押至旅顺。但此一机密却被刘早泄露于张学良左右，张深感事态之严重性，乃将秘密深藏于心底，并约束其军队勿与关东军冲突。故于事件后虽然关东军肆意挑衅并驱使日本浪人在沈阳滥制纠纷，亦未酿成事端，终于使关东军之出兵计划搁浅，预期之侵占中国东北的时间后延了三年，也终于助成了东北易帜中国统一之大局。

一月后，日本田中首相洞悉事件之内幕，缅怀铁道借款未成之憾事，对关东军指失当之妄为，痛心疾首，向宫内大臣意懒心灰地说：“唉！一切都完了！”

民初东北第二号人物吴俊升

帘外风

民国初年东北是三雄鼎立的局面，这三雄是第二十七师师长张作霖，第二十八师师长冯德麟，与第二十九师师长吴俊升。论实力、资历、声望，冯德麟与吴俊升都比张作霖为强；但是张作霖善于把握机会，不旋踵就凌驾冯、吴二人之上，为东三省的首要人物。

张作霖效法蔺相如

当张作霖以二十七师师长得任奉天督军，而与其具有同等地位的冯德麟被任为其副手之初，冯德麟心中不服，屡思与张作霖寻衅火拼。张作霖聪明过人，效法蔺相如、廉颇故事，反而处处对态度傲岸的冯德麟予以礼让，因此博得心胸开阔、敦念老友的美名，冯反而无可奈何！嗣后冯德麟因拥护张勋复辟，被北京政府下令通缉而遁迹天津租界，张作霖得势进关之后，特为关说，才免去通缉；但冯德麟由是一蹶不振。

早在日俄战争时，吴俊升已经崛起草莽，其部属之多与声势之盛，都在张作霖之上；只以改编后为防区所限，当时张作霖驻东北政治经济重心的沈阳，吴俊升则驻在外地，而影响其后际遇不同。

虽未读书·颇富机智

吴俊升字兴权，因舌大，说话时有若干字咬不清，因而有“吴大舌头”的绰号。为人粗豪，向未读书，但颇富机智，做事重言诺，不但得友人信赖，也为部属所敬仰。他在洮辽镇守使任内，蒙古一个王公受日本及清朝旧将萧玉唆使，带领数万蒙匪在东三省发难，企图使宣统复辟，但为吴俊升的骑兵所击败而消灭。当时大总统袁世凯嘉其功，立命晋升为二十九师师长，并赏赐一把九狮头镶玉刀。一世枭雄的袁世凯，深知张作霖雄踞沈阳，貌似恭顺，但忧其所作所为，内心实不可测，亟思在张作霖、冯德麟之外，将颇不得志的吴俊升培植为东北的第三势力，制衡其间，以利其统驭指挥，其所以提吴，也就是所以抑张。

虑患深远·处世坦诚

吴俊升与张作霖并为一时瑜亮，两人既无草泽同盟之谊，也无乡里葭莩之亲；他之与张作霖与冯德麟情形不同，也和张作霖与张作相、张景惠、汤玉麟等情形相异。但吴俊升因见张作霖对待冯德麟的宽厚忍让，对乡友的义气重信，对部下的德威兼施，自愿与张作霖交纳而下之，颇有惺惺相惜之意。其后，吴竟能与张共事业、图功名。虽处境特殊，但尤其虑患深远，处世坦诚。每值功高不赏之会，忧谗畏讥之时，他人必将无法相处或将贲事之际，吴俊升不但能泰然处之，更每能以一言释群疑，或装糊涂以弭众谤，以全交情、保令名，其智真为一般人所不能及。

吴佩孚以第三师长资格，自湖南回师，通电干预大局，一时声名大噪；但颇为当时执掌国柄的段祺瑞所不能谅解，终致酿成直皖战争。直皖之战，吴佩孚奉曹锟命指挥全军与皖系大军作战，数日之间就将段祺瑞基本部队击溃。

吴佩孚战胜后，仍奉曹锟为领袖，自己则坐镇洛阳训练部队，俨然以天下为己任，亟思统一全国。当时尚能与直系抗衡的，只有虎踞关外的张作霖所指挥的奉系军队而已。直皖战争时，张作霖虽未参与，但因不满段祺瑞手下大将徐树铮的跋扈，实暗中掣当时皖系军队之肘，所以皖系失败后，奉军兵力借机扩充到关内，掩有冀东、天津、廊坊及冀中部分地带，并派一部分军队到北京西苑。张作霖以天津为奉军关内总司令部所在地，派他共患难的老弟兄张景惠为总指挥，其欲与曹锟、吴佩孚分一杯羹之意，彰彰明甚。

张景惠泄沓误大事

天津是我国略次于上海的第二大商埠，人口众多，商业繁盛，华洋交会，有德、法、日、英、意、比、奥、俄等八国租界，奉军处此金迷纸醉之地，恣意享受，大有乐不思奉之概。尤其总指挥张景惠，初涉此境，只知酒色征逐，对于对手直军方面之虚实，一无所知，以为只要时常联欢，多加酬应即可，不虑其他。殊不知此时，张作霖与吴佩孚争欲掌握北京政府，因分赃不均，早已暗藏凶机，唯未表面化而已。其后，直系所捧的国务总理，每因奉系杯葛而下台；奉系推荐的总长，则常为吴佩孚所否决，终于演变到兵戎相见。

直奉大战未起之初，张景惠在天津泄泄沓沓，丝毫不知警戒，虽当时的情报说："曹吴军队调动频繁，闻将有事于奉军。"张景惠毫不知警惕，还对当时的东北巡阅使兼奉天督军张作霖说："我与曹巡阅使（曹锟为直鲁豫巡阅使）之弟曹锐相处甚得，吴玉帅对大帅甚为敬仰，直系谅不致欺我。"

一声霹雳，驻北京西苑的奉军邹芬部队，突被吴佩孚缴械，而地位仅次于吴佩孚的直军大将王承斌、彭寿莘两人，各率大军分头进击；一支从保定穿越冀中腹地，指向关内奉军总指挥部的天津；另一支则扑向北宁路平津段奉军的腹部。不数日间，就以疾风骤雨之势，将奉军击败，驱逐于河北省境之外，吴佩孚威名此时大有不可一世之概。

拒吴佩孚离间之计

袁世凯之后，北京政府的总统，不论是黎元洪或者是冯国璋，都被国务总理段祺瑞视为无物；段祺瑞被吴佩孚击败下台后，则不论是谁当总统，也不论是谁做国务总理，都被当时控制北京的军阀玩弄于股掌之上，视同傀儡。张作霖兵败退到山海关后，内心懊丧，并未返回沈阳，乃在山海关驻守。吴佩孚一不做、二不休，授意北京的徐世昌总统，下令免除张作霖东三省巡阅使及奉天督军本兼各职，并调黑龙江省督军吴俊升为奉天督军，冯德麟为黑龙江督军，吴佩孚这一撒手锏相当厉害，国人预料此举必将引起东北三雄的内讧，然后直系窥伺机会，不难将东三省置于控制之下。

奉天是东三省的重心，远较黑、吉两省为重要，不但政治环境优越，与内外关系良好，而且人才众多，财赋富饶，是以国人每以有奉天就有东三省为言。北京政府免张作霖本兼各职命令一下，东北空气顿形紧张，沈阳城内更风声鹤唳，草木皆兵。当时吴俊升正逗留沈阳小河沿住宅内，其幕僚无不弹冠相庆，而食指大动；吴的亲戚故旧也纷纷奔走内外，冀求谋一好缺。这时吴俊升默察内外情势，深知这是吴佩孚反间之计，使他和张作霖火拼于东北。战败固无论，幸而战胜，也不过被利用于一时，最后必使直系控制整个东北而后已。

于是，吴俊升乃以一无所知姿态，故意终日昏昏睡梦，度其饮酒食肉、驰马试剑、选色征歌的生活，部下进言也不作答。等北京政府正式命令到达，吴乃召秘书长，口授回电大意为："俊升才具粗劣，一向追随雨帅（指张作霖为巡阅使，他为督军），黑疆之寄，犹感越是惧，况其他乎！"

秘书长拟完此电，大感失望，到手的升官发财良机，眼看着成为泡影，乃于稿末擅自添加了一句："唯政府之命是从。"其用意为黄袍加身，将吴俊升捧上奉天督军宝座。此莫名其妙前后矛盾的电报经沈阳日本电报局发往北京，翌晨日人创办的沈阳《盛京日报》将电文登出，沈阳的空气遂更为紧张。吴俊升骑兵军的参谋长应善一当天就被奉天督军署副官高金山暗枪打死，吴俊升这才明白是怎么回事，立即将秘书长革退。吴俊升一面向各方说明实情，一面厚葬无辜被打死的应善一，但并不要求奉天当局缉凶，仅对外说："参谋长平素做事太认真，得罪了人，被仇家给杀了。"

力排众议·不就新职

沈阳局势并不因吴俊升的解释而松弛；吴乃召集所属幕僚干部，在小河沿寓所举行会议，一堂俊彦，将今比古，陈说万端，很多人都以为，人生不过图功名享富贵，倘不为此，则与村野匹夫何异？良机在握，如不及时而图，则后悔莫及！主张潜出沈阳，等待黑省兵到就职者有之；主张与冯德麟立即合作者有之。因为吴不就奉督，冯亦无法就黑督。吴俊升力排众议说："吴佩孚不过利用我们，焉能让我们久于其位！况且乘友之危，取友之位，千秋万世之后，我吴俊升比曹操不如。"意乃决，众皆默然。

吴俊升毅然只带副官张振之及卫士两人，挂专车一辆匆匆去会见张作霖。

当时张作霖兵败退出河北省地盘，暂驻山海关天泰栈，收容部队，整理残军，徐商对策，冀挽危局；同时对吴俊升的心意如何，也正在疑虑之中。忽接吴俊升来电说，已自沈阳出发来山海关途中，更感难以猜测。

吴到天泰栈，两人见面后，张正色而言："你来此很好，我正要与你商量，国家命令不该玩忽，现在你就可回沈阳，说我同意交代，马上就职好了。咱们是老朋友，你出来干不比别人强得多吗？难道这点道理我还不明白？等我在这里弄清楚，我就回沈阳，以后你叫我怎么着，我就怎么着，完全听你的。"

吴说："大帅，你这是怎么个说法，在东三省，我买的田比你多，银行存款也比你多，已经够我过几辈子了，我何必一定卖友求荣。再说，北京政府这是玩把戏，咱们别叫人要了。吴佩孚他们对付两广还不是这一套，今天撤陆荣廷，明天调陈炳琨，结果弄得大家谁也干不成。大帅，你的肩膀宽，什么都担得起，我如何能与大帅比？你叫我在黑龙江剿匪可以，如把我搁在奉天，与各省代表周旋，我却嫌烦；与日本鬼子办交涉，我更应付不来。大帅，咱们还是照旧干吧！干得好没话说，干糟了咱们一块儿倒霉。”

吴俊升几句话，一天云雾顷刻散尽，老弟兄俩就又喝起酒来。

不与俄酋单独谈话

吴俊升坐镇黑龙江，从不肯答允俄人任何要求；每值俄国领事、中东铁路局人员或其他过境俄人来访，吴必事先请其他各国外宾领事作陪。吴说：“我绝对不与俄国老毛子单独在一起谈话，他们要见我，我就请些见证人，不然他们乱登报，说我答应了什么，那我岂不成了卖国贼？”

某次，哈尔滨中东铁路局局长请客（俄人），推吴俊升为首席，陪客是中东路局高等军事顾问古比爱托尔。古比爱托尔曾任俄军海滨省总督，年老退休，被聘为中东路局顾问，俄人对他敬重一如往时，此时他已成为一皤然白发老翁。吴俊升忽想起此人，是在庚子八国联军之役，将我黑龙江东岸所谓江东六十四屯村民，尽骗入黑龙江中淹毙的元凶；乃起立说：“这个人还活着，他在这里，我不能吃你们这顿饭了。”说完立即退席而去，因此益增俄人的敬重。故人每论及此，便认为张学良掌握东北时，年轻气盛，只知爱国而不自量力，轻起一九二九年中东铁路中俄战火，暴露了我国边防军事的弱点，致启外人轻视之端。张学良是受过新式教育的人，还不及一草莽人物吴俊升，反而能保存国家正气于不堕，维护领土主权于似愚实智之间。

中东铁路中俄战争后，不两年，“九一八”事变就爆发，使东北整个沦陷于日人之手。而一九二九年的轻举妄动，实为“九一八”事变一个重要引线。

只知剿匪·不愿内战

吴俊升在黑龙江省用人行政，决不受东三省巡阅使署干涉，张作霖也避免介绍私人，借以表示对吴俊升的尊重。直奉第一次大战后，关内奉军总指挥张景惠自天津铩羽而归，张作霖愤而未予作较佳安置，暂时无枝可栖，不得已只得做吉黑山林保安队首领，企图驻防黑龙江省境。吴俊升以卧榻之旁，岂容他人酣睡，乃赠张景惠百万元，请他移防吉林。

吴一向对内战不热衷，而对省内盗匪则剿抚不遗余力。第一次直奉大战，借词黑龙江地处边陲，不能不顾及防外而未出兵；第二次直奉大战，他仍借故拖延。及军情紧急，张作霖再三电催，但黑省骑兵仍迟迟其行。最后，吴俊升在哈尔滨车站，伪作跌倒，即以伤重电前方返黑养病，张作霖对他也无可奈何！当第二次直奉大战，因冯玉祥自古北口回师，攻击吴佩孚后方的北京，使直军一败涂地，张作霖乃进驻北京，与冯玉祥僵持不下，共同控制当时的北京政府，张作霖乃再电吴俊升晋京参与机要。

吴俊升晋京时经哈尔滨小驻，当他在哈尔滨启程抵车站拟登车时，忽得情报说送行人群中有刺客混入，有人建议吴暂返行馆，吴未予理会，但他大呼："我在日本银行存款条丢了，你们赶快给我搜查。"吴乃乘军警搜查及送行者彼此面面相对时登上专车。吴事后告人："我哪里有什么存款条，这样搜查一下，既不会扰乱人心出乱子，也可真的搜查一下，刺客想动也动不了啦！"足见他别有一番急智。

临急出兵·郭松龄死

吴俊升虽屡次拖延张作霖的参与内战命令，但在郭松龄倒戈反向之役，他却及时出兵，使屡战屡胜的郭军措手不及，挽救了张作霖败亡命运。一九二五年，郭松龄是奉军第三、第四方面司令张学良的副手，他在山海关以奉张学良为领袖并清君侧之名，向沈阳进击；一路上攻无不取，战无不胜，占锦州、取虎山、克新民，进驻白旗堡，兵临沈阳外围。这时郭军旌旗满天，鼓角震地，列阵于辽河西岸，威胁张作霖速作决定。沈阳则风声鹤唳，草木皆兵。张作霖在痛责张学良之余，无计可施，并已做逃亡准备；东北巡阅使署枢要人物这时也只有面面相觑，一无善策。

吴俊升适时出现，好整以暇地告张作霖说："大帅！先不要急，挺一挺，看我弄弄，我不信没有办法。"

未出两天，关内外已传遍，吴俊升黑省大队骑兵，自黑龙江省越辽北进入科尔沁草原，冲到京奉路上的白旗堡一带，一阵扑击猛打，郭军纷纷败退，一举收复白旗堡。郭松龄部秘书长、被国人目为才子的林长民，被吴俊升骑兵打死在专车上；郭松龄及其夫人韩淑秀，急坐大车化装而逃，仍为吴俊升骑兵军长穆春，在苏家屯认出捕获，立即予以枪毙。郭松龄之变平定后，吴俊升告诉张作霖："所谓郭军尽系大帅的部下，现郭已死，请勿追究。"张作霖乃下令，罪在郭松龄一人，其他一概不究，并尽皆官复原职，就是参与郭松龄机要最卖力气的张振鹭，也被任用如旧。张作霖做安国军大元帅时，张振鹭复为张的重要干部，后旅居巴西，其后赴中国台湾定居，数年前逝世。

张大帅大做元首梦

张作霖疲竭东三省人力物力财力，轻举入关，翱翔京津，心营四海；导官僚以腐败，教子弟以奢华，实为舍本逐末，自陷败亡。张作霖于一九二七年，在北京就安国军大元帅职，俨然自居为一国"元首"，此实乃北洋军阀最后回光返照之一幕。

此时，各地失败军阀，如孙传芳、齐燮元、何丰林、靳云鹗、张宗昌，都群集张作霖旗帜之下，仍图与国民革命军一拼，借挽败亡厄运，只有吴佩孚拒绝参加，逃亡四川，依附杨森去了。

张作霖既就安国军大元帅职，自不能再兼奉天督军。此虚悬已久的职位，论资历，自应为与张作霖同时崛起的吴俊升，论勋劳，也应为在两年前郭松龄倒戈之役，旋转乾坤、力挽危局的吴俊升。但张作霖亲信横阻其间，与张作霖同时结盟的老弟兄如张景惠、张作相、汤玉麟等也竭力反对，并有人造谣中伤说："吴俊升自恃功高，视大帅如无物，已在筹谋不轨。他虽平郭乱，但终将成郭之第二。"一若真有其事。张作霖因有民国十一年（一九二二）吴俊升不就北京政府派他为奉督的旧事，复念他敉平郭松龄的勋劳，对左右之言不予理会；但终觉吴非自己嫡系，奉天乃根本之地，倘其人一有变故，他将无家可归，是以迟迟不肯轻委他人。

此时，适吴俊升在东北剿匪成功，又建一大功。吴剿匪完毕返北京复命时，路过锦州，有人向这位东北第二号人物拦车告状，控告东北第三号人物、张作霖的盟兄弟、吉林督军张作相之叔张洛东等"仗势欺人，窝藏土匪，公然聚赌，扰害地方"。吴俊升勃然大怒，不容分说，下令将张洛东等捕获，送押奉天监狱审讯，地方百姓莫不称快。但张作霖左右则群情愤慨，在张面前不断地说："姓吴的算什么，他看不起张辅帅（张作相），难道也敢看不起大帅？至少应向大帅知会一下，由大帅下令办也可以，他如做奉天督军那还了得！还有咱们自己人的活路吗？由此可见他早有不轨之心。"

由是，张作霖耳朵里灌满了吴俊升闲事闲非。从自古以来功高震主者，多难得好下场的历史观之，吴俊升至此，嫌怨日多，陷于危殆局面，已是步履维艰。

生死与共全始全终

吴俊升到北京中南海会晤张作霖时，因见张作霖面色不豫，他马上有所警觉，对张作霖说："我追随大帅多年，什么事都得替大帅着想；张督的叔叔仗势欺人，地方上民怨已深，我禀告大帅，大帅如何处理？我转告张督，张督又怎么去处理？大帅安民爱民之心，全被这帮人给破坏了。

我吴俊升做坏人，以平民愤，还不是为大帅着想。大帅如不看重我，我敢吗？”

吴又说：“大帅现坐镇北京，为一国‘元首’，就等于民国的皇上，我能坐着汽车一下子开进中南海，不比当八千岁在紫禁城骑马还威风？这都是托大帅之福，我一个卖马出身的人，当到督军，我还想干什么？”

张作霖本来知吴的为人，现在又被说得心花怒放，不禁莞尔说：“好了，好了，我说你什么来着？看你这一大套。”于是心中一切不快尽成过去，仍亲密如初。

民国十七年（一九二八），国民革命军渡黄河逼近平津，张作霖自知不敌，并拒绝日本的必须与国民革命军在关内作战的要挟，乘北宁路专车拟东返沈阳。张作霖左右人员，分别坐在专车其他车厢内，只有吴俊升，陪张作霖在贵宾车内闲谈；车过皇姑屯，日本关东军预置炸药爆发，吴俊升骨肉横飞，立时毙命，张作霖也身负重伤，不久即行过世。这一对老朋友，在东北风云际会多年，同享富贵，最后又同在一起死去，可以说是全始全终了。

张少帅为什么要杀杨宇霆？

金人俊

呼“阿斗”·气煞张少帅

“东北王”张作霖在国民革命军北伐前的那一两年中，谁都知道他身边有一位最红的人，是总参议杨宇霆。早在张学良（汉卿）建议乃父张老将军实行军政改革的时期，便由杨宇霆兼任了沈阳兵工厂总办。迨第二次奉直大战，吴佩孚一败涂地，奉军大举入关以后，杨宇霆且一度充任江苏督军。他当时在东北军中的人望之高，无出其右者。

自张老将军在皇姑屯被炸身死，张学良子承父业之后，杨宇霆更以东北元老自居，居常倚老卖老，并不把汉卿看在眼里。

有一次杨宇霆的老太爷做七十大寿，东北的要人纷纷赶到杨府称觞祝嘏，张汉卿因为同他的关系不同，所以那天去得很早，上午十一时便到了杨府，杨宇霆把汉卿招待在内室小客厅里之后，便又忙着到大客厅招待其他的客人去了。

汉卿那时已是东北军政的最高负责人，能够随便陪他聊天儿的人也不多，有资格的，也只是到小客厅向他敷衍几句，又出到外面玩闹去了，谁也不愿意同他坐在一起，受些无谓的拘束。

这时，张氏父丧未久，心情郁闷，加上彼时身体健康欠佳，一个人闷在小客厅里，不知不觉就在沙发椅上睡着了。正当张氏小作瞌睡的时候，杨宇霆同常荫槐（彼时的黑龙江省省长）一同走了进来，此时张氏其实已经醒了，不过迷迷糊糊地不愿意立即睁眼而已。不料就在此时，张氏却听得杨宇霆对常荫槐低声地说："阿斗！"这两个字虽然声音低，却说得清脆有力，不消说，杨宇霆所说的"阿斗"，意思当然是指张氏而说的了。这个时候张氏反而只好装睡到底。杨、常二人张望了一下，也未再说什么，又相将走出了小客厅。

张氏是一个有作为的人，而今居然被人把他指为"阿斗"，叫他如何受得了！他内心对杨氏的愤恨，当可推知。而在事实上，杨宇霆这个人，也并非对东北毫无野心者，平常又有依附杨氏的人从旁推波助澜，杨氏那时对张，也就存有取代之心。

自从奉军退出关外，张作霖被炸身死后，对于未来的决策，当时在内部显然分了两派：一派是以少帅张学良为首，主张拥护国家的统一，以牺牲小我；另一派则以元老重臣杨宇霆为首，主张凭借日本的势力，以闭关自守，不再接受中央的命令。

"小爷"把杨、常干掉了

那时，中央、两广以及阎锡山、冯玉祥等各方面，都派代表前赴奉天做联络工作，中央派去的大员是吴铁城；两广派去的代表是刘震寰（刘氏为民国初年四大总司令之一）；阎锡山派去的代表是赵戴文；冯玉祥派去的代表是他的参谋长邱斌（邱氏于数年前病殁于九龙新界）。在这些位代表之中，张氏的左右似乎对吴铁城氏都抱有相当好感。

杨宇霆当时为了阻止张氏归顺中央，便积极发动倒张运动，在当时的东北军中曾有好多高级人员接到杨氏的任命状。

有人把这种情况报告给张学良，张氏觉得这件事非常严重，但为了避免泄露，又不便同旁人商量，其间，只会把他的儿女亲家邹作华将军请了来，同他秘密商讨过一次。

隔了没有多久，杨氏的阴谋，终于被张氏侦察得清清楚楚了。张并且知道参与杨氏阴谋的人，在高级人员方面，只有常荫槐一人。

张氏此时的心情，最为痛苦，他如果不铲除杨、常两人吧，他本人就随时随地有被打倒的危险；倘如对杨、常采取断然手段吧，他又投鼠忌器，怕引起东北内部发生问题，而变生肘腋。

我记得有一天晚上，我同张氏左右亲信的一班朋友们如黄显声、张振鹭、谭海等人，在奉天国民银行有一个小小的聚会，时间大概是当日下午五点钟左右，不久张氏的承启官裴某，慌慌张张地走了进来，一见黄、谭二人就说："总司令到处找你们，还不快去。"

黄、谭二人就这样，被裴承启拉走了，我们只是四五个人的小聚会，他们两个人一走，其余的人再也鼓不起兴致了，只好一面吃酒，一面等候他们两人回来。

黄显声那时的职务是宣传总队的总队长，谭海则是张氏的副官长兼卫队旅长，都是经常不离张氏左右的人，所以张氏特别派人把他俩找回去，原是常有的事，我们再敏感也想不到是发生了旁的事件。

一直等到了八点钟，还没有消息，张振鹭打电话一问，得到的答复，都是说他们到总司令办公室去了。那时张振鹭身任财政厅厅长，也是张氏左右红人之一，此刻有点忍耐不住了，就对我说："你在此等一等吧，我去把老黄和老谭拉回来，你可千万不要走，我们要在这里玩个通宵才能散场的。"

振鹭去后，我一个人等到了十点钟，才见张振鹭兴冲冲地跑了进来说："我们玩不成了，我告诉你一个消息，小爷（指张学良）把杨宇霆和常荫槐已经干掉了！"

我因为这时在教育机构服务，任东北高等军学教育班教育处处长，对于杨、常的事，事前所闻无多。所以乍听这项消息，觉得非常讶异，立即问道："为什么事？"

张说："我刚才跑到帅府，等了一会儿，才看见老黄出来，他说小爷找他和老谭回去，是叫他们办一件大事。"以下是张振鹭述黄显声告诉给他的话。

一块银圆向天“打卦”

原来，当张学良证实了杨、常两个人的阴谋以后，经过了两三天的考虑，却不知如何处置的好。直到出事了这天的下午，杨宇霆阴错阳差地忽然给张氏打来了一个电话，说他准备在下午四点钟，同常阴槐省长一起来见，要和他谈谈。

杨宇霆这个人，身体矮矮胖胖的，上半身生得特别长，下半身就显得格外的短小，他坐在椅子上，双脚时常悬在空中摆来摆去，因此有人说，这是主贱之相，似乎注定了横死的命运！

另外也有人说，杨宇霆这个人虽颇有才干，但就他被杀这件事而论，他自己确实有“取死之道”。据谭海事后透露，自张老将军死后，杨宇霆根本没把张学良看在眼里，他每次同张氏见面，都是大言不惭地指摘张氏左不对，右不对，气焰之盛，常使张氏受不了。他这次和常荫槐一起来看张氏，在言谈之间，又和张氏顶撞了好一阵子，使张氏难堪之极，终至使张氏忍无可忍，拂袖而起。

张氏气呼呼地回到内室，脸部苍白，一言不发，在无可发泄的情形下，只好抱着老帅的牌位，号啕大哭一场！

黄显声和谭海这时已被召回府了。谭走进内室，亲眼看到张氏哭了一阵，又见他跪在地上，拿着一块银圆向天打卦，也真是巧得很（据说张氏跪下卜卦的意思，是暗中祷告天地，杨、常二人该死则为阳面卦，不该死则为阴面卦），银圆为阳面。

这个时候他便住了哭声，整了整衣服站起来，当面交代了黄显声和谭海，要他两人负责处决杨、常的任务。

当时张氏向黄、谭两人说：“我已经证实杨宇霆和常荫槐两人联结一起，图谋不轨！我命令你们两人，现在就到小客厅里面去，把他们两人当地执行枪决，执行之后，速来回报。”

黄、谭两人奉命后，立即走了出来，除派人把杨、常带来的卫士先解除武装外，他们两个就每人手里拿着一挺手提机关枪，站在楼梯上，用一阵乱枪，居高临下，把杨、常两人当场击毙在小客厅里沙发椅子上。

张振鹭讲完了这段故事，还特别给张学良加上一个评语，说他“有担当、有魄力”。

吴铁城手腕灵活

我在前面已经说过，在张老帅被炸身故以后，各方面派在东北的大员很多，他们的主要目的，都是想来争取张学良的合作。但论起作风来，各方代表却各有各的一套手法。

先说阎锡山的代表赵戴文，赵氏在山西做过省长，山西人的节俭是有名的，赵戴文到奉天来只带了一千银圆的旅费，连吃带用，两三个月下来，所余也就有限了，这个时候正赶上张氏三十六岁的寿辰，据说赵氏连致送一笔寿礼，都得向太原去电请示。这种寒酸相，还谈得上什么对外交际和拉拢。

邱斌是冯玉祥派来的代表，他只带来五百银圆，景况比赵戴文还差，他住在商埠地一家小旅馆里，每天都是省吃俭用地维持着，更说不上对外展开交际工作。

两广的代表刘震寰虽比较好一些，但也说不上什么从心所欲和挥金如土。

其中唯有中央派来的吴铁城不一样。据说吴氏在临到东北来的时候，带了一个交通银行提款的折子，只要他认为有价值的用款，不限制数目，可以任意支取。气魄之大，一时无两。

这时各方面来到奉天的代表，有的人是光杆儿一个人，有的人也只是带一两名随从人员，只有吴铁城带来的有随员、有秘书、有译电员、有副官，阵营强大，俨然是一个小型的“外交代表团”的姿态。

吴铁老这次住在张氏招待他的一家宾馆里，一到傍晚，这里常常是宾客如云，东北的大员，除了张学良本人外，几乎都成为吴铁老座上的嘉宾，参谋长荣臻、省长臧式毅、师旅长王以哲、何柱国、工兵司令柏桂林、辎重兵司令牛元峰、屯垦督办邹作华、财政应长张振鹭、机要秘书朱光沐、电话局长康瑞符、军长胡毓坤等，都是每天必到的客人。

当张氏寿诞这一天，张本人老早就跑到北陵别墅避寿去了。我们一群部下，自然也是追踪而往，我记得就在这一天早晨，我同谭海副官长正在北陵别墅大门口眺望风景，看见吴铁老坐着一辆汽车，远远地从城内风驰电掣而来。

他到了门口，先同我们两人打招呼，这时他看见了大门上悬挂的还是五色旗，便笑着对谭海说："这旗子是谁挂的，告诉他们赶快向上拉一拉，喜庆的事，怎成了下半旗啦！"老实讲，我同谭海站在这里很久，都未曾注意到这个问题，一被吴铁老指了出来，都觉得有点不好意思！

由这件事看来，可以说明这时吴铁老和我们的关系已完全打成了一片，到了无话不说的地步，彼时东北虽未改悬青天白日满地红的国旗，但东北的未来动态如何，已经可以从这件小事上看出来了。

"易帜"会议喜气洋洋

张氏寿辰过后不久，为了东北的易帜问题，张学良还特别召开了一次会议，以听取大家的意见。但谁都知道，这时的东北易帜，已成定局，所谓会议，不过是一个形式而已。

张氏这次在会议席上说："自从老帅归天以后，我认为老帅被害这件事，虽是我张学良的家仇，但也是我们的国耻！日本军人为什么必须要把老帅置诸死地？说穿了，还不是因为老帅有强烈的爱国心，不肯做日本军人的走狗以出卖国家。刻下经过我长久时间的考虑，我觉得我如果想要报仇雪恨，就必须拥护国家的统一，你们大家都是追随老帅，和同我共事甚久的袍泽，我希望听取你们宝贵的意见。"

张氏的开会词说完后，我当时曾暗中察看了一下与会各人的神色，见大家的面孔上都是喜气洋洋的，没有人显出不同意的样子。

沉默了一段短时间，屯垦督办邹作华站起来说了几句话，他说："各位先生！总司令对杨宇霆、常荫槐处置的内幕，虽已公布，但其中杨、常最主要的一项罪名是：'勾结敌国，破坏统一。'当时考虑外交上的因素，并未对外公开，我今天特别把他提了出来，为的是使大家明了总司令拥护政府统一的决心。"经过邹作华一解释，就是内心里有点疑虑的人，此时也不便表示异见，立刻会场中的空气，又显得沉默起来了。

参谋长荣臻此时却站了起来说："各位如果对总司令提出来的意见，和邹督办补充的报告没有意见，大会就按照总司令的指示去执行了。倘各位有持不同见解的，请现在发言。"可是，在会议席上，并没有任何人提出反对的意见。

这次会议以后，张氏立即采取了左列三项重大措施：第一，立即下令取消东北自行宣布的"东北保安总司令"名义。第二，立刻通电声明悬挂青天白日满地红国旗，拥护政府统一。第三，同日宣布就任中央所任命的"东北边防司令长官"职务。东北易帜问题，就这么完满达成了。

北洋官场现形记最后一幕

薛观澜

近来作者文思索然，且复记忆力锐退，即从前身历其境之事，亦竟无从着笔，前尘如梦，洵不虚也。本篇系作者回忆录之一，此一部分包括北洋政府崩溃之前夕，可谓民国十六七年北京官场现形记，形形色色，极富幽默。其中掌故较有价值者，系述伍朝枢夫人被张宗昌逮捕之经过，当时伍朝枢适任南京国民政府外交部长，故此事当时曾轰动国际，列为头条新闻。伍夫人现仍侨居中国香港，观澜则为此案内幕人物之一，迄今事隔三十载，观澜所能记忆者，亦仅此案之轮廓而已。

国民革命军势如破竹

回溯民国十五年夏，段执政（祺瑞）被冯玉祥胁迫下野。继之，冯又被张作霖、吴佩孚、张宗昌、李景林、靳云鹗五路围攻，逃亡苏俄，旋经徐谦介绍入国民党。此时吴佩孚与张作霖言归于好，唯张氏独为北方之主宰，吴氏坐镇武汉，部下离心，犹再实之木，其根必伤。适逢唐生智在湖南逼走赵恒惕，自任湘督。吴乃助赵攻唐，唐即投降广州国民政府，此为国府开始北伐之良机。时蒋介石爰于民十五年七月一日下动员令，测其方略为打倒吴佩孚，联络孙传芳；暂且放弃张作霖。用离间之法，采各个击破之战术。吴佩孚为北方唯一良将，拥兵十万，坐镇中原，大有可为。惜有轻敌之嫌，自率劲旅北上，全力对付冯玉祥。殊不知彼时困处南口之冯，早如瓮中之鳖，仅以奉张之力，即足以消灭之，而大敌当前者，实为南方革命军也。

按国民革命军出师之后，半月之内，遂克长沙、趋武汉，北廷震惊。吴佩孚再自北方率援南下，以疲师与国民革命军苦战于汀泗桥。而当时之五省联帅孙传芳，昧于情势，竟图收渔翁之利，坐视不救。蒋先生既得两湖，乃先发制人，夹击江西。继定闽浙。至十一月中旬，孙传芳退至吴兴，无可再退，始只身赴天津，乞援于张作霖。孙氏即在津参加所谓“讨赤会议”，所谓“讨赤”也者，实指当时之革命军也。

先是张作霖设“安国军总司令部”于北京顺承王府。观澜曾在机要室服务数月，其中组织散漫之至。张老帅喜熬夜，整个下午为老帅昼寝时间，吾辈不敢高声，老帅好睡，可比美国柯立治总统。当时僚属之中，最有服从心者为义威上将军张宗昌。至于行藏毫无检点者，首推副官长杨毓珣，他敢当面说：“老帅真是朽木不可雕也。”老帅亦未喻其意。他又敢对张汉卿说：“你凶什么？你还不是靠你老子张作霖。”老帅初闻革命军浩荡出师，心中不安，第三军团原是奉军的基本队伍，因在河南作战失利，早无斗志。故张氏父子竭诚愿与革命军谋和，张且自称为中山先生之老友。唯杨总参议宇霆对此反对甚烈，易帜更非所愿。张宗昌图保两省地盘，故亦表示反对。观澜当时以安国军外交参议之资格，曾正告杨氏曰：“内战最失人心，但与革命军妥协，恐为日人所不容耳。”迄今思之，此系现实看法，观澜未为失言。

政局如麻　共产党风起

迨孙传芳来归，张老帅大喜过望，勇气陡增，遂命张宗昌、褚玉璞南下，布防沪宁。革命军猛将白崇禧则沿沪杭铁路北进，白得海军总司令杨树庄之援助，逼近上海。上海工人便衣队在闸北起事，竟将张宗昌部下健将毕庶澄包围缴械。民国十六年三月下旬，白氏遂接收上海。继之南京亦告失守，此时国民革命军军事进展虽极顺利，然后方政治却甚混乱。至是年四月中，清党委员会成立，国府始正式宣告迁南京，下总攻击令。迅克徐州，进窥山东，孙传芳部狼狈北窜，同时冯玉祥东出潼关，豫陕两省入其掌握。阎锡山自称北方革命军总司令，与奉军激战于平绥线。

如上所述，奉军形势险恶已极，为振作人心起见，张作霖爰于是年六月十六日被推为陆海军大元帅，下辖孙传芳、张宗昌、张学良、张作相、吴俊升、褚玉璞、汤玉麟八个军团，约四十万众。而能上前线者，只靠孙传芳与褚玉璞二十万人。噫！甚矣惫。

唯一肥缺直隶交涉使

观澜默察当时民众心理甚为微妙。夫孙传芳仍系军阀作风，自命不凡，然其为政，稍具社会思想。于是，江浙两省有口皆碑，由此可知吾国为政之易，亦见人民要求之低。至于当时革命军纪律尚佳。沪宁易帜，皆获安然渡过，民众并无恐慌心理，此殆北伐军所以成功，而昔义和团与太平军所以失败欤！盱衡北方民众，浑浑噩噩，更甚于南方。平津人民对于内战消息，懵然无知。知识分子佥谓自古战略，由西东下，成建瓴之势；由北而南，成破竹之势。

张大元帅就职之后，政府全面改组。观澜外放直隶交涉使，仍兼安国军外交参议之职。此一兼职对我有拯溺功用。

先是安国军总司令部因筹饷事急，命观澜遄赴保定，辅助褚玉璞，将官产旗产一律变卖，以充军糈。观澜当时年轻无知，担任此事，实有不合，诚以筹饷固属要图，然而地方公产岂可恣意变卖，迄今思之，追悔无穷。按《辛丑条约》规定各省设交涉司，以直隶省居首，首任交涉使为王克敏。在晚清之际，曾由北洋大臣李鸿章亲定章法，唯有直隶交涉使，特授头品顶戴，俾与外国使臣分庭抗礼，位居布政使之下，按察使之上。故民初祭孔大典，礼备三献，乐成七均，以省长祭孔子，政务应长居右祭孟子，交涉使居左祭曾子。但于政府授勋典礼，则以交涉使领衔，居政务厅长之上。我初不知直隶交涉使系北方唯一肥缺，等于苏松太兵备道系南方首屈一指之肥缺，此因交涉使兼任全省会丈处总办，职掌税契之事，以天津租界内田地房产之买卖为大宗收入，观澜于交涉使职务交卸之时，曾将海洛因粉四大柜移交于后任苏体仁。但苏卸任时并无交代，此系韩人贩毒，没收所得。

奉军将领的荒废生活

褚玉璞闻观澜调任交涉使，甚为满意。唯国务总理潘复知此为优缺，故出面阻挠。当外交总长王荫泰提出国务会议时，潘复攒眉不快云："历任直隶交涉使皆重应付日本，薛某系美国留学生，恐不相宜。"王答："此系杨总参议（宇霆）意思，目的在尽速收回英租界。"潘氏无语，毕竟将案搁起，王总长以电话问我："你有八大山人画轴否？"我说："没有。"王说："好啦！我来替你送一幅给潘总理罢，哈哈哈！"观澜当时如坠五里雾中。不久，王氏调司法总长，我往道贺，王氏适入浴，竟使我坐候一小时，王为北方官吏之中最开明者，犹有官僚习气，奈何！国人一做高官，性格随变，贤如顾维钧（少川），是我老上司，我到总长室见他，他必做出看公事模样，佯装不理，待我走近桌边，始起寒暄。上司之中无官僚作风者，只有罗钧任，全系书生本色。王亮畴亦无架子，令人起敬。他如段芝泉、徐又铮之辈，虽无架子，威不可测。

当民国十六年夏秋之交，徐蚌已在革命军掌中，孙传芳部败退山东，北军前线端赖褚玉璞与徐源泉挣扎于徐州砀山一带。褚徐两人当时皆隶直鲁联军，实非奉军嫡系。奉军将领则麇集于北京孟公府韩麟春邸，每日征歌选美，意态逍遥，张宗昌穿中装，张学良穿军装，手持马鞭，二人兴致最浓。杨宇霆昕夕办公，永不参加。孙传芳卑躬屈节，心事重重，然其赌术最精，收获不菲。褚玉璞貌寝而家有美妾，目的只在赌博，在场美女视彼为瘟神。杨毓珣深染奉军习气，骂人“三字经”脱口而出。总理潘复则态度蕴藉，貌如潘安，最得神女之欢心。宪兵司令王琦俨若跟班，专拉皮条，令人摇首太息！

侏儒褚玉璞骁勇善战

某夕，这一群奉军高级将领在韩麟春邸大赌牌九，张宗昌坐庄，叫观澜坐在门下，他说天门包输。我因不善赌，只押上交通红票十元一纸，寒酸之极。宗昌当场拂然曰：“得啦，你请开罢！俺情愿赔你十块钱。”幸而潘复为我解围。他说：“薛交涉使不会赌牌九，并不是触你霉头。”顷之，赌局大开，赌注惊人，庄家张宗昌拿着一副“别十”，乃是“虎头”和“红九”；孙传芳在天门竖旗杆，出入浩大，一摸也是“别十”但是“长三”和“板凳”。孙雀跃大叫：“这是吉兆。”张说：“好！既是吉兆，俺也输得服帖。”循察二人之意，实指龙潭之役，必告成功，因此快意当前，益坚孙氏背城借一之心。

褚玉璞系侏儒，身高五尺二寸，体重一百十八磅，在乡孝母，且谙技击，故为张宗昌所器重。褚氏识字无多，形同乡曲，然其声如洪钟，口才便给，显达之后，居然满口新名词，演讲滔滔不绝。故貌虽粗犷，人实赡智，论及北方之勇将，褚固首屈一指。如李景林、姜登选、靳云鹗、刘玉春、傅作义之俦，皆不能望其项背。民十三年第二次直奉战争之前，齐（燮元）、卢（永祥）又起冲突，奉张派李景林、姜登选、张学良、郭松龄、张宗昌分五路入关。宗昌时拥绥宁镇守使虚衔，急于表功，乃在绥芬河盲目战争，褚玉璞受伤得升团长。当时张宗昌系奉方客军，下皆白俄残部，张作霖不加信任，阴谋解决之，定计先调宗昌移防辉南，令与第一猛将李景林部隔蚱蜢河作秋操，张作霖亲临观阵，意谓景林必胜，然后以不能作战之罪解除宗昌武装，不料演习之际，褚玉璞身先士卒，率宗昌部乱糟渡河，李部节节后退，一军皆惊，作霖愕然，回顾杨宇霆曰：“这个矮子许能战胜正规军，咱们正在用人。”于是立委李景林为第一军军长，张宗昌为第二军军长，共同布防山海关。期年之后有南口之役，褚氏以旅长躬冒矢石，双方炮火曾震聋其耳云。

杀人魔王终被人活埋

褚玉璞满面皱纹，横肉深刻，相书指为“杀纹”。故褚氏一生，杀人无算，长芦盐运使韩君，在会议席上，竟因饷项关系，被褚当场拔枪轰毙。观澜有一次遭遇险恶，亦不亚于此，事缘褚部因军饷支绌，褚氏从妾父宋云同之言，欲假全省税契，追溯以前买卖当事人，令其一一补缴税款。我以领事团为后盾，拒绝此议，此固大有造于河北民众者也。褚督办为之怒不可遏，以双手擢发，猛挝其头，詈观澜曰：“凭你一言，断送军饷四百万，该当何罪？”语甚严峻，财政厅长任师尚亟拉予袖，一同退出签押房。厥后予诣签押房谒褚，唐副官长必站褚背后，预防其拔枪也。此诚骇人听闻，事却千真万确，迄今思之，观澜当时若非杨总参议宇霆所保荐者，必不能免杀身之祸矣！

褚玉璞虽性情暴戾，不得人望，然平心而论，彼以直隶督办身份，犹能身先士卒，躬冒矢石，为奉方火中取栗，与革命军东路司令何应钦、白崇禧相拒十八个月，试问北方芸芸众将，谁能及之？如褚氏者，可称忠孝无亏，盖小眚不足掩大德，修国史者，辑掌故者，尚其鉴之哉。褚氏始终无投降之心，最后退至胶州，作困兽之斗，被刘珍年所杀，或云枪毙，或云活埋，刘乃张宗昌部属将，不战而降革命军者。按：褚生前置妾四人，其中二人与沪伶私通，幽会于津租界内国民饭店，一系海派京剧名旦赵君王；一系二路须生刘汉臣。不料东窗事发，刘被褚玉璞活埋而死，赵伶适赴北京游览，幸免于难。张恨水所著《啼笑因缘》，疑即影射此案。厥后褚亦活埋而死，岂非天理有循环乎！

孙军入徐州迟了一刻钟

按张作霖于民国十六年六月就位大元帅时，内有阎冯蠢动，外受革命军之追击，大元帅正感彷徨无计之际，忽接报告，谓革命军武汉政府已经发令，自河南撤兵，并高唱“东征”口号，以驱蒋为目的。于是津浦路上之革命军，不得不向南撤退，此诚革命政府自杀政策，奉军既得喘息机会，遂由张宗昌、孙传芳联合反攻，克复徐蚌。孙自前线凯旋抵津，即“刘先主之得荆州”亦不足以喻其喜。当时观澜担任第一军团（即孙氏所部）与总部联络事宜，因此大招直鲁联军张宗昌、褚玉璞之猜忌。孙传芳扬扬得意，谓观澜曰：“蒋介石是俺唯一对敌，此人胆识，诚不可及，庆父不除，鲁难未已，我们且慢些庆祝，此番俺进徐州，只差一刻钟即可生擒蒋介石，当时俺真气得发昏之第一章！据说蒋是最后一人退出阵地，蒋的部下劝他从容逃走，他都不听，敌人遂得保全实力，依计撤退。”澜按：孙氏谈吐甚隽，诚如彼言，其部下行军，若能争取一刻钟，民国历史必须整个重写，而蒋之大勇大智，与孔明借东风时初无二致，亦即《三国演义》所谓“一气周瑜”也。

国民十六年八月十四日革命军总司令蒋中正令辞职，返奉化。国民政府顿失重心，大江以北复入北京政府之掌握。褚玉璞时任前敌总指挥，在徐州以西之砀山奏捷，直鲁联军乃乘此机会大事庆祝，举行于北京那家花园。京剧名伶余叔岩即因此次演戏受辱，愤而辍演。在彼心目中，军阀视老伶工，曾不如北里名花，此而可忍，孰不可忍！

杨宇霆专车过天津一幕

在一片祝捷声中，孙传芳脑筋较清，彼知蒋之去职，实予北政府收复失地唯一机会。故于蒋公辞职旬日之后，孙即发动攻势，以三万五千人潜入龙潭栖霞山一带，于八月二十六日乘雾渡江，成破釜沉舟之势。何应钦、白崇禧率第一第七两军应战，陷于苦斗，孙军甚锐，而革命军幸赖海军陈绍宽率舰助战，在江中发炮，绝孙传芳后路，北军犹挣扎一周之久，孙始溃奔临淮关。此为南北双方最称剧烈而有决定性之一战，可谓“二气周瑜”。

孙传芳狼狈回津，其残部留在鲁东，大成问题。当是时，张老帅以闷气难消，回驻沈阳。杨宇霆接踵而往，路过天津，孙乃嘱我向杨氏先容，约在车厢晤面。迨杨之专车到达天津东站，杨未下车，穿一套劣质西装，站在公事桌前，邹作华、于芷山等皆戎装站立杨氏两厢。孙传芳则姗姗来迟，已过约定时间犹未至。杨邻帅（杨字邻葛）不悦，吩咐立即开车。我说：“孙已起程，请稍待片刻。”杨说：“好！再等五分钟。”于是，目不转睛，注视其手表，五分钟瞬息即逝，孙犹未至，我又说：“孙馨帅说有要事，请督办不要教他失望。”杨氏负气说：“他的鬼八卦我都知道，你可代表我跟他接洽好啦。”我无奈，匆忙下车，已见孙氏汽车风驰电掣而至，专车已嚅嚅动矣。孙只摇头叹息，并无怨言。

张老帅为人大事不糊涂

我与孙氏同车返其私邸，我说：“杨督办接到老帅急电，是以兼程而往，下星期即可回来。”孙开口即说：“薛参议！我有何面目见江东父老？”言时欷歔不置。我答：“江浙人士对于联帅之感情，可说始终不渝，此番咱们吃亏在海军之手。”孙说：“岂但如此，就是陆军方面，布置亦并不合理，直鲁二七两军团与少帅三四两军团若能助我，作犄角之势，则一鼓作气，何惧广西军队？敌之海军究属有限。”孙馨帅又说：“广西军队虽善战，然体力不充，装备欠佳，士兵皆穿草屦，且远路而来，亦惫甚矣，天丧予！天丧予！”观澜闻之，感慨良深。夫龙潭之役，为北洋政府生死关头，可惜文武官员掉以轻心，将领之间，尚闹情绪，此时若倾全力，决一死战，则津浦、沪宁两线，可一举而收复之，人谋不臧，此之谓也！

以上观澜追溯往事，旨在分析当时显要人物之心理作用，首述张老帅，高高在上，善于将将，小事糊涂，大事不糊涂，既遇劲敌，无心恋战，只图保住关外，以贯彻其“大奉天主义”。但为日人暗中把持，不许轻言罢兵，遂使老帅进退失据，最后且因此殉难而死。少帅张学良，似乎小事精敏而大事糊涂，凡事做了再说。彼所统率第三四方面军，为奉派精锐之师，乃北洋政府安危所系，故少帅所负责任，实大于杨宇霆。然有客至沈阳，只知有杨宇霆，不知有张学良，此亦时人之错觉也。时人又不知学良所率军队，早为当时左派人士所渗透，迄在豫省受挫于唐生智、李宗仁之后，渠与部属已早无斗志，且求和之心最亟，渠见冯玉祥屡次倒戈，皆获实利，不禁油然而生忻慕之心，故其一生作风，全师冯氏之故智，良可慨也！

张宗昌是刺宋教仁凶手

按张宗昌一生逸事甚多，民初武士英狙击宋教仁于上海北站，张宗昌系帮凶之一，此其自承不讳者。澜按：刺宋（教仁）一案，系当时国务总理赵秉钧面嘱洪述祖主其事，洪为内务部秘书，即编剧名家洪深之父。渠命应桂馨购凶行之，尤以一万元为酬，应以千金使武士英动手，武又以五百元分给张宗昌，因张善枪法，能左右手并发。张显后，不讳言，首枪中宋教仁左腹者，实为彼所发。厥后宗昌任李纯部下之团长，继充冯国璋之侍从武官。冯李既殁，张更潦倒，爰于民七请缨，协助攻湘，大败而归。孑然一身，后曾西走洛阳，吴佩孚不予收容，遂至沈阳见张作霖，老帅聘为高等顾问，适逢奉军在关内大败，杨总参议（宇霆）姑命宗昌赴哈尔滨招兵，宗昌以是感激杨宇霆。无何，宗昌抵哈，张长官焕相适为孟恩远之甥高士傧所逼，勉予宗昌步枪五百支，宗昌大喜，立即纠集白俄八百名，一鼓作气，向北冲去。宗昌部队只抛几枚手榴弹，高士傧所部竟不战而溃，退至绥芬河，宗昌遂膺绥宁镇守使之命。迨第二次直奉战争，张宗昌与褚玉璞大显身手，二人寖寖大用矣。宗昌乃打着“山东人不打山东人”口号，大收直系残军。自是厥后，宗昌一帆风顺，拜领兼圻，晋位上将军，因此大招张少帅之忌。迨吴佩孚东山再起，张作霖当面呼吴为二哥，亲热非常，暗中则深予掣肘。张少帅尤钩心斗角，谋夺吴佩孚之地盘。唯宗昌大唱拥吴论调，李景林和之，宗昌特派熊炳琦赴汉，欢迎吴大帅回鲁，宗昌愿改为鲁军，服从命令，此亦长腿将军十足够味之处也。

吴大帅与张老帅之会见

观澜忆起民国十五年六月间，吴大帅抵北京，下榻于王怀庆公馆。张老帅率郑谦先至王宅拜会，吴降级迎。翌日吴率张其锽至顺承王府还访，张亦降级而迎。吴下车即见“紫气东来”四字直条，吴氏昂首，凝视有顷，观澜在旁颇为老帅汗颜，而老帅神色自若也。是日吴张义结金兰，喜气洋洋，摄影之际，吴张端坐前列，宗昌、学良站在二人背后。唯摄影师良久无动静，吴大帅坐着等拍照，连打呵欠，若不耐烦。原来学良用手做“忘八”姿势，悄悄放在张宗昌头上，宗昌不觉，觉后宗昌伸起巨灵之掌，抠学良手心。大概京剧中的《乌龙院》与《梅龙镇》二剧，二人看得太多之故。其时张老帅略一回头，吓得二人假装正经，“拍”的一声，摄影告成。鲁督张宗昌与直督褚玉璞随递两份门生帖子与吴大帅，帖系山东状元刘春霖所写之馆阁体，吴大帅逊谢，改送两份兰谱。澜按：上述吴张聚首之一幕，曾经吴之代表张其锽与张之代表郑谦在津筹商二月之久，吴初不愿晋京，张亦不肯先拜吴氏，吴欲颜惠庆组合，张说：“颜曾将我通缉，何颜为总理乎？”由是观之，吴张合作，系经导演，非心愿也。

北洋军人居安不能思危

观澜以为：张宗昌与褚玉璞，可与为善，可与为恶。二人皆极聪明，而患学识不足，迨居高位，骄奢淫逸，不能居安思危，常为宵小所包围，由于谄媚者众，渐与忠实部下脱节。盖自袁项城起，北洋政府之执政者，皆坐此弊，言之可长太息者也！唯张褚二人，皆孝于其亲，忠于其上，叛逆二字，非彼等所知，故于北洋军阀之中，愚对张褚二人，评价极高。夫张褚待我甚薄，观澜之言，绝非徇私，彰彰明甚。但就我所阅历，在北洋军阀中，最称忠心者，允推徐树铮与杨宇霆二人。回忆第一次直奉战争，奉军既溃，土崩鱼烂，幸有参谋长杨宇霆在滦河赶搭浮桥，残部始获渡河整编，此乃杨氏投奉第一功。张作霖知旧军无用，此后专练新军，始重用杨宇霆。夫张既以国士待杨，而杨亦以国士报之，忠贞不贰，固其宜也。然杨对于张学良，亦尝矢忠不渝，死而无怨，此杨思想顽固，观澜则以为“不值得”“无意义”。盖学良自始以“陪臣”豢杨，至终以“家将”视杨，爱之欲其生，恶之欲其死，而杨心理，则视奉督一席俨为张氏世袭之职，故对小张处处回护，以尽其愚忠，良可哀也！

有震主之威无戒备之心

观澜未至沈阳，在天津任职之时，即遭杨督办（宇霆）一度申诫，我对杨说：“汉帅（指学良）僚属是我至亲好友者甚众，自我追随督办之后，昔之至亲好友，对我即起戒心，我觉汉帅部下与督办部下俨然划有一条鸿沟，彼此心境愈来愈左。……”措辞未竟，杨即正色诰诫观澜曰：“你要晓得汉卿从小坐我膝上，骑我背上，我和汉卿历来不分彼此，心情一致，尔等切勿庸人自扰。”我唯唯，但心中暗想：“你老是开口汉卿，闭口汉卿，当面汉卿，背后汉卿，人家是否愿意，你都茫然无知！”自是厥后，我见闻愈多，然当杨氏之面，不敢直言矣。我对徐总司令又铮，可与直言相谈，对杨则不能，此因杨氏学问稍逊，坐是主观太深，误事大矣。

夫张汉卿有锄杨之意，远在民国十一二年，正当杨氏势力高张之秋。迨汉卿之副手郭松龄暗中勾结冯玉祥，事前征得汉卿之同意，所标榜者为撵走张作霖，杀却杨宇霆与姜登选。郭氏之倒戈虽失败，而张汉卿诛杨之意益坚，此为彰明较著之事，几乎路人皆知，而杨不知不觉，犹处处回护汉卿，此因杨督办昕夕办公，言不及私，无人敢直言也。老帅既殁，汉卿继位，观澜曾谓王荫泰曰："杨督办有震主之威，而无戒备之心，自古威能震主者，祸必及其身，吾公职位崇高，理应警醒杨公，俾获善处一切。"王总长仅云："老兄所说震主二字，可圈可点。"吾是以知王总长亦有难言之隐也。由上观之，大人物左右若无直言敢谏者，大则亡国，小则丧其元。

张学良继位果然露锋芒

观澜所云"杨对张汉卿矢忠不渝"，事亦有征，澜闻张老帅在皇姑屯惨死之后，亟辞交涉司职务，迂回赴沈阳，路过大连，获晤"关东厅"下村长官。澜问："老帅殒亡，何人继位，君有消息否？"下村答云："林特使（林权助男爵）与内田总裁（"南满铁路"总裁内田康哉伯爵）皆曾主张以杨宇霆督办继任，亦唯杨督办有收拾残局之能力。"澜按：日人素来尊敬杨氏，且知张汉卿早与左派通款，且有易帜之企图，故日人愿为杨氏后援，无可献疑。当是时，奉军有新旧两派，旧派只知锦上添花，善于事后附和。新派则以杨宇霆为首领，久握奉方之实权。此际杨若出面争取领袖地位，颇有成功希望，诚以当时日人在关外究有举足轻重之势。同时张汉卿精神不济，万难胜任。且自郭松龄叛变后，汉卿之信誉毕竟大为降落。不料杨宇霆与汉卿同车，由锦州遄返沈阳时，二人竟在车中抱头痛哭，信誓旦旦。杨下车即发表宣言，竭诚拥护张汉卿，领袖问题于焉解决。

迨张学良登台后，锋芒不可一世，杨始踌躇不安。回想历年轇轕，能无不寒而栗。从此杨宇霆采取消极态度，退藏于密，不问政事。吾辈至其私邸，彼亦不与谋面，唯彼每日宴请王荫泰、吴晋、翁之麟、朱文黼、罗文干等。愚亦叨陪末座，菜肴甚丰，地点在沈阳最佳酒楼，杨仅偶尔列席，观澜至今不明其用意。杨或雄心犹在，因此益招他人之忌，亦未可知。今夫少帅个性，向来欺善怕恶，倚势凌人，故杨氏葳蕤自守，适足以速其死而已。当时少帅吸毒，澳人顾问端纳反对最烈。少帅诱杀杨宇霆之后，即告端纳曰："我率第三军团，在河南打硬仗时，我父亲麾下有一大将，即杨宇霆，他劝我打吗啡针，今日思之，他实不怀好意。"洋人信之不疑，此语可十足表示少帅之人格，吾故叹息而言之！

张作霖口中的"老总统"

兹论杨宇霆一生之功罪：对于国家则功少而罪多；对于奉系则功多而罪少。若修一部《奉军志》，应以张作霖与杨宇霆二人事迹为一经一纬。溯自小站新建之军，分裂为皖系、直系、奉系、晋系及国民军之后，杨宇霆个人之重要性，实不亚于吴佩孚与冯玉祥，举凡北洋政府之重要决策，常操于兹三人之手。唯杨举措较为隐秘，例如梁士诒得任国务总理，王荫泰飞升外交总长，即系杨宇霆所推荐。如上所述，杨之发迹，在"搭浮桥"与"编新军"两事。故于第一次直奉战争，杨氏不负惨败之责任。厥后杨在军事上且有三大奇功：其一为第二次直奉战争，与孙中山、段合肥三角联盟以破吴佩孚；其二为南口之役，联吴以驱逐冯玉祥；其三为大凌河之役，借重关东军以歼灭郭松龄。按杨氏之策，无非远交近攻，能以机智取胜，有足劭者。然杨最大功绩，不在军事，而在对日交涉之得体，此诚当时奉方当务之急也。

杨氏派观澜至天津，予觐见张老帅请训，老帅不谈公事，句句皆属私事，他说："民国四年老总统（指袁项城）唤我进京，我想以一区区师长，唤我进京，必定是拿问我。你想京兆尹王治馨是老总统最得宠的，只因拿了人家五百块钱，老总统就将他枪毙了，我所以要求老上司雷振春陪我保我，方敢觐见，就在这怀仁堂，老总统接见我，我非但不害怕，反觉老总统可爱极了。临时还赏我挂表一只，哎！人家做总统，才有帝王之相呢！”弦外之音，是他若居总统之位，苦无帝王之相。我见张学良时，陆军次长杨毓珣在一旁尽开玩笑，杨每遇见我必唱“猛虎下山要吃人哪”（余叔岩派《汾河湾》剧词），常使我为之笑啼皆非。我见杨宇霆，杨只寥寥数语曰：“对日外交最关重要，日人最重感情，故宜未雨绸缪。”予韪其言，当时日驻天津总领事加藤外松，君子人也，予以小女认彼作义父，因此感情甚洽。杨谓观澜曰：“老兄不谙日语，不无吃亏。”予答“不然，日人喜以英语会话，又讲不好；愚以英语与彼周旋，可占上风。”杨氏点首称是。然自蔡公时被戕之后，日人已揭开其假面具，于是双方心地摩擦，渐至不堪收拾。

杨宇霆一生最恨冯玉祥

杨宇霆律己甚严，与烟赌皆无缘，言不及私，治事最勤。徐树铮任奉军副总司令时，杨任参谋长，徐乃深器重之，盖二人作风相同之处甚多，故惺惺相惜耳。夫杨有超人之智，霸国之资，独惜主观太深，近于刚愎，虚怀之气，亦自不免。伊生平最恨二人，即冯玉祥与孙传芳也。彼若不能消灭冯玉祥，宁解职归田以谢国人。其恨孙传芳，程度稍差，当伊奉命督苏，正在耀武扬威之秋，孙乃兴兵五路，突施袭击，继以追奔逐北，毫不留情，实予杨氏一生以最大打击。按孙能屈能伸，有大丈夫气，唯其城府太深，令人难以捉摸。洎乎投奉之后，孙固委曲求全，对杨执礼甚恭。杨则始终貌合神离，时或不假辞色。愚在一旁，老大不平。然闻张学良加害于杨之后，孙竟拂袖而去，大不谓然，阶斯为观，孙亦振奇人也。

陈孝威先生前为《春秋》半月刊撰文一篇，题为《张汉卿错杀杨宇霆》。内容精彩，大旨如次：宇霆荫槐既被诛，学良悔恨交集，绕室彷徨，莫知所措。军政厅长荣臻首先入见，力称：“少帅有魄力，有决心，做得对，杀得好。”吉林省长张作相闻讯踵至，婉责学良曰：“除却这种手段外，难道没有其他手段可以替代吗？”顷之，秘书厅长郑谦至，见学良而顿足大骂曰：“中人反间计，而自毁长城，抉吾目悬诸南门，以视敌兵之入也！”卒因刺激太过，不及回庐，中风于路上而死。未几孙传芳自大连至，学良恸哭告之曰：“我今日放一大炮。”翌日传芳不辞而行，既抵津，耸肩语人曰：“好够厉害的大炮！”澜按：荣臻之徒皆属骑墙派，只知逢君之恶。张作相素以忠厚长者著称，然旧派人物过于迁就现实，益使学良肆无忌惮。常荫槐系老帅所识拔，夙具干才，死得冤枉！郑谦卓尔，体正心直，民国十三四年，伊与王瑚、陈陶遗先后为江苏省长，三人皆有清廉之名，其处学良与宇霆间，不能于事前弥缝其阙，此非郑谦之过也，何则，张杨二人皆懻忮予雄，有马士英之风，故僚属无能为力，抑鲠直之士亦无法可施。

祝捷堂会戏·苦煞老伶工

回溯民国十六年四月初，汪精卫自法回国，抵沪即与共产党总书记陈独秀发表联合宣言，国民政府内部分裂，宁汉双方相持不下，蒋介石下野，直鲁联军乃乘此机会，夺回徐蚌，至双十节前，褚督办（玉璞）自前线凯旋回京，直鲁两省文武官员特在那家花园举行祝捷大会。盖蒋下野，不啻为北京政府之续命汤，吾侪心情愉快，自不待言。祝捷大会之日，演堂会戏，戏提调为宪兵司令王琦，做事不择手段。尚未入席之时，京剧名伶余叔岩与钱金福、王长林、裘桂仙等联袂而至，这几位名角既相偕而来，不问可知其戏目必为《琼林宴》（即《打棍出箱》）。叔岩前在袁云台家当差，愚与过从甚密，彼此影形不离者逾十易寒暑。未几，杨小楼携其外孙刘宗杨亦至，名伶毕集，独缺梅兰芳。此时刘宗杨不过舞勺之年，因时已投暮，惫不能兴，小楼频以扇柄猛挝其光头，宗杨假寐知故，予亟止之。小楼喟然太息曰：“说也可怜，他刚唱完夜戏，小孩子顶不住啦！”吾知小楼心中怏怏，第慑于威势，不敢不来耳。

是夕筵开五桌，愚与张宗昌褚玉璞同坐一起，各人背后坐一堂差，侑酒之外，唱曲助庆。杨小楼与余叔岩亦坐我等背后，与名妓红情、绿意、亚仙、爱之花等比肩，杨余面发赪，踧踖如辕下驹，妙在其他角色如小翠花、钱金福之辈，尚无坐在席边之资格耳。我坐席上，五内如焚，窃思杨余两位老伶工，非但艺术盖世，抑且率性清高，而今辱没至此，将难为颜乎？叔岩瞥然眴愚，愚会意，不待散席，乘座间武夫得意忘形之际，挈叔岩扬长而去。无何，杨小楼仍无法摆脱，愚意慊焉。我送叔岩回家，默坐车中，彼此不交一语。叔岩知我如此作风，委实不顾一切，差幸是夕堂会草率之至，褚玉璞不懂戏，张宗昌则只知豪赌，亦无心听戏，彼等对余叔岩、梅兰芳二伶之缺席，狂狂若已忘也。

余叔岩受辱从此不登台

既至椿树下二条胡同“罗田金寓”，叔岩怃然为问曰：“二爷！今天你拼着乌纱不要了。”我则问叔岩，梅兰芳今晚何以不到？叔岩说：“人家精灵得很，他诿称赴津演剧，实际逃往汤山去了。”予闻言，不禁感慨系之，深觉捧梅之人士，最有脑筋，叔岩虽有二三益友，得力不多。至于杨小楼得友之助，更属微乎其微。当时叔岩见我闷闷不乐，乃乞灵于留声机，以资欢娱。叔岩曰：“此我新灌《战太平》中《头戴着紫金盔》一段，调属二黄正宫，要算我的唱片中最好一张了。”此可证明余叔岩辍演之时，嗓子异常结实，我聆唱片后，谓叔岩曰：“近来你的嗓音越唱越好，真是可喜之至！”叔岩缄默半晌，忽而引愚至其卧室套间，拨开电灯，正色谓愚曰：“您看这些青花瓷器和鼻烟壶，都是先君（指余紫云）留下的。此外盐业银行尚有存款六万余元，足够我半生温饱，我今心如止水，此后决计不再唱戏了。”予矍然惊视叔岩曰：“是何言哉，是何言哉！君之前途，若初日之未央，现今军阀习于骄恣，世人莫不睚之，此曹尚足置胸臆哉！正宜一笑置之。”叔岩攒眉曰：“吾意已决，息壤在彼，吾岂肯再在伧夫之前出乖露丑哉！”吾知叔岩心高气傲，不能受刺激，遂事不可谏，从此叔岩杜门息辙，毅然摒绝一切舞台生涯矣！

伍夫人被捕英领事抗议

正当北洋政府军事得利，张宗昌得意扬扬之秋，伍朝枢夫人忽有北上游览之举，掀起轩然大波。伍朝枢时任南京国民政府外交部长，伍夫人一行十数人既被逻者所逮捕，大有生命危险。盖当时北京政府乃坚决反共，对于国民党与共产党固视同一体者也。予与伍氏伉俪素不相识，伍夫人为香港爵绅何启之女，今之启德飞机场即由香港政府命名以纪念何启者也。戊戌政变之前，何爵士特撰《新政真诠》一册，献于光绪皇帝，内凡主张七端：一曰择百揆；二曰清贿赂；三曰废捐纳；四曰宏学校；五曰昌科学；六曰行选举；七曰开议院。如何氏者，要亦当时忧国志士之一也。

民国十六年九月某日，英国驻津总领事杰美生爵士访愚于交涉公署，渠当先祖庸庵公驻英时，尝在中国使署研习汉文，故予以“老伯”尊称之。然此公戴单照眼镜，老气横秋，常喜面折张（宗昌）褚（玉璞）两督办，故予对渠感情平常。当时我二人以英语对话，约如下述：

杰：阁下见过伍廷芳博士否？

我：见过一两次。

杰：阁下认识伍朝枢博士否？

我：不认识。

杰：君知伍夫人已被天津秘密警察所逮捕否？

我：完全不知，但天津没有秘密警察。

杰：伍夫人一行二十余人，系从南京到天津，夫人现押在军警督察处，事态严重无比。（澜于事后始知，伍夫人一行并无二十余人之多，夫人同伴皆属女流，内有亲属数人。装束不一，有穿洋裙者，有御旗袍者，唯敝全体皆剪短发，故巡逻者一见即疑为共产党。当夫人一行路过济南，暗中已受监视，后抵天津，徜徉市中，遂被宪兵所拘捕。当局者初亦不知其为敌方外交部长之夫人也。）

我：此事确属严重，但不在我职权之内。

杰：军警督察处本有“森罗殿”之称，凡羁押在内者，大部不获再见天日矣。敝国总领署原不欲过问此事，但为人道观念，不得不提抗议觉书（言时即从袋内取出觉书）。

我：何以关人道观念，我不明白？

杰：伍夫人被囚，今已第三日矣，彼心脏素弱，偶一听到囚犯惨呼之声，几乎魂不附体，而最无法忍受者，乃三日之内，夫人竟未如厕一次，盖斗室之中只一土坑，坑外几无隙地。且室门常开，门外站岗二人，若须如厕，只能赴田野间，且在二卒监视之下。今以夫人高贵身份，此事必不可能，据医生说，此种情形若予延长至三日之久，生命必无保障，君意云何？

我：我乃百分之百同情于伍夫人，我必尽力拯救之，然此事不涉外交，请老伯收回觉书。

杰：褚（玉璞）督办现在前线，此事除与吾君交涉外，实无他法。

我：褚督办不在天津，此与伍夫人大大有利，我当尽力干去，然因种种人事关系，恐无确切把握耳。

大元帅帽子压倒上将军

英总领事既满意而去，予召秘书主任金元植。金系韩人，据说是北洋大臣袁世凯所亲委。金君闻悉之后，大不谓然。伊云：“公与张褚两督办关系如此微妙，尚欲多事乎？”予嗫嚅无语。适有名士邵瑞彭来访，邵系国会议员，诗词两绝，昔因暴露曹锟贿选而得名，伊闻伍夫人之事，力主观澜不可游移，伊云：“君若出尔反尔，非但失信于人，英人且笑我全无人道观念矣。”予意遂决，立即晋京，四小时后已与外交总长罗文干晤面矣。罗系粤人，饶有胆识，伊云：“争取时间，綦关重要，君可速晤潘总理暨杨总参议，今日适开国务会议，予当吩咐李锡之（外交部总务科长）为君缮就呈文一件，即以英领之言为根据，缮就即由李君代兄携往国务院，会议席上予可负责。”谈毕罗公出大厦，送予上车。彼一生从未以上司自居，此固伟大之表现。

予至潘宅，见潘馨航，请其疏通张宗昌，晓以利害。盖潘张二人交谊最密也。予见杨总参议，只须寥寥数语，伊对部属无不信任者，予谓此事与内政、外交、军事、司法四大前提，皆有关系，杨无异辞。于是，予呈外交部，由外交部转呈国务院，经国务院定夺后转呈大元帅府，即由帅府发令“将犯人移交外交部特派直隶交涉员，审问之后，呈报一切，以凭核夺。”如上所述，一切经过，未按正常手续，因办此案实与时间竞赛，抑亦后果重大，层峰未尝不知，此事欠妥之处，即以大元帅帽子硬压张上将军（指宗昌）。

张宗昌来急电言所欲言

予返天津，即携公文至军警督察处，处长厉某不肯交出犯人，伊云：“且等上将军命令。”两日之后，命令始至，然在此数日之内，关于伍夫人之待遇，已有改善，情势显见好转，此乃英总领事之功德也。张上将军之命令，即系致予急电一通，张果大发雷霆，电文积千余言，极嬉笑谩骂之能事，开头即云：“人言伍廷芳系令先祖得意门生之一，此贵特派员所以苦心孤诣以支持其家人也。”又云：“人言伪外交总长之妻系粤省巨富之长女，此次携巨款北上，实欲煽动人心，以利反攻，贵特派员亦有所闻否？”此后接连十几个如何如何“唯贵特派员是问”。最后还来两个“该特派员”，以示严厉申饬之意。唯张督办究属豪爽之辈，索性将伍夫人交我看管，但若犯人逃走，则“该特派员不得辞其责”。又若犯人真系共产党，则“该特派员不得辞其责”。严格而论，特派员并非督办之属吏。

伍夫人赴天津为了省亲

我凭张督办来电，始将伍夫人接出军警督察处，此殆潘总理疏通之力居多。伍夫穿绛色旗袍，身材瘦小，态度娴静，可谓广东妇人之典型。交涉公署建筑巍峨，共有洋楼四进，我将伍夫人安顿于最后一进，我则住在第三进。伍夫人饮食起居，皆由内子亲自照料，警察厅长常之英问我：“要加警站岗以资戒备否？”我说：“不必。”我问伍夫人曰：“你们为什么来到天津？”伍夫人谓其母夫人住在天津，此来无非省亲而已。我始恍然大悟，我说：“我若早知此项关系，公事还要好办得多。”伍夫人说：“此行原想游览北京颐和园与故宫博物院。”我说：“不必了，等天下太平再说罢。”夫人颔首称是。伍启老夫人特来致谢，我说：“不必，现要想法，乘褚督办未归，请张督办从速释放。”

双十节观剧几酿大风波

伍夫人在我后室小住匝月，杳无音信，中外记者亦几淡忘此事矣。至双十节国庆之夕交涉署例须设宴，邀请各国使领与武官，且有剧团助庆，署内本有戏台一座，颇具规模，是夕艺员登台者，忆有刘宝全、白云鹏、何质臣、元元红、吴铁庵、尚和玉、薛凤池等。伍夫人喜观京剧，当由内子陪同看戏，端坐一隅。褚督办妾父宋云同时任政务厅长，见此大不谓然，几又掀起轩然大波。正在此时，予接到来函一件，封面赫然有“上海地方法院”字样，此系该院院长郑毓秀所寄出，内容略称：“外交部特派江苏交涉员郭泰祺现已内调外交次长，阁下系南方人，家在无锡，愿即归来接任郭职，切勿迟疑不决。”函中对于伍夫人事，并未提及，予阅竟大惊失色，因此系军事时期，此函须经过济南，若被张宗昌部下拆开检查，我命休矣！厥后我与郑女士在沪晤面，郑亦自认鲁莽，但彼责予“不会做官”，以致错过机会。

小花瓶一对作永久纪念

一日潘复总理召予进京，潘云：“关于伍梯云夫人一案，张督办已尤网开一面，拟予罚款四十万元，此属限最低限度。”予答：“此事万不可行，徒使张督办负不义之名。”潘乃耸肩微笑，以示无可转圜。予辞出，往见国务院秘书长夏仁虎，恳其疏通潘氏。夏之资格甚老。伊云：“此事不知效坤（宗昌别字）又听哪一个小子的谗言。”总之，几经风波，煞费唇舌，伍夫人始获无条件释放，但已羁留四十余日矣。夫人临行之日，予乃代表北京政府，深致歉意。伍启老夫人对我落泪，送我银制小花瓶一对，以作纪念。她老人家说：“你是清官，所以我送的礼物只值四十元，人家就更无话可说了。”予感其意，至今不忘。

窃按伍夫人幸运之好，洵属不可思议，当伊被释后，不到旬日，褚督办已自前线归来，褚闻妾父宋云同之言，对我措施，大表不满。褚于进京之后，即严厉地参我一本，谓我在津“人地不宜”。此案提出国务会议时，司法总长王荫泰发言云：“薛某是我任外长提出任命的，人地不宜四字，我不承认，褚蕴山说国庆之夕奏国乐时，薛某竟未率先起立，这是不可能的，薛任外交官多年，并随徐又铮周游数十国，难道褚蕴山懂得此礼而薛某反不懂吗？”褚之提议，遂成泡影。此乃王孟群亲告观澜者。

事隔卅一年前尘如梦幻

宦途险巇，往往如此。民国二十年予在家乡守制，伍朝枢、陈策等三人抵锡，专访观澜。予雇杨家灯船以欢宴之。伍陈二公劝我至南京当差，我婉却之，二公即偕观澜同至上海。当是时，正值“九一八”事变之后，汪精卫之改组派与西山会议派助陈济棠，合力攘外。于是，宁粤议和，内定汪为行政院长，汪因参加大世界共和厅之“四中全会”而抵沪，下榻于戈登路观渡卢，此即伍氏私邸，梯云先生引我进见汪先生，汪先生说话，神气十足，语气之间，带些天真色彩。他问起袁云台（即克定），我答：云台曾至无锡，畅游湖山，彼除研究德文与光学之外，世事早已不挂怀抱矣。

以上所述为伍朝枢夫人获释经过，报章杂志从未注销，唯因事隔三十一年，其中曲折，观澜不复尽忆矣。

济南惨案中的一个插曲

民国十六年八月蒋介石下野之后，革命军顿呈群龙无首之象。翌年元月，宁汉合作，蒋介石复出，任北伐全军总司令，部下改编为四大集团军，于民国十七年四月上旬发动总攻击，蒋介石自率第一集团军，由津浦路北上；冯玉祥率第二集团军，由平汉路北上；阎锡山率第三集团军，自平绥路及平汉路西，作侧面攻击；李宗仁率第四集团军，与冯军会合。各路直指北京，此役成功关键，端在回避日人之挑衅，设若心中有所忿懥，则革命之局无成矣。当时第一集团军长驱入鲁，先败许琨，收复济宁。五月一日，王栋败绩，济南失守。许王二军长即张宗昌部下之哼哈二将也。许王既垮，张宗昌无能为矣。于是日人悍然称兵，在济南残杀蔡公时，革命军乃撤至济南城外，与日兵相持一星期之久。蒋令部下渡河前进，直指德州、沧州，若稍犹豫，即中日人诡计矣。

当日人攻占济南之后，日本驻屯军司令新井幸次郎中将，立即在津向北政府提出强硬要求，欲从津浦路运日军三千至济南，以期“惩膺”国民革命军，予即援引《辛丑条约》，抵死力争，日人衔我次骨，威吓利诱，无所不至。我告杨总参议曰："此事关系国家命脉，此风一开，则列强援以为例，后患何堪设想！"无何，双方正在相持之间，交通总长常荫槐忽奉张大元帅手谕，亲至天津总站，料理日兵开拔之事，差幸兵额减至五百名，已属敷衍性质。予之抵死力争，尚非徒劳无功。不久，革命军攻克马厂，大元帅感觉大势已去，随下密令，凡简任职以上实缺文武官员一律准备，退出关外。当时吾等心情沉重，虽处混冥之中，并无与革命军妥协之意。

直隶督办公署一片凄凉

当阎锡山的第三集团军傅作义部抵津之前四十八小时，张宗昌狼狈不堪，宿于直隶督办公署，侍卫尽撤，僚属谒张亦不用传达。其左右只有予与褚玉璞、吴光新三人，跬步不离。此种现象，令人难以置信！张之老师刘春霖来过一次，未发一言，刘系山东状元，前任教育厅长。新任直鲁联军军长张敬尧来过数次，同进午餐，此人双目含血丝，毫无用处，然在皖系执政时，段总理视彼为当代骁将，授为湘督，以致引起吴佩孚不平之鸣。其他直鲁两省文武官吏，踪迹全无，甚至帮办直隶省军务之徐源泉，亦不知去向，皆弃张宗昌褚玉璞如敝屣矣。嗟乎！势之所集，从之如归市；势之所去，弃之如脱遗。世风然也！

张宗昌穿浅色西装，领带甚为注意，风度仍佳。唯因失眠，两目浮肿，已失威棱。褚玉璞仍穿三星上将制服，端坐张宗昌之侧，执礼甚恭，唯垂头丧气，如斗败之鸡，此公与革命军作战，已代奉军支撑一周年矣。论将才，南方将领如何应钦、白崇禧、刘峙、贺耀祖、方振武等，皆优于褚；若论义气与勇气，则褚可膺冠军之选无疑矣。吴光新穿蓝袍马褂，神采奕奕，伊为张宗昌义兄，情谊素笃，此人宅心忠厚，可与共患难者也。曩昔段执政为冯玉祥所困扰，不得下台，即由吴光新出面，保驾赴津，吴实疏通张宗昌，事始有济。

张宗昌自挝其头骂该死

午饭后，张宗昌覆一军用地图于客厅地毯上，遂与吴光新蹲伏地上，熟商逋逃之计，起死回生，已不可能矣。吴光新问宗昌曰："许琨的十万兵到哪里去了？王栋明八万卒又在哪儿去了？"宗昌忸怩而对曰："弟兄们带枪逃回原郡去了。"吴乃戟指詈张曰："效坤！你真是天子第一号糊涂虫，你为张雨亭独力支撑一年多，傻气真够瞧，试问奉军军团干些什么？……我单质问你，革命军攻打山东，你的二十多万军队，跑到哪里去了？到如今，还要研究军事地图，来不及啦！目下还剩多少兵卒，一个是一个，咱们自己收拾起来，再作计较罢。"宗昌悔恨交集，连说："我张宗昌该死。"言毕，自挝其头不已。

澜按：张学良早想妥协，自愿易帜，张宗昌则浑浑噩噩，一时颇欲利用日人，以固其圉。唯宗昌素具忠义之忱，绝对服从张作霖，故予对宗昌，亦有绝对服从之心，不忍舍旃。厥后宗昌拟率徒众，退出关外，竟为张学良所峻拒，此乃奉方有负于宗昌，而宗昌可告无罪于奉方者也。

患难见交情·临别洒热泪

如上所述，张吴二人在地毯上察视地图之后，暂时得一解决办法，即将残部撤至冀东，稍获喘息之机会。此时予璩一桌，权充秘书而兼副官，为张褚整理文件，应付外事，驻津之各国总领事与武官，齐来探听消息，亦有表示愿助张褚者。荷兰总领事王尔德意尤诚挚，予谓张褚二督曰："至不得已，吾等应随大元帅出关，无须仰求外人之庇护也。"吴光新闻言，深以为然。予穿西装，领带歪斜，宗昌亲手为愚拨正之。译电之顷，予襟染香烟灰，宗昌躬目为愚拂拭之。此时宗昌颇有忏悔之心矣。褚玉璞知予拒绝傅作义之邀聘，谓宗昌曰："危险时候，文的比武的可靠！"宗昌无言。

观澜想起最后两天，我与张宗昌之间，前嫌尽释，无所不谈。临别之顷，不觉悲从中来。然吾在天津任职交涉使一年有余，张褚二督自始即以奸细视愚也。张宗昌说我私通革命军，由于囚禁伍朝枢夫人一案，认为我是对他捣蛋。褚玉璞怪我讨好杨宇霆，又说我阻挠税契之事，使彼饷糈无着。处兹惊涛骇浪之中，吾得安全无恙，只能说是奇迹而已。吾尝切悲张宗昌，人极聪明，粗通文墨，风云际会，不可一世。惜其得意忘形而无贤辅，不能顺时而谋，卒招破败之重灾，生为世笑，死为愚鬼，不亦哀乎！顾宗昌一生虽多惭德，然忠义二字，当之无愧。予于一篇之中，三致意焉。且自其失败以致被害于韩复榘，数年之间，张宗昌伈伈睍睍，未受日人之利诱，所作所为，尚无愧对国家之事，可谓知耻近乎勇也矣！

张作霖炸死·北洋政府沦亡

津济既失，北京震动，张作霖居怀仁堂，进退失据。统兵大员，相视褫气，奉军三十万，局蹐关内，而日人犄其后，装弹弓，布陷阱，鹬蚌相争，彼乘其敝，张氏处此，信亦危矣！非独力屈道穷，亦将无路还乡，因循至十七年六月二日，张大元帅不顾日人反对，出走关外，六月四日终被日人炸死于皇姑屯，北洋政府遂告沦亡，故郑重书之。六月五日，革命军第一集团军已抵马厂，六日冯玉祥之第二集团军到达南苑。

先是阎锡山之第三集团军自晋攻入直隶省，五月底已克保定，对北京包围势成，奉军撤退山海关，革命军爰于六月八日接收北京。十一日接收天津。按白崇禧率第四集团军，集中新郑一带，旋助阎军取保定，驻京津附近，当革命军接收京津后，张宗昌与褚玉璞仍率残部，盘踞冀东，蒋公遂令白崇禧组织右路军，沿北宁路从事扫荡，白系“真将军”，迅即克占开平、唐山，褚乃退窜鲁东，无路可寻矣，然无投降之意。当是时，张学良所率奉军，对革命军早无敌意，故白崇禧好整以暇，与奉军相持经月，双方仅隔山海关，迟至九月中旬，革命军始占滦州。

树倒猢狲散·天津成死市

自大元帅遇难之讯传播至津之后，风声鹤唳，谣诼繁兴。或疑日人蠢动在即，咸云阎冯火并，势所必然。此时天津“三不管”地带不断发生劫案，金刚桥断绝交通，驻津各机关首长早已销声匿迹，唯予仍守岗位，直至九月间始卸仔肩，遭遇之奇，得未曾有。诚以观澜职司外交，地位比较超然，因《辛丑条约》关系，革命军不能入租界，亦未便贸然接收天津。美国总领事高思以领袖总领事资格来见观澜，祈勿擅离职守。六月二日，第一集团军次于沧州，蒋总司令之代表蒋作宾特派邵参议瑞彭来见观澜，嘱愚负责到底，留任不成问题。此时南京国民政府外交部长仍属伍朝枢。观澜郑重声明，决无恋栈之意，但尤暂留一时，以待伍部长派出后继之人。盖津埠冲繁疲难，不能一日无外交人员也。

官场如戏场·自叹是庸才

当革命军顺利接收京津后，冯玉祥即派何其巩为北平市长。阎锡山与傅作义为天津警备总司令。阎冯原有金兰之谊，为争平津地盘，双方竟作殊死斗。观澜介于期间，困难重重，傅作义人极坦白，伊欲拜会各国总领事，特地召我至督署，我不肯去，且谓来使曰：“我不能于上一星期陪张督办去见各国领事，下一星期又陪傅总司令去见，外人将笑我无骨气，傅总司令亦失面子矣。”迄今思之，观澜年轻任气，真庸才也。无何，阎公妹倩薄君来见观澜，对愚出处，提出两项办法：一、留任交涉司；二、专任总司令部外事处长。观澜皆敬谢不敏。直至九月中旬，后继无人，观澜心焦，于是一面登报声明，旬日后愚当挂冠而去；一面致电伍朝枢部长，恳其从速派员接替，畴知登报之后，南京外交部暨阎冯双方，各派一人，阎公所委苏体仁首来索印，我不肯交出，阎公即下令通缉我，措辞相当严厉，然我行藏如常，每日乘车自小白楼袁宅至河北交涉公署，照常办公，并未遭逮捕，亦奇事也。官场如戏场，宁不信然。

北洋成败纵横谈

射陵外史

北洋系指海疆而言

世人动曰："北洋政府、北洋军阀、北洋系（派）。"笼统称之曰"北洋"，本文亦遂因之，究竟北洋之定义何由解？其范围何所指？而名称何自昉？似不可不考其原始，加以诠释；然后本文方有所傅丽，分别论列；虽似费辞，抑亦掌故之一端也。

查北洋系南洋之对称名词，而洋又海洋之通称，其始本由于与外人通商。清廷于同治五年，加两江总督（辖今江苏、安徽、江西，驻节南京）以五口通商事务，授为南洋通商大臣；嗣于同治九年，又加直隶总督（辖今河北，兼巡抚，驻天津，冬季封河，移驻保定）以三口通商事务，授为北洋通商大臣。此为北洋一词，见于明文之始；盖当时仅指海疆而言，而非泛指北方地域之称也。

自民国元年而后直至民国十七年，国民革命军北伐完成期间之北京政府，完全恃北洋军队之武力控制国内；故谥之曰"北洋军阀"（太史公曰："功有五品……明其等曰阀，积日曰阅。"阀字本系美称，今成恶谥，意盖谓其把持军队，如阀阅世家也）。今欲论列其成败，姑先溯述其渊源：

北洋六镇与袁世凯

自发、捻既平，曾文正（国藩）以危疑而裁湘军；甲午战后，李文忠（鸿章）忧谗畏讥，淮军亦不复振。袁世凯本受知于李鸿章，但自朝鲜归国，李已不便保荐；因即夤缘步军统领（一称九门提督，相当于今之首都卫戍总司令）荣禄，奏保袁在天津迤南之小站督练新军；将“定武军”七千人改编训练，逐渐扩充，名曰“新建陆军”。时袁之职衔，仅浙江温处道耳。荣禄寻复以兵部尚书、协办大学士节制北洋陆海军，增练新军；盖袁实利用荣以掌握练兵大权，而荣禄亦恃袁之新军以见重于清廷；两者正如狼狈之相依，宜戊戌政变中之谭嗣同见拒于袁也。

光绪三十年，始划一军制。在北京设“练兵处”，总理全国练兵事宜；各省设督练公所，分掌各省练兵；又定军区制，全国成三十六镇（实际上只成立二十六镇，终有清之世，并未完成）；每镇（相当于师）辖步兵两协（旅），协辖步兵两标（团），每标步兵三营，每营四队（连），另骑兵炮兵各一标，工兵、辎重兵各一营；计每镇一万二千五百人，相当于国民政府之甲种师；当时在北洋辖下精练已成之军，分布如下：

第一镇：驻京北一带。

第二镇：驻保定、永平一带。

第三镇：驻奉天（今辽宁，后驻南苑，即民元袁氏嗾使兵变，借口不赴南京就职之部队）。

第四镇：驻马厂（在天津迤南，即后来段祺瑞马厂誓师之所）。

第五镇：驻山东济南、潍县一带。

第六镇：驻北京南苑（一部驻石家庄，统制吴禄祯被刺后，始为袁用）。

以上共七万余人，即当世所称之“北洋六镇”，亦即袁世凯取得总统之最初本钱，更是后来形成所谓“北洋军阀”之基本部队也。

鼎革后的南北形势

从辛亥起义，到孙大总统让位袁世凯，撤销南京临时政府，改以黄兴为南京留守。这时南方形势，并不弱于北方，只因党人内部，一派过于天真，对袁估价太高，一派过于激烈，对袁逼迫太甚。故初步失败，有如下之原因：一、孙、黄两派，意见不一。二、忽视南方庞大之实力，不能联合调整运用。三、过分重视政权，争取国务总理席位，致逼出“毁宋酬勋”一幕。四、对名义上首义之领袖黎元洪，侮弄太甚，致令变节投袁。五、辛亥让袁，对其估价太高，未免处处失着；癸丑二次革命，又未免估价太低，以致孤注一掷，授袁以平乱借口，此为最大之失算。凡此皆为世人所共见，而为民党所讳言；不知尔后北洋势力之完成，与夫袁世凯之敢于称帝，乃至扰攘十数年历经护法、护国、北伐各役，徒苦吾民，均缘始基之坏阶之厉也。今姑分述当时南北形势之比较如次，庶不河汉吾言：

南方形势

一、江苏。首长为南京留守黄兴，卫戍总督徐绍桢（原第九镇统制），江苏都督程德全（原江苏巡抚），上海都督陈其美，镇江都督林述庆，扬州军政分府徐宝山，淮安军政分府臧在兴。原有军队：第九镇驻南京（世称“南洋第九镇”，人才辈出，声名赫奕，因徐固卿起义犹疑，遂不能与北洋并驾），二十三混成协驻苏州，十三混成协驻清江浦；此皆清室部队。民军改编为章梓、陈之骥、洪承点各师（队号记不清）驻南京，章驾时师驻苏州，冷遹师驻徐州，沪军第十师（由都督府参谋长黄郛兼师长，蒋介石任团长），徐宝山亦号称一军；这是京沪一带的实力。

二、湖北。原有首义之第八镇及黎元洪所统之二十一混成协；后扩充改编为八个师，师长为石星川、刘佐龙、黎天才、黎本唐……（记不全）等。

按以上宁汉两方面形势，恰如一对蟹螯，在南可以屏蔽大江以南；对北可以控制淮黄以北。所以癸丑（二次革命）发难，袁氏以全力派张勋、冯国璋取南京，段祺瑞、王占元取湖北；惜党人不能和衷共济，早固吾圉也。

三、浙闽。浙江原有步兵一协，及本省军队三个师，甚完整；师长似为童葆暄、周凤岐、吕公望。都督朱瑞，后附袁。福建都督孙道仁，晚清本已成立第十镇，唯装备尚未齐全。

四、两广。广东都督胡汉民，有清室最后成立之第二十六镇，唯未齐全；另有水师；此为民党策源地，瞬已扩充民军甚多。广西都督王人文（似为藩司被推戴者），清室亦曾在桂成立第二十五镇，不完备。

五、云贵。云南都督蔡锷，原任步一协协统，另有陆军第十九镇。贵州都督唐继尧，本蔡部；贵州贫瘠，仅有步兵一标（团），后扩编黔军甚众。

六、赣。江西都督李烈钧、安徽都督柏文蔚，皆癸丑发难之人。江西原有步兵一协，安徽有步兵二标，马、炮各一营，均改编扩充。

七、湖南。清室原编有步兵一协、炮一营，都督谭延闿，辛亥汉阳之战，曾派出王隆中师，隶黄兴部下对抗冯国璋军作战。

八、四川。原有清室成立之第十七镇。熊克武驻守重庆，为革命中坚。尹昌衡任都督，在成都剿哥老会（袍哥），川西较为纷扰，川人虽志在本土，无意向外，然尚不失为南方之强也。

综观以上情形，南方在咄嗟之间，取得晚清训练有成之部队，可谓得天之幸；如果把这些部队整理起来，以一部分守本土，一部分备调遣，其势真不可侮；措乎癸丑二次革命一役，均视若秦越，无一被发缨冠出兵相救者，一盘散沙，可慨也夫！现在让我再谈谈那时北方的形势：

北方形势

一、山西原有步兵两标，阎锡山首先独立，任都督，复成四个旅，以商震、张培梅、赵戴文、孔繁蔚分任旅长。阎潜沉独运，以三晋四塞之地，东可以控制幽燕，西可以屏障秦陇，实为民党在北方之砥柱；此为袁氏卧榻之侧，难吐难茹之一种力量。

二、东三省方面：张作霖羽毛未丰，原驻奉天（今辽宁）之第二十镇，已由统制张绍曾在滦州独立（冯玉祥即其部下）；其他如吉林之二十三镇，奉天之第一混成协，新民府之第二混成协，皆在关外训练，并非小站嫡系；且有清室余孽，隐怀观望之思。

三、陕甘新方面；陕西都督张凤翙，有步兵一协；甘肃张广建，有步兵两标；新疆杨增新，有步兵一协。此皆僻在西陲，对于中原，率以大势为依归；所谓“看风头”也。

四、袁氏自始所能确实掌握者，实只布防直、鲁、豫三省之北洋六镇耳。

二次革命气走黄兴

就此两种形势比较以观：则南方擅江海之利，据财富之区，得方张之民气，有练就之师干，人才众多，幅员广大；如此得来之易，宜懔缔造之艰。对于袁世凯，应采虚与委蛇态度，以观其变而养其恶；对于黎元洪，应尊重其首义之功，以讳其短而固其心；对于黄兴，应发挥其留守职权，奉为南方执政之领袖，以团结各省整顿军队。乃不此之图，置偌大地盘，而不知励精图治，反集中全力于北京政局，日从事口舌之争；纷纷扰扰，不切实际。袁氏则反是，以其敏捷手腕，安抚黎元洪，卵翼张作霖，刺杀吴禄祯，温慰阎锡山，内调张绍曾。巩固东北，安定中原，然后暗杀宋教仁，以消灭政敌，激怒民党；而民党果坠其术中，发动癸丑二次革命，予袁以讨伐“乱党”之借口；所谓授人以柄，失计之大者也。

宋教仁案发生之始，中山先生及陈其美力主速战，并促南京独立；黄兴则反对用兵，主静待法律解决；而箭在弦上，已非黄所得主持。于是陈其美以上海发难于前，李烈钧、柏文蔚以赣皖独立于后，孙先生并欲亲赴南京，结果仍由黄兴前往；不旋踵间，张勋、冯国璋大兵压境，章梓（时任第一师师长，最为孙所信任，曾直接檄其独立）何海鸣等无法撑持，遂致全盘瓦解。自此袁氏底定长江，成北洋统一之基，仅两个月耳（民国二年七月初至九月底）。

此后黄克强即愤而东渡，并反对孙所拟改组之“中华革命党”，陈其美曾以四千言长函加以疏解；孙先生亦续致一函，于婉劝之中，多指摘之语；黄氏皆未置覆；旋于民五偃蹇以殁，年才四十四，盖终未与孙合矣。微闻黄氏临终对子弟有“勿参加革命，勿入仕途”之嘱，是其于二次革命之鲁莽从事，革命事业之功败垂成，遗为憾何如耶！

中山先生致黄兴函

余于此所以不惮繁言者，实以北洋势力之长成，乃拜癸丑二次革命之赐；一九五九年一月份余曾在香港《天文台报》写《黄克强外传》，对此记载较详，兹摘录中山先生致黄克强函，借资印证：

> （上略）前由英士沥陈近况，迟迟未得还云，甚怅甚怅！……癸丑之役，文（孙氏自称），主之最力，所以失败者，非袁氏兵力之强，实同党人心之涣。犹忆遁初（宋教仁）死后之五日，英士、觉生（居正）等在公（孙对黄之尊称、以下同）寓所讨论国事及遁初刺死之由；公谓民国已经成立，法律并非无力，对此问题，宜持以冷静态度，而待正当之解决。时天仇（戴传贤）在侧，力持不可，公非难之至再；以为南方武力不足恃，苟获发难，必致大局糜烂；文当时颇以公言为不然，公不之听。及其后也，烈武（柏文蔚）、协和（李烈钧）等相继被黜，静山（闽督孙道仁）观望于八闽，组安（谭延闿）反复于三湘，介人（浙督朱瑞）盘踞两浙而分南方之势，以掣我肘；文不胜一朝之忿，乃饬英士奋起沪滨，更檄章梓倡义金陵；文于此时，本拟亲统六师，观兵建康；公忽投袂而起，以为文不善戎伍，措置稍乖，贻祸匪浅，文雅不欲于兵戈扰攘之中，启兄弟同室之阋，乃退而任

公。公去几日，冯（国璋）、张（勋）之兵，联翩南下；夫以金陵帝王之都，龙蟠虎踞，苟得效死以守，则大江以北，不致闻风瓦解；而英士、惕生（纽永建），亦岂致一蹶不振？乃公以饷绌之故，贸然一走，三军无主，卒以失败。尧清（即章梓）、海鸣（何海鸣）难为善后，而如火如荼之民气，于是歼灭无遗。推原其故，文之非欤？公之咎欤？固不待智者而后知之矣。……（下略）

宋教仁之死与民国

观此函可见事前对于法律解决与宣告独立之争持，及事后对于失败责任之诿卸，见仁见智，晓然纸上。夫独立岂足以屈服袁氏，必须准备战争。言战争则宜有完备之计划，诸凡：敌我之估计、军队之集中、饷械之补充、统帅之任命、意志之统一，与夫南方各省之态度，皆应事先考虑；岂是一室片言，而可贸然从事。且以一人之死，而以国家为孤注，其代价毋乃太高！总缘辛亥成功太易，遂于癸丑掉以轻心！吾于克强先生，实佩其见解之远大，而悯孤掌难鸣，与夫遭际之周章焉。

民元冬，段祺瑞解散保定军校第一期全体同学一千六百余人，宋教仁与各省都督代表出而解决纠纷，时余奔走其事，曾于北京西河沿中西旅馆（宋那时寓此）与宋数度接触，对其热心毅力，未尝或忘。后此每过沪北宋园（宋葬此），辄想其以一身之死，竟引起南北之兵争，于是想及其一身之生，将否能启国家之偏废？当袁氏组府之始，即拟畀宋以某部总长，在袁老于政途，对此新人物，已算刮目相看，何不小试牛刀？乃党方必欲以责任内阁属之宋以凌袁，于是袁乃忌之深而必其死矣。夫以诸葛之贤，尚未尝于东吴政权，一思染指；盖不特个人恐遭吴忌，且虑先主难获吴援也。一个书生，即令天才卓绝，仍恐经验无多；充其能力，富其阅历，敛才以养望，小就而大成，上之上也。为宋计，何不以谦冲态度取袁之信而因势利导，以入于正轨；退一步想，又何不辅助黄兴留守，收拾大江以南之局面，保有此半壁山河，以徐图完成革命。盖南方势力一日存在，北洋军阀即不易长成；尔后之帝制，更谈不到。吾故曰北洋之成就，二次革命为之也。

自昔中国大势，在成败绝续之交，完全依当前之形势为转移。形势盛者，则如风卷残云，所向无敌，大有不战屈人之概。形势一去，虽有百万雄师，而败者败，逃者逃，降者降（美其名曰“靠拢”），观望者观望，其能终始不渝，抗志成仁者，曾不数数觏。半世纪来内战各役，其最后胜负之分，皆不出此轨范；盖不独癸丑一役为然。外人不明就里，往往重视现实，坐失事机，此其观察之错误，实乃东西心理之不同也。

北洋军阀极盛时期

自刺宋教仁案发生，长江三督（江西李烈钧、安徽柏文蔚、上海陈其美）仓促独立；南方各省，既未询谋佥同；江左一隅，亦无充足准备；于时鄂督黎元洪、浙督朱介人（瑞）输款于袁，闽督孙道仁、湘督谭延闿反复观望；云南、贵州、广西、四川皆作壁上观，不予响应；只广东胡汉民、重庆熊克武（熊驻渝，以川东所辖独立，成都之尹昌衡，未予合作），通电独立，然亦一纸空文，无助于长江下游之战局。

袁项城（世凯）觑定南方之一盘散沙，无能为役；乃以泰山压顶之势对南京，调虎离山之计对湖北；一面以段祺瑞率王占元之第二师威胁鄂军，诱送黎元洪入京，坐拥副总统虚名，而以王占元督鄂，遂不费一弹，而轻取鄂州；一面以张勋之定武军，与冯国璋之第一军（由清末之禁卫军改编，即辛亥攻汉阳、焚汉口之部队，冯任该军总统官，清制军长称总统也），攻取南京。金陵城中，主将出走，一国三公，饷糈不继，后援无望，终致全部崩溃。盖自是而长江上下游两大名城，尽入北军之手。虽有陈其美挺峙于上海，纽永建死守于吴淞，而强弩之末，孤掌难鸣，其终于失败也，盖早已注定于发难之先矣。

嗣是不二年间，北洋势力，逐渐推进于南方各省。除冯（国璋）部在宁，第二师驻鄂外。又以郑汝成（留英海军出身）率海军一部，及杨善德之第四师，为淞沪护军使。郑旋被刺，杨善德与卢永祥、何丰林继之；杨复取伐朱瑞，与卢永祥先后督浙。李纯以第六师督赣，倪世冲以安武军督皖，张勋以长江巡阅使率定武军坐镇徐州。李厚基以海军及北军一部，与第十四师师长帮办军务杜持，控制福建（杜字志远，浙江青田人，陈诚入保定第八期，即为其所保送；后以电袁建议军民分治，被明令斥为军人干政，予以免职处分）。至此苏、皖、赣及闽、浙所谓东南富庶之区，全入北军掌握。对于西南方面，袁项城知滇督蔡锷之不易与，乃将其调京位以经界局督办虚名，而以黔督唐继尧督滇，刘显世督黔。另以汤芗铭督湘，佐之以后起之猛将第七师师长张敬尧。两广方面，则利用酋长式之土军阀龙济光、陆荣廷，供其驱策。最后乃以参谋次长陈宧率熊祥生、冯玉祥（冯为第七混成旅长）入蜀。由是而西南及粤、桂边远之区，亦复底定。至于淮、黄以北。则以张镇芳督豫，张怀芝（第五师）督鲁，安定中原；何宗莲、潘矩楹辈，都统察，绥，屏藩塞北；东北奉、吉、黑（清代奉天省，今改辽宁，合吉林、黑龙江称东三省；又改为东北九省）之张作霖、冯麟阁羽毛渐丰，而以遗老赵尔巽（清末东三省总督，为招安张之恩帅）及孟恩远、鲍贵卿等周旋其间为过渡；西北陕、甘、新之张广建、陆建章、杨增新辈，更属阘茸之徒、笼中之物。民党之在北方能始终保持其地位者，惟有“乡愿式”之阎锡山一人而已。

由式微中兴到破裂

以上所述，实为北洋军阀之极盛时期，也是北洋未分派系以前统于一尊之形势，换言之，实乃自袁世凯小站练兵以来发展到极端的情形。《易》曰：“日中则昃，月盈则亏。”又曰：“满招损，谦受益。”盈虚消长，盛极必衰，其中有至理存焉。民三以后，袁乃踌躇满志，以为国民党熸消，天下莫予毒也已，遂乃作帝王之梦，龙飞九五，兴高采烈。孰意百密一疏，半途杀出一位程咬金，蔡松坡微服出走，间关起义，蕞尔滇池之水，能动天下之兵，袁氏殂谢，人心涣散，此为北洋之式微时期。段祺瑞以反对帝制，东山再起，收合残局，重振旗鼓，起衰势于不敝，爰成北洋中兴之业。嗣是而府院争持，段冯龃龉，黎元洪挟印出走，议员南下，启国民革命之基。徐世昌坐享其成（徐继冯国璋为总统），阴谋牵制，为助直倒段之主，而吴佩孚通款粤府，衡阳撤兵，致起皖直之战，实为北洋显著分裂之始，亦启北洋逐次战争之端，而又引致北洋归于消灭之源也。

讲到北洋派系之分，其始正如微风起于青萍之末。盖当袁氏手建北洋新军之时，其高级干部，多为北洋武备学堂出身，而发达较早者，则为王士珍、冯国璋、段祺瑞三人，各皆任军令、军学司正、副使，及步、炮、工各学堂总办，统兵亦各由统带、协统乃至统制，虽升迁先后，或微有猜忌竞争，而终袁之世，并无若何痕迹，更谈不上军中派系问题。至所谓“北洋三杰”之腴辞，亦仅成军之初，偶见鸡群之鹤，其时功业未显，初不似汉三杰、周十人也。唯是同学少年，质有狂狷，交有离合。王性恬退，无介于争；段质而少文，刚而多僻；冯以秀才从戎，在当时军中，自属凤毛麟角，且性又圆滑，与段相反，亦只个人行径之不同耳。直至黎氏出走，冯以副座正位总统，段任国务总理，每视冯如无物，明争暗斗，而直、皖两系之分始显。冯氏继黎之任期既满，新国会选举总统，段氏既不自为，在势非冯莫属，乃捧出项城之国务卿徐世昌为总统，至是冯尤愤愤，而皖、直之结怨愈深。冯既去位，寻亦偃蹇以终。驻防衡阳之第三师师长吴佩孚乃拥曹锟为直系之傀儡领袖。吴亦秀才也，自比武穆，不可一世，至此而皖直之分愈著，遂至兵戎相见。此北洋破裂，肇分两系之始末也。

各派系名称及领袖

查北洋军队所有官兵，多系直、鲁、豫、皖四省人士，初无皖直之分。只以段为安徽合肥人，皖为安徽之简称（潜山县有皖公山，古有皖国），故称皖系。冯为直隶河间人，曹锟为大沽人，冯死曹继，故称直系（直隶本幽燕旧壤，今改河北省；明成祖迁都北京，称为"北直隶"，而以南京为"南直隶"，清代因以"北直"为直隶省。吴佩孚本山东蓬莱人，因其掌握直系实权，故为皖直战后直系之实际领袖）。自北洋分为皖直两系，而干戈迭起，异军朋兴，大小派系，各树一帜，有如：奉军之勃兴于东北，而有两次奉直之战。西北军胚胎于直系，而倒戈投奉，出入南北，起多次之风波。卢永祥、齐燮元以皖直余部，盘踞东南，而有苏浙之战。孙传芳崛起东南，称五省联军，而与国民革命军作存亡之殊死战。张宗昌、褚玉璞之直鲁军，卵翼于奉军，而盘踞冀鲁、蹂躏江淮，无异潢池之盗。凡此皆因皖直分裂阶之厉也。至阎锡山之晋军，周旋于北洋之间，屹立于北洋以外，其老谋深算，诚为不可及者。

为便于明了及写作起见，先将北军各派别名称及领袖，简述如次：

皖系	段祺瑞。
直系	冯国璋→曹锟→吴佩孚。
奉军	张作霖以奉天省得名；张曾授镇武上将军，故亦称"镇武军"；以在东北，最后称"东北军"。
直鲁军	张宗昌、褚玉璞本隶属于奉张，而另成一派。
五省联军	孙传芳辖江苏、浙江、福建、江西、安徽。
西北军	冯玉祥由第七混成旅逐渐扩大，先隶直系，后与奉军合作倒直，以久驻西北得名；最后加入革命军，为第二集团军。
皖系失败后残存势力	浙江卢永祥、上海何丰林、福州王永泉、厦门臧致平。按此为段氏参加"孙段张三角同盟"的本钱。
直系游离部队	江苏齐燮元，此为李纯被害后所留之第六师及其扩编部队。
安武军	倪嗣冲，此为老巡防部队，后由张文生、马联甲接统。
定武军	张勋，此为巡防部队，俗呼辫子兵，复辟时被消灭。

北洋群雄·各有短长

概论北洋各领袖：袁世凯首练“新建陆军”，自系北洋开山之祖。段祺瑞三造共和，袁死段继，应是不祧之宗。冯国璋入民国后，焚汉口、攻汉阳、取南京；曹锟率部兵变，劫掠京畿；是皆服从乱命，负咎民国，窃取大位，均属非分。吴佩孚通款粤府，抗命撤兵，启北洋分裂之端；而又利用庸主，雄踞洛阳，御下无方，高视阔步；两战奉张，终归毁败；在北言北，吾意此妄人也。张作霖起家草莽，逐鹿中原，本北洋螟蛉之子，成北府残局之王；尤能生为敌国之仇，死饮皇姑之弹；余部弛驱于战垒（参加抗日），遗孤一鸣而惊人（西安事变）；如在五代残唐，其或为太祖高皇帝乎！后起之孙传芳，不旋踵而奄有五省，汔可小康，犹存民望；形势一去，其亡也忽；乃复收拾余烬，行险龙潭；虽云强弩之末，亦足豪矣。倒戈将军冯玉祥，叛离于北方，反复于民国；知之者多，不必具论。唯终始三晋之阎锡山，寄生于北洋，归宗于国府；可谓民元以来，独能应世变、富理智、审利害、运权谋之一人；虽最后临危出走，偷活台中（年前已死），不免有负于五百从亡之士，然较之诸巨公，总算高人一等。自桧以下，不足论矣。

自袁世凯称帝不遂，而吾国近代史上，南北各得一伟大之人物焉；盖即南方之邵阳蔡松坡锷，与北方之合肥段芝泉祺瑞是也。蔡氏以去任滇督，在袁氏疑忌侦骑防闲之下，困处燕都，而能运用机智，微服出走，间关跋涉，洱海兴师，伸大义于天下，败篡窃之逆谋。段氏更为袁股肱之一良臣，开创之大将，而又申之以姻娅，重之以高位；竟能竭忠民国，抗志不渝，涣内部之人心，启盲从以明鉴；此实为当代能旋乾转坤起衰振敝之杰出雄才。迨袁氏殂谢，此二人者，果能各徇所部，振导群流，谋一统之长策，定两戒之山河，则南北之形，始虽因讨袁而分；而二贤相遇，终可由袁死而合。此或颂祷之冥想，实亦事理之常然。

蔡松坡死·护国军散

然而不然：民四、五年之交，蔡氏率滇黔之众组护国军，分三路向川、湘、桂出发，并亲自麾兵入川；成武将军川督陈宧，既背袁而独立；湘督汤芗铭，亦通电响应；不旋踵间，天下从风。袁既羞愧以殁，蔡亦瞬集大勋。方谓规定川、湘，调和南朔，中兴大业，指顾可期。乃以殷忧致疾，东渡就医，药石无灵，大星遽陨。当灵輀西归之日，白叟黄童，皆知饮泣，武侯所谓“创业未就，中道崩殂”者，天实为之，谓之何哉！

自蔡氏之殁，广东七总裁之军政府徒拥虚名，中山先生更与岑西林不合，拂袖而去，而川、滇、黔军之纠纷以起。先是滇军军长顾品珍退出成都；继之，黔军司令兼四川省长戴勘循若被迫自戕，其参谋长张承礼被杀于麻店子；黔军旅长熊其勋，愤而纵火于成都；川军刘存厚积之，遂自川南入驻川西，旋拜段氏四川军务帮办之命；此皆蔡氏入蜀之所部也。元戎一去，而纷攘轧轹至此。盖护国军之结果，其于南方之所收获，亦仅矣！

当蔡氏起义之初，即于上海北浙江路蒋自由（蒋尊簋伯器之父）宅，密设办事处，以伯器先生及蒋百里主其事，刘文岛、李勉堂、张襄、汪翊唐等佐之，余亦衔命入川。因松坡与百里皆梁任公门下，为具有理智、步骤、中和性之军人政治家，预计第一步，能以最优形势之正义压力，一举倒袁，进而谋政治军事之统一；次之，则统一南方，与北洋分庭抗礼和衷商洽；尤以整顿军队、扩充军校、一新干部，为百里先生所持之原则。及蔡氏殁、川局变（张承礼字耀庭，为百里先生长保定军校时之教育长，闻耗至引为痛），粤府陵夷，南风不竞，失去重心，主客之形，一变而受北方之压迫，于是一切皆成画饼，而段祺瑞乃为擎天之一柱，北洋局面，遂由一霎之颓势，骎骎而跻于中兴。

段祺瑞与三造共和

合肥段氏，性虽刚愎，而守正不阿，可谓临大节而不苟者。其一生倏起倏伏，有似星象家所谓“竹节命”然。究其功业成败之间，或关乎运数，或由于人为。今试就其荦荦大者，一为综核，实有足资当世之楷模，而垂历史之殷鉴者在。姑列举段氏攸关例之各节，分别言之：

第一	三造共和	第五	三角同盟与临时执政
第二	总统问题与府院之争	第六	所部人才之月旦
第三	参战问题与边防军（即参战军）	第七	与蒋介石之关系及其他
第四	皖直之战		

三造共和

所谓三造共和，盖指辛亥段氏在汉口领衔四十二将联名电请清帝退位，与反对帝制，及马厂誓师是也。辛亥起义，徒有振奋之人心，并无成功之实力。假令袁世凯忠于清室，一如曾国藩之于洪杨，则民国肇造，或须俟诸异日。徒以袁氏早有成算，利用民党方张之势，为本身篡窃之谋，故密令段氏联名通电，以示军心动摇，冀威胁孤儿寡母。此当然非段氏之主动，乃能为其易而享其名，斯固不足为段氏盛名之玷，然亦不得谓为特出之功。至反对帝制与马厂誓师二者，真足见段之身犯大难，珍惜民国，乃实为其难而应居其功。夫反对帝制者多矣，类皆心违而面从，或依违而观望。如徐世昌之标准冯道，于中取利；冯国璋之拥节金陵，婚媾自娱；王士珍之龙德（谓三杰之龙）而不隐，在位而鸣高；甚至从龙称臣之辈，未尝无腹诽虑败之心。唯段氏以数十年心腹之重臣，亿万众军中之宿望，一旦退位幽居（在南苑大红门），本亲者所痛之态度，矢忍死须臾之决心，危疑震撼，天下瞩目，正气所在，帝党终倾，此其难能者一。复辟一役，本非偶然。各省督军，多有在徐、蚌参加盟约者，重以王士珍之昏愚，竟献策黎总统召张勋入卫，此引狼入室也。兹事体大，苟无后台撑持，虽以张勋之荒谬，遗老之糊涂，断不敢轻于发难。而段氏能当机立断，只身遽入马厂李长泰所部之第八师，誓师出发，进攻北京，以迅雷之势，扑燎原之火，飞弹霆击于皇宫，群丑鼠窜而入瓮，遂使同盟者不及驰援，与谋者争相掩饰，反掌之间，国本以固。此其难能，谓非有造于共和耶！

总统问题与府院之争

袁死黎继，恢复约法，此正办也。段为办事负责之人，故亦有执掌权位之癖。自民九直皖战失败以前，始终迷恋于约法上责任内阁之国务总理一职。民六，因参战案黎免段总理职，而府院之争，竟至不可收拾。嗣是而督军团拥段、而复辟、而黎氏引咎辞职、而冯国璋代理总统、而旧国会议员南下广州，组非常国会，成护法政府；而北府另组新国会，世称安福国会，纷纷扰扰，皆缘是而起。

黎、冯先后所代理之袁世凯第一任总统六年任期，既已届满，即由新国会选举总统。此时形式之选举虽由国会，而予夺之操持，实在段氏；段既不慊于冯，则总统自非段莫属。乃听宵小之计，薄总统而不为，异想天开，捧出一长乐老人徐世昌而自任总理，意盖谓徐得此傥来高位，可以傀儡视之。不知徐乃一老官僚，权谋百出，寻至挑拨皖直，玩弄段氏。当皖直冲突，箭在弦上之时，竟将院会通过之“免河南督军赵倜职，特任吴光新督豫”一令，留中不发，致令尔后吴佩孚所率之第三师长驱北上，虎视洛阳（时段之旧属靳云鹏任国务总理，因吴、赵任免案，终身不见谅于段系）。此段氏对总统问题之失计也。夫内阁虽有实权，而任免仍在总统。纵以傀儡视之，何难遇机牵掣？吾不知段氏于极盛时期，放弃总统而不为，迨民国十三于二次奉直战胜利后，竟对于牵强灭裂之临时执政，而尤为之，诚不知何居而前后矛盾若此？时移世易，盛时之所不屑为者，衰时虽降格以求，夫岂易得！甚矣！成败之变，中兴之艰，可不警惧乎！

参战问题与边防军（即参战军）

段祺瑞当政之另一重大事件，为第一次世界大战中国参战问题。因参战国策之争，而发生黎段破裂，议员南下，复辟倏起而倏灭，段被免职而复职，而日军攻德于青岛，而组织参战军，而巴黎和会我于山东主权竟未得直，而五四风潮，以外交失败，蔓延到全国罢学罢市的地步。寖假而步骤错乱，形势衍变，致有皖直大战之败。盖至是而国内之阢陧不安，与段氏之焦头烂额，于斯极矣。

欧战对于我国，原属风马牛不相及。然以德军据守青岛，及占有山东一部主权，日人乘机攻取，终不可免。我若参战，尚有置喙余地。虽云国无实力，而华工千万，远渡重洋，有助于协商国，不无裨益。是虽参而不战，远胜于不参之为愈也。此案经梁任公以远到之眼光，多方主持，段氏独能当机立断。虽群言庞杂，实未可厚非。黎氏以府院之争，误于群小，致对国家大计，借为迁戮之端。寻至元戎一去，清孽复来。苟无马厂之誓师，将任群魔之窃国。段之功罪，自有千秋。欧战结束，德终熸败，我乃列席巴黎和会，德国在山东主权之由日本继承，早已为列强所前定，弱国无外交，固非当国之罪，更非经办外交者之所能旋乾转坤也。平情而论，得失有间矣。

至于民国八年“五四运动”，鉴于外交之失败，激于爱国之热诚。青年义愤，赤血一腔，新账旧账，笼统发泄。始之则蕴而如密云不雨，终之则汇而为群流澎湃。当事者固受而无辞，揭竿者亦怏然自足。虽无补于已失之国是，尚振导于既死之人心。影响所及，政风于是弥漫于学校，游行乃为舆论之指归。积是成非，反客夺主。此其结果，当非始料所及。脍炙人口之五四运动，其代价顾不重欤！

以言参战军——边防军，自是段氏假参战之名，为整军之实。盖自小站以来，扩充转戍，师老兵疲，项城已思补救，故有模范团之成立。继之扩编为李魁元之十一师、陈光远之十二师。虽说为帝制计，亦实有其必要也。段合肥承项城之后，威望虽隆，究不逭于袁氏。派系已见，终难免于分崩。组编新军，亦固其所。当时成立边防督办署，自为督办，而以靳云鹏翼青主其事，计编成三个师，以曲同丰、马良、陈文莲为第一、二、三师师长。在《中、日陆军共同防敌协议》之下，借日债、购日械，粮裕械精，固应为劲旅也。然皖直之战，未及交绥，而溃败随之，非人谋之不臧耶？

皖直之战

讲到皖直之战，既为北洋分裂之始，亦为北洋消灭之源；既为段氏失败之始，更为段氏事业之终。至于尔后直、奉之纵横，与执政之再起，犹之爝火不熄，而回光返照也。休征咎征之见，固无待于蓍龟！

当民六至民九之交，西南方面护国之役，早已失去目标。而护法之役，陵夷至七总裁，亦失重心所在。唯段氏挟讨平复辟之余威，遂有扫荡西南、武力统一之宏愿，先后命曹锟为两湖宣抚使，及川、粤、湘、赣四省经略使，率领第三师及其他重兵南下，期于平定湖南后，进窥两广。时吴佩孚已由第三师第六旅旅长，升代第三师师长，驻兵衡阳。衡阳居南北之冲，因得与湘军谭延闿、赵恒惕、桂军陆荣廷等所派代表不时接触。旋于民国七年、民国八年历次通电，主张和平，并与南方领袖联名通电息争议和。酝酿至民国九年夏季，吴乃径率其所部第三师旅长董政国、张福来及混成旅长王承斌、阎相文、萧耀南等一师三混成旅正式由衡阳撤退，驻扎洛阳，并分兵扼驻直、豫两省。至是段氏乃于七月六日（民九）以段芝贵为讨逆军总司令，率领边防军第一师（师长曲同丰）、第三师（师长陈文运）、第九师（师长魏宗瀚，时边防第二师师长马良所部在山东，而第九师本不在边防军序列，此节当另记之）讨伐吴佩孚。同时并由总统徐世昌下令免佩孚师长本职，曹锟亦革职留任，而皖直之战以起。此其经过之大略也。

当战事开始之顷，段氏编并京汉沿线及京畿附近各师旅为定国军，自任总司令统率全局。段芝贵以边防军之三师在京汉线涿县迤南向保定推进为右翼；徐树铮以奉军副司令名义，率军在天津为左翼，预定消灭曹锳后，与右翼军取钳形攻势向保定急进；同时曹锟亦任吴佩孚为总司令向涿县迎战。论当时形势，皖之于直，有似泰山压卵；而直之于皖，不过背城借一。然而交绥以后，曲同丰以与佩孚同乡（皆鲁籍），轻往劝和，致被俘而以献刀于曹而贻笑；段芝贵以庸懦失机而自退（其司令部之列车，南北两车头，怯而备逃）；徐树铮以与曹锳战于杨村，牵掣误时，致失钳形作战之利（本来钳形应以两翼军与保府距离同等为有利，而津保相距过远，右翼又不能速进以控制敌方，早失呼应之效）。以此自七月六日发难至十八日不过十三天，自十五日至十八日作战不过四天，而战局已定。皖之败与直之胜，固皆非始料所及，然而段氏以钧天之势，挟新锐之师，居崇高之望，有必胜之形，而竟挫于后起抗命之将，仓促应战之师，此中得失，岂无故哉！《易》曰："履霜，坚冰至，其所由来者渐矣！"鄙见所及，其纵论之。

立威必于盛时，惩贰宜于乱始；权柄下移，威信日替，非一朝一夕之故也。佩孚以偏将戍守，先有河上之吟，复有通款之实，不论在南在北，就军中纪律言，举属非分。段氏以反帝承项城之后，以复辟有誓师之勋，位望既隆，声华远播，不于此时杜渐防微，惩一儆百，而乃养虎遗患，坐令猖狂，此一失也。衡阳撤戍，公然抗命，《满江红》之歌声，响彻洞庭（吴有《满江红》军歌）；革命将军之称号，名传黉舍（学生对吴有此称）；虚誉已成，厚将得众。此时吴光新（段氏元配夫人之弟）以长江上游总司令，拥有第二十师（师长范国璋、吴亦曾任该师师长）、第十九师（师长杨春普）、第十三混成旅（旅长李炳之）、第一、二、三、四四个独立旅（旅长刘文明、费国祥、段其澍……，以上驻宜昌荆沙一带）、第二混成旅（旅长刘耀龙驻汉口）逾五万之众。而第二十师，驻防岳州，扼洞庭之咽喉，纵不截缴其北归之部队，而羁留吴氏，犹反掌也。岂意吴光新轻离防地，投身虎口，于武昌之八旗会馆，宴请鄂督王占元以下文武百官，欲以口舌之空言，作和平之呼吁，而王早与佩孚同气，光新犹懵懵，竟为王所扣留，幽禁年余，几置之死，遂令数万之众，一夕之间，尽入王督掌握。此军事上所稀闻，而为段方之又一失也。南北和平，美名也。武力统一，陈调也。证以佩孚后此之行径，何尝与南方协调？何尝致力和平？但于此时能窃取美名，得西南各方之响应，北军部分之同情，在宣传方面已占优势。段氏则能刚而不能柔，知孤行而不知巧用，此在号召上又一失也。在战略上以地点言宜讨吴于鄂、豫之交，不宜作战于国门之外，此孤注也，能胜不能败，败则无可退矣。当民国八年之际，国务会议通过吴光新为河南督军，以代赵倜，竟为徐世昌所搁置，留中不发，靳云鹏以段之替身，任国务总理乃不能为段故而力争。假令河南地盘，早归段有，佩孚更何能雄视洛阳，内为枢府所掣肘，外失重门之锁钥。实逼处此，固早无回旋之余地矣！不败何待！比段氏失计之大者也。至于身任定国军总司令，自侪平等之地位，有坫元戎之等威，此不识大体也。诸将除徐又铮较为英明，而仓促成军，又非宿将，且只幕僚人才。余如段香岩之声名狼藉，吴自堂之轻率而骄，曲伟卿之局陋寡识，陈郁臣之娘娘腔，魏海楼之头巾气，此又段氏用人之失也。若乃参战军之成立，只知因袭“用旧人”之老调，水涨船高，升迁照例，不知训练干部，补充新人，寻至组织薄弱，一败涂地，宁不重可惜耶！吾为段氏哀亦用以哀后人也。

三角同盟与临时执政

大凡政治上之离合，以义者盖寡，以利者实多。相需则相合，利尽则交疏，自春秋战国已来，其揆一也。三角同盟之终始，殆不能出此窠臼。

所谓“三角同盟”，盖由南方之孙（中山）、天津之段（祺瑞）与奉天之张（作霖）共同致力，以打倒直系之曹（锟）、吴（佩孚）。其时广东方面七总裁之军政府，中山先生已飘然远去，由上海而日本，岑春煊在粤主持，非复革命面目，民党不得不另辟蹊径，以待复兴。段合肥挫于皖直之战，息影析津，百足之虫，壮心未已。而奉张又以第一次奉直之战，新遭挫折，情尤不甘；以是三方面皆有相需之隐，乃形成此三角同盟。其始，则奔走络绎，甚嚣尘上；其卒，则同床异梦，各怀鬼胎。迨二次直奉大战结束而后，奉张以胜利而得其实，段氏以执政而得其名，孙先生空受招邀，未偿夙愿，昊天不吊，病逝旧京，睹北府之凉薄，留遗嘱于千秋，盖国民党则一无所得。以言同盟，真乃乌合也。

论当时经过，奉张自为主角，彼虽退保关外，仍挟有东北四省（奉天即今辽宁、吉林、黑龙江、热河）之地盘，励精图治，整顿新军，登用杨宇霆、姜登选、韩麟春等，训组基本军队；财政则予取予求，军储不匮；又以张宗昌率一班党羽，在青岛花笑町谋取山东；对其他方面，亦多以金钱接济为运用。

段合肥则以浙督卢永祥、淞沪护军使何丰林、第四师长陈乐山、福建军务督办王永泉、厦门总司令臧致平等所辖闽浙淞沪地盘为再起之资本。时吴光新已贿通王占元之军法处长崔承炽同逃至沪（吴氏为段合肥之重臣，一度被鄂督王占元幽禁于武汉），段氏即命吴与刘询（前十五师长）、陈乐山在上海同孚路设立机关，代表段氏与民党及闽浙各方联络。安徽方面与皖督张文生及其所部安武军统领徐州陈德修、蚌埠杨瑞文，经常接济军费，互通情报。其时孙中山先生之代表汪精卫，亦为沪杭两地座上贵宾。盖自沪、杭、闽、厦、青岛、大连、天津、奉天间，信使往还，密商大计，皆同盟期中活动之范围也。

政治活动，不外金钱。三角同盟之结束，为二次奉直之战，战争之胜利，为贿买冯玉祥之倒戈，此为奉张较大一笔金钱之支出。其他游离部队之收买，以及各方代表接触所需之一切舟车旅费、程仪津贴、地下机关之秘密费、奔走人员之生活费等，浙卢、闽王、与吴光新皆所费不赀，而奉张东北之军费不与焉。民脂民膏之耗于内争，此其一也。

两次奉直之战，当俟另文详写。兹先述“临时执政”一幕。

“贿选总统”曹锟既被禁于延庆楼，元首人选，自为当务之急。法统既早经破坏，另起炉灶，亦事实所难免。但既系同盟之胜利，自应由三方领袖合议行之：或以孙、段、张为三人委员制，亦属事理之平，乃段、张、冯等一面邀请孙先生北上共商国是；一面由张、冯公推段为临时执政；另由齐燮元、孙传芳、萧耀南等通电拥护段氏出山；段遂于民国十三年十一月入都，组织执政府，未及待孙先生之莅津也。

孙先生于是年十二月底抵津，主张开国民大会，及废除不平等条约，段氏率先公布召集善后会议，于孙所建议，蔑如也。京中要人，承段命专车赴津迓孙，众中谈笑，语多侮谩，北洋人对国民党之成见，竟牢不可破。迨翌年三月，孙先生病逝旧京，停灵社稷坛，中外同声哀悼，段氏竟托词足肿，临期不祭，不诚无物，失礼之尤，段氏亦狭矣哉！

段就任执政后，适以齐（燮元）、卢（永祥）之战，卢永祥败北，而浙沪之地盘以失。孙传芳巧取闽督王永泉，而闽中之地盘以失。臧致平、杨化昭所部流散编并，而漳厦之地盘又失。虽改任卢永祥为苏皖宣抚使，然已无兵可用。而孙传芳萧耀南之拥护，亦只徒托空言。至是而段之外援，已无可恃之腹心。循至徒拥执政之名，乃不得不周旋于东北（张作霖）、西北（冯玉祥）两大之间。于是执政府中，又分东北与西北两派。东北派吴光新（段之妻弟）、曾毓隽、梁鸿志、段宏纲（字运凯、段侄）等属之，以仰承奉张鼻息为主。西北派段宏业（字骏良、段长子）、贾德耀等属之，以联络冯玉祥为主。恰如左派右派互相对立，奔走联洽，权谋策划，各不相能。而吴自堂（光新字）与段骏良以舅甥分途，骏良与运凯又以弟兄立异，本同舟而齮龁，恍殊途而同归，合肥或亦知之而默运之耶？其实两姑之间难为妇，虽曲突徙薪，亦焦头烂额矣！

两大之间

段之左右，徐又铮（树铮）以才见信，吴自堂以亲见信。又铮或不愧为智囊，然执政一幕，彼以使欧未返，固未预闻，及其归来，已成无可挽回之局。匆遽出都，而又遇害于廊坊。冯之不臣，固非段之所能堪，而又铮之死，斯段之股肱折矣。自堂貌严肃而性和厚，大德不踰闲，而小德出入；忠实不贰，而志大才疏；骤见之若拒人于千里之外，此为段氏之良臣，而非能臣也。

段于子侄辈，素爱宏刚，骏良善奕而嗜好甚深，向不预闻政事，比执政期间，所居小楼一角，大张旗鼓，竟欲与虎谋皮，折冲西北。段氏似亦佯为不知，而放任之，岂其垂老而深舐犊之情耶？抑亦每况愈下，私其所亲耶？自余一班禄蠹者流，明知爝火余光，或妄造从亡奔走之报销，沾金佛郎之余润，或攀赴张、冯之门下，分小朝廷之杯羹，甚至如贾德耀，亦以冯故，而任国务总理，真可谓蜀中无大将矣！

段氏于民国十三年十一月就任执政，初行总统制，自任国务会议主席。翌年七月开全国善后会议，西南各省，均派代表参加。虽不同于孙先生所主张之国民代表大会，然开始半载之内，尚觉小具规模。嗣是而广州成立国民政府，宣布与北政府断绝关系；湘军之赵恒惕，实行联省自治，翼护吴佩孚于岳州，寻以十四省联军总司令名义，再起汉皋；同时孙传芳又以苏、浙、闽、赣、皖五省联军总司令通电联吴讨奉；既而奉军节节失利，退出苏境，内部又有郭松龄之倒戈；因郭与冯勾结，而奉、冯之争又起；当民国十五年一月之间，北方局面，已到不堪收拾之地步。执政府本寄生于两大之间，“皮之不存，毛将焉附”。于是段乃倦动，通电辞职，虽一时未果去位，似此鸡肋，已无回旋余地。因又改总理制，初任许世英（静仁、后入国府任部长、省主席、驻日大使多年，现居台北，已届大耄之年），许本皖系之清流，辞未就，而热衷名位，附庸冯系之贾德耀，乃粉墨登场。是年三月，段氏为冯军之京畿卫戍司令鹿钟麟所逼，遂通电下野，还寓天津。盖自民国十三冬季至此，为期仅一年零四个月耳。以赵孟之贵贱，受二憾之利用，群魔飞舞，宵小侵凌，为段氏计，诚不值也。语云：“知进而不知退，知存而不知亡。”又曰：“善始者实繁，克终者盖寡。”一般贪恋权位之大人先生，每不肯于功业鼎盛之时，急流勇退，及至时违势易，乃为佥壬所侮弄，识者所齿冷，岂非愚之至耶！

晚年斋佛

段素性刚愎而严肃，不善辞令，不怒而威，鼻端微皶，老部属多以“鼻爷”称之。无他嗜好，唯一局围棋、八圈麻将以为常。生平无积蓄，石家庄之正丰煤矿，及北京吉兆胡同空府之公馆，皆其部下积赀而成。寓津既久，已捉襟见肘。蒋先生待以宾师之礼，时有馈遗。迨“九一八”后，鉴于北洋旧派之思逞，及日寇方面之利用，始迎段南下，时左右亦有持异议者，然终不胜。抵沪后寄居霞飞路陈调元所置之巨宅，月致三万金。段氏以其半数为生活之需，余半则分赠其所部。计：曹汝霖、王揖唐、吴光新三人月各二千；曾毓隽、梁鸿志、魏宗瀚、姚五、姚六（二姚偶忘其名）、陆宗舆、章宗祥、段宏业（长子）、段宏刚（侄）月各一千，以此安居沪渎而终老焉。

段晚年斋佛，署正道居士。偶亦作五言古为佛家言，铿锵可诵，盖已由其文学侍从之臣润饰之矣。抗战前一年，殁于沪寓（似为七十一岁，记得先一年在上海玉佛寺渡七十寿，章太炎曾到祝）。时有主张国葬黄山者，以段之功业，点缀名山，且山属皖南，更无背首丘之正。戚属多人，皆韪其议，独嗣子宏业坚不同意，遂移灵北上，厝于北平之西郊，而宏业亦殁已多年。故国沧桑，凄其风雨，元老壮猷，魂归何处，言念及此，重有慨焉！

段之丧，自国府主席以下，南北要人，门生故吏，联语缤纷，吊者络绎，极荣哀之至。时租界尚未收回，出殡之日，中外仪仗，备极崇隆。执绋者千人，伫观者万众，自黄克强、蔡松坡两次丧仪以来，未之有也。国府并饬备移灵专车一列，自上海北站直驶北平（时南京下关、浦口间，有火车轮渡，可将列车分拆接轨轮上运车渡江）。沿途大站，皆有祭奠。国府亦明令褒扬，饰终典礼，可谓盛矣！

段氏一生在北洋，而终老于南国，归真在“七七”事变前，未见沧胥之痛，其顺受正命，正天之所以厚遇之也。若复假以数年，则北洋旧侣，既多拥段再起之人，日寇谋华，难免耸段出山之想。彼时段氏，其早已随国府西行耶？其终流寓沦陷区耶？其坐视所部亲日派之猎位于南北耶？其将被挟持拥立而跳入火坑耶？吾意段氏必有以善处之，然而烦恼多矣。故曰正天之所以厚遇之也。

自昔国事之成败，要视人事为转移；而人才之聚散，又依领袖为去就。此固老生常谈，实亦不刊之论。虽然，人才登庸之标准，亦难言矣！饬内政者崇文教，勤远略者重干城；好大喜功，则捭阖之说兴；规行墨守，则谨饬之士见；好货多掊克之臣，喜谀进佥壬之辈；得于此者必失于彼，此世乱之所以终无纪极也。

徐树铮——器小易盈

北洋人才，项城承逊清之旧，合肥承项城之旧。言思想，则有专制而无民主；言政策，则有武力而无文治；故皆亟亟于武力统一，而忽视地方建设；只求消灭敌党，不作政治竞争。而所谓人才，亦投其所好，消磨精力于无用之地。此皆攘内一念为之也。曩余尝为《扬州竹枝词》，因感于内战，有句云：“何事营营战不休，风流天子本无愁；迷楼往矣邗沟在，为吊雷塘土一丘。（邗沟即运河，雷塘在扬州北，炀帝葬处。）”语虽无伦，意者同一劳民伤财，与其用于内争，毋宁留点成迹。始皇筑长城，何尝不脍炙人口。纵观五十年之往事，不免令人想入非非耳。

闲言少叙，今且一述合肥左右人才，以毕余所谈段氏一节。

自项城崇尚权术，培植私党，尤重用不学无术之武臣，供其驱策。故北洋人才，自李文忠而降，一代不如一代。总而言之，少读书耳。偶有一二特出之士，秀才如冯国璋、吴佩孚，便觉不可一世。至徐树铮以得君之专，骄横专擅，自误以误其主，其未能敛才就范，适见其器小易盈，皆非谋国之士也。余意合肥之所谓三造共和，皆千载难逢傥来之机会，而其成就不过尔尔，实乃人事不调协有以致之。而人事之所以不调协，则源于重用徐树铮。

今之言徐者，莫不盛赞其才之优、谋之远、办事之敏捷，余于北府军部，亦深聆悉其言行（京中人皆以“小徐”称之），并尝观其所著《建国铨真》一书，窃以为当属战国策士之流。段氏宜用之为谋臣，而不应致之于当路。盖所谓枢要之重臣，应具炉火纯青燮理调和之气度，断不能出之以生吞活剥强制横行之手段。其于历届总统，据薛观澜先生所写《目击记》：“袁世凯、徐世昌皆厌恶徐树铮，当年项城欲免徐职（按：系陆军次长），段竟当面与袁顶撞，生平只此一次。嗣后徐世昌免徐之职，即引起直皖战争。黎元洪尤恨徐次骨，徐曾硬拉黎手，使其盖总统印罢免内长孙洪伊。冯国璋则畏徐如虎，民八待靳云鹏组阁得段保障之后，始敢进京。”云云，试观以上情形，尚复成何体统。纵得段之同意，犹且不可。此不第陷吾君于不义，抑且重当国之忌深。府院之争，以段氏之强梁，益之以辅臣之专横，是犹厝薪于火也。余如操纵安福国会，干涉靳阁用人，亲者相斗，龃龁多端，致令段氏多年心腹之靳云鹏，生心外向，终酿皖直之败。尤其以奉军副司令，擅杀陆建章，陆诚可杀，何不付诸司败，明正典刑？虽事后由段氏以府令宣布罪状，但明系段氏爱徐，代为负责，终难免擅专之物议。迨民国十四年冯玉祥嗾使张之江假手陆承武以杀徐于廊坊，正复自食其果。至于西北筹边使之威震蒙疆，西北边防军与奉军副司令之异军突起，固足征徐氏惊人之才气与雄毅之魄力。然内外交谪，树敌过多，本之不固，荣于何有，其如昙花一现，实无足异。故段之爱徐，适以害徐。而徐之忠段，亦以误段也。世之爱护人才与夫为人信臣者，允宜三复吾言！世之论人论事者，或不河汉吾言！

靳云鹏——贪恋高位

段合肥之第二信臣，当为靳云鹏氏。靳字翼青，山东济宁人，炮兵出身。毕业于小站炮兵学校，与段有师生之谊。发迹后，尝自谓“三十年前一炮兵”。段氏初极器重，曾以国士目之（书札有称翼青国士）。每自卸陆军总长及国务总理，多以靳氏承乏，在职位上，靳不啻为段之继承人，故前后历任总理达七年之久。又尝外任山东督军。以厄于徐树铮，每乘瑕抵隙短靳于段，因之渐谋外结奉张、曹、吴，内对段氏虚与委蛇，迨至皖直交讧期间，徐世昌搁置国务会议通过之吴光新督案及令免徐树铮西北边防总司令职，均在靳阁任内，靳不复争执，竟对段系毫不留情。虽经段氏强制徐世昌发令讨伐曹、吴，然处处已在下风。故段系认为靳氏背师卖友之罪状已铁案如山矣。

靳氏性本中和，善待之决不致叛段。然学养有限，利害之见动于中，加以树铮之咄咄逼人，遂酝酿而成此尴尬之局面。后此段氏寓津，每寿诞靳仍执弟子礼往祝，辄为左右拒于门外。段殁于沪，靳亦远道赴吊，但无与接谈者。余见其局促坐于骏良（孝子）门后，意良不忍，辄与周旋，至有人戒勿理。灵车北返，竟不为留一席地，靳乃购客车票回京。是直视为大逆不道，而不以吊客待之。噫！亦过矣！世之受人知遇而逼处于无可奈何之境地者，似不宜贪恋高位，以避开是非，靳氏误在恋栈耳，直系胜而位亦不保，何其谬哉！

靳于诗书，本少所诵读，然骤见之，则口诵孔孟之言，滚瓜烂熟，有似老师宿儒，再三见则仍旧那一套。余留心观察，屡试不爽。然后知老粗出身之好掉文，亦曾痛下功夫也。又其寓邸之所谓古董瓶儿鼎儿，沿壁脚皆是，恰如上海白相人之陈列银盾然，竟无一毫书卷气，谅皆苞苴赝品也。观人于微，确有至理。余曾与靳氏雀战（打麻将——编者注）多次，见其胜则云头痛，或托故而去，败则彻夜不休，必胜而后已。知其局量之小，而又利害之见甚深也。以此当国，于以见段氏权衡人才之失当矣。

吴光新——嗜赌有癖

段氏之第三信臣，当为吴光新。吴字自堂，毕业日本士官，苏之宿迁人。宿迁古之下相，西楚霸王项羽产地也。合肥微时，尝寄居于此，聘吴姊为夫人生骏良，舅甥年相若，合肥视吴犹子弟行，吴亦终身恭谨，如对严师父，盖段之不贰臣也。民初，未三十，即任第二十师师长，项城传见，曾以少年得志为戒。民六，值松坡死后，州、滇、黔各军积不相能，成都烧杀，川局兀陧，因以长江上游总司令兼拜四川查办使之命。以熊克武据有川东，入川未几，寻即东下夷陵，当进退失据之时，值石星川以荆沙独立，遂出兵敉平之，军声复振。驻守荆宜，前后达四年之久，乃于皖直反目之初，轻身陷敌，为鄂督王占元所扣留，几至不免。卒由家人环跪段前，乞函王以保吴，时段已失败下野，亦只得挥泪亲函王氏。丧败之余，忍辱求情于旧属，段之爱吴，至矣尽矣！吴氏身领重兵，呈身虎口，仓促之间，全军瓦解，对吴佩孚之撤兵，既失牵制之用，对京汉路之战事，更绝奔赴之援。其有辜于段之倚畀之重，当以此役为最。迨后由鄂亡沪，代表段氏奔走三角同盟，民国十三年，直奉之役，又以奉军第六军作战于热河境内朝阳、建平、赤峰、平泉之间，值冯玉祥倒直军之戈，吴亦回师与李景林、张宗昌出冷口、下滦州、长驱至津，收编旧部第二十师于小站。执政府成立，始以功任陆军总长，段对之亦信任不衰。梁鸿志之任府秘书长，吴所保也。此后几二十年间，优游沪上，中间随侍段之左右，恭谨不渝，虽雀战消遣，亦屏气似不能言者。抗战期间，曾一度赴渝，旋殁于香港。综吴氏一生，对段不失为忠荩之臣。民国十三四年之交，周旋奉张，不无微劳，或可稍偿鄂州之失。唯生平嗜赌，豪情胜慨，虽足取快一时，而身膺重寄，时系军国安危，观瞻所在，难逃物论。记民国十一年在沪，曾被天津一班赌棍（老千之流），南下包围，吴氏一夜负二十三万，左右有廉得其情，并检得作弊之内藏水银之骰子以告者，吴犹坚不承认其受骗，签出支票如故也。时卢永祥方督浙，尤其所部诱致此辈赌棍至杭，聚而惩之，其风始寝，吴氏尚不知也（传系将各赌棍囚禁后，以洋烛入谷道，历若干时不令出，亦虐而谑之非刑也）。

魏宗瀚——挟持偏见

其次有关段之军事幕僚，当为魏宗瀚氏。魏字海楼，籍析津，卒业保定陆军速成学堂，旋升军官学堂（按：即陆军预备大学之前身，而预大又为陆大之前身）。民国元年，段任陆长，以魏为军学司长（即后来扩大之训练总监部）创陆军学会及陆大同学会，办陆海军日报，专以分学派（军事方面）树党羽为主。时项城召集晚清所已造就之陆军小学、中学毕业学生成立陆军军官学校，以段为督办，段以赵理泰为校长，办理不善，致酿成解散风潮。云南都督蔡锷及南方各省都督驻京代表公推蒋百里方震为校长，袁、段均接纳加以任命，魏乃利用主管机构之权，多方刁难，逼得蒋百里自戕，一时震动朝野，袁乃下令派武官长荫昌、参谋次长陈宧查办，正值癸丑革命，遂砌词谓蒋与学生同情"乱党"，不了了之。此皆魏氏挟持偏见一手所制造，致段氏对于此辈毕业之军官，不敢任用，终为粤府所吸收，分任黄埔军校教官，及革命军干部。夫以前清费无算之人力物力，又历多年之时间，始得此数千青年将校，今只需年余便可完成学业效力国家，此实大便宜事。乃竟任令他适，坐使北洋军队永以行伍出身为一成不变之定型，终至败亡而后已，何其颟德！吾以为魏氏影响合肥者，此为最大。乃如以智囊见称之徐又铮，亦见不及此；虽能咄嗟之间，成立西北边防军四个旅，似对干部问题，亦未有充分准备。"不齐其本，而齐其末"，此之谓也。

以上四者虽皆系军人出身，而攸关合肥之成败，实匪浅鲜，故不惮辞费杂以所见而详述之。至其他军人，多系北洋之旧，不复论列。

至于一般政治人物，项城所用者，亦多半为段阁所礼罗。此却如走马灯然，非本篇所及。余如以中日外交备受攻击之曹（汝霖）陆（宗舆）章（宗祥），及老虎总长章士钊，下迨二姚（姚震、姚国桢），皆世所稔知，宁待余之月旦。若许静仁世英本是清流，已迁乔木。曾毓隽云霈聪明绝顶，未出樊笼。龚心湛无声无臭，早归道山。王揖唐、梁鸿志虽富文藻，难涤恶声，尤属浊世功名之牺牲者。段氏之功烈，自有其千秋，固不因其左右之贤不肖而有所损益，哓哓者无乃多事耶?

自民国九年七月，皖直之战段系失败后，酝酿至民国十一年四月，而有第一次奉直之战。奉张初遭败挫，矢志雪仇，遂又于民国十三年九月有第二次奉直之战。四年之间，三次大战，至是而北方之局面，既每况愈下，北洋之系统，亦凌乱不堪。盖任何一种势力之养成，其初基之草创，幼弱之滋长，壮盛之勃兴，乃至全局之底定，每历数十年之艰辛，与傥来之际遇，缔造之而不足；偶一失当，则一朝破败之而有余，及已至是，而再言恢复，便觉难若登天。世之谋国者，可不慎欤!

八易元首·三次摄政

北洋政局，前后十七年间（自民国元年至民国十七年北伐完成），几于习惯在间歇性波动之中。自总统、国会、内阁以至大军阀之起伏，小军阀之升沉，如戏剧之一幕一幕，如弈棋之一局一局。或由于派系战争之胜负，或由于依附势力之消长，倏兴倏灭，遂演成这一期间动乱之历史。

只就总统而言：自民国五年六月项城死后，黎元洪以副总统即真，补选冯国璋为副总统。民国六年七月，因溥仪复辟，马厂誓师，黎乃去职，仅一年耳，乃以冯代总统。至民国七年九月，复由段所召集之新国会选举徐世昌为总统，中间经过皖系之战败，与奉直之失和，历时三载有余，至民国十一年九月，以直系恢复法统之主张，迎黎元洪复任总统，徐乃下野，除项城外，此为最长之一任。民国十二年六月，曹锟复逼黎总统去位，十月，贿选成，曹任总统。民国十三年十一月，因二次直奉战之结果，曹被囚于延庆楼，段祺瑞被推为临时执政，至民国十五年三月，又为冯玉祥部所逼，通电下野，亦仅勉及一年半。此后奉系推张作霖为陆海军大元帅，实为北方最后之元首。民国十七年，以革命军之进展，张退关外，被炸死于皇姑屯。盖前后已八易元首矣。另复有三次摄政，即民国十二年黎出京，高凌蔚摄政；民国十三年曹退位，黄郛摄政；十五年段赴津，胡维德摄政是也。试就这一篇流水账观之，总统已如传舍、如易棋，内阁更不堪问。以此而欲统御此广大之国家，延长其政权，自不可能。此后国民革命军之如摧枯拉朽，正惟北洋之有以自亡，寻而有若天授之也。

功臣祸首集吴一身

今且略述皖直战后北方之形势，以明奉直战事之起源：

论北洋之势力，当然以袁项城为第一重心，段合肥为第二重心，过此，如曹（锟）、如吴（佩孚）、如张（作霖）、如冯（玉祥），有一人突起，则失去平衡，自然互相猜忌，互不相下。寖假而争端以起，终必出于战争之一途。故任何时代，无论其为造时势之英雄，或为时势所造之英雄，非有大恶如袁氏之称帝，必须委曲以拥护之，危言以谏诤之，竭诚以爱戴之，以保有此一金钱、人命、时间、运数所造就之领袖。偶有黠者，不度德量力，以图侥幸于一时，虽复异军苍头，咄嗟得驾，适足以为乱之阶。故曰“乱不可长”。以吴佩孚之智勇，在北洋自不失为庸中佼佼者流，然而倒段之后，为亲者所疑忌（曹党），为部属所携离（冯玉祥），为敌派所欲得而甘心（张作霖），致皖直战后两次直奉之战，皆缘吴氏而起，卒陷北洋于不可收拾之地步。《春秋》责备贤者，余于吴氏不能无微词，盖有以也。

自皖系战败，曹锟为直、鲁、豫巡阅使，吴副之，寻兼两湖巡阅使，又曾内调陆长，外除鲁督，两者皆辞未拜命。于时曹驻保定光园（即莲池书院）就近挟持政府，而以其弟侄辈曹锐、曹瑛与嬖幸之副官长李彦青阴掣吴氏，进行贿选。吴则驻节洛阳西宫，阳示娱情诗酒，建设名城（造洛阳桥值牡丹花），实则训练军队，布置疆臣，尊崇孱主（曹），遥制枢垣。所谓背师卖友之内阁总理靳云鹏，已鸟尽弓藏，辞总理职，以颜惠庆代理；而张作霖又欲以梁士诒组阁，吴派大加反对，遂以梁阁问题之争执，为奉直战之导火线。吴之兼两湖巡阅使也，实以鄂人驱王（占元）之借口，去王而以萧耀南督鄂。忆王氏当年曾为直系扣留吴光新，今亦与靳云鹏同为被烹之走狗矣。陕督本为段系之陈树藩，吴氏初以冯玉祥代之，继以河南之赵倜（字周人，其弟杰亦在豫掌兵，段氏当年本欲以吴光新代之者）与奉张有关，因去赵而调冯督豫，以所部之阎相文督陕，河北则任王承斌，皆直系也。至鲁之田中玉、苏之齐燮元、浙之卢永祥、赣之陈光远、皖之张文生，则均仍旧贯。唯湖南之赵恒惕，以联省自治独树一帜，吴以鞭长莫及，和平相处置而不问，遂启尔后唐生智代赵主湘，为北伐洞开门户。此当追源于吴之衡阳撤兵一役，其对南则为不虞之功臣，对北则为引敌之祸首也。

曹吴奉张形成鼎峙

直系方张之势，既如上述。而虎视东北争霸中原之张作霖，于合肥失败之际，自欲分飨杯羹，故亦参加倒段之役，而进兵分驻天津北京一带。一面与曹结儿女亲，冀利用曹以压抑吴；一面保荐梁阁，冀因梁以取中央政权。而曹之左右：曹锐、曹瑛则以亲而妒吴氏之专权，李彦青则以宠而恨吴氏之鄙视（李本澡堂擦背出身，得幸于曹为娈童，后贵为曹之总统府收支处长军事厅长，冯玉祥领军饷亦受制于李而大打折扣，故于二次直奉战倒戈时入京，先捉李毙于天桥，时李方拥妾高卧也），故曹吴初有似合而分之势，因之保、洛、奉亦有三方鼎峙之形。溯曹、张初在天津会议时，因吴侃侃而谈，张直斥“吴不过一师长”，故张始拟联曹以间吴，继欲迫曹以去吴，吴固衔张深，而曹终仍与吴合。曹吴既合，乃一任吴氏主政，而梁阁之争，遂表面化，而直奉之争，亦具体化，继之而总统徐世昌于民国十一年五月下令“着奉军即日悉数出关。”随又令“免张作霖本兼各职听候查办。”张亦于同年七月改称“东三省保安总司令”。盖第一次直奉之战，已预于是年四月底爆发矣。

唐人《陇西行》：“可怜无定河边骨，犹是春闺梦里人。”无定河即桑干河，古之圁水、漯水皆是，一名芦沟，今称永定河。西自陕北榆林、延安，出山西、入河北，汇于大清河，东渐于海。其水深浅不一，流域广袤，春夏泛滥，秋冬干涸，凹道纵横，俨若隘路。在陕北者，为汉唐防边之阨塞，出太行则为燕赵古战场。皖直之战及第一次奉直战，即在燕京南、太行东、黄水北、渤海西，即永定河流域之广大平原。不图古战场仍为今战场，唐人诗可为今人咏也，言之慨然！

记第一次奉直之战

民国十一年春夏之交，奉直冲突，由去吴问题，而梁阁争持；由往来谈判，而电文互诘；由调人奔走，而兵戎相见；终致演成一场大战，是为第一次奉直之战。是役也，前后酝酿几四个月，中间疏解者，有张作霖之恩帅赵尔巽（前清东三省总督，张为其所招安）、北洋元老王士珍、张绍曾与曾任东北疆寄之张锡銮、孟恩远、鲍贵卿及直系亲信曹锐、王承斌等，皆无结果。于是双方调兵遣将，为作战之准备。

奉方据京奉路（即北宁路）之全线，及津浦路北段马厂迤北，与平汉路长辛店以北，包括京南、京东及津沽一带。又驻军于密云及长城之古北口，以控制京北。一面拟以河南之赵倜，与山东之田中玉，牵制洛阳之吴佩孚而消灭之，其视保定之曹锟，固如无物也。殊吴已先发制人，预将冯玉祥由陕督豫，取赵倜而代之，并任为司令防守陇海线（按此时冯尚隶属直系、至二次直奉战，为奉张收买倒戈后，始独树一帜）。吴则将重兵移至京汉线保定迤北及西之战场上，以应奉军主力。此战前双方布置之情形也。

是年三月中旬，奉军设总司令部于落垡，奉张与孙烈臣任奉军正副总司令，军队纷纷调驻上节所列各地。以京汉线为西路，分三梯队，驻长辛店及北京迤南，任张景惠、邹芬、孙殿臣为梯队长。津浦线为东路，任张作相、李景林、张学良为梯队长，驻廊坊、静海、马厂等处。又于东西两路之间沿永定河之线为中路，集中编并之混成支队及补充团若干据守固安一带。直方则以吴佩孚为总司令，设总部于保定。以王承斌为中、西路司令，张福来为中路副司令，张国溶为东路司令，吴则居中伺机亲临前敌。双方阵容，可谓旗鼓相当。直至四月二十八日，张作霖下令总攻，东、西、中各路，遂同时开火。

吴佩孚的贤与不贤

开战之始，奉方以炽盛炮火，猛轰直军，加以骑兵冲击，重点集于西路，颇占优势。翌二十九至三十日，西路激战最烈，尤以争夺长辛店、丰台等阵地，双方进退多次，作殊死战。吴佩孚与奉之张景惠俱亲临督战，此时直军之东路及中路，仍现劣势。由五月一日至三日，各线渐呈相持之局，然奉军火力，仍优于直军。终以吴之奋不顾身，激励将士，猛攻长辛店，进扑卢沟桥，出奇兵绕奉军后方，致奉军不得不由西撤退丰台。长辛店为西路门户，丰台为全局中坚，至此奉方乃转胜为败，四日以后，直军乘势进丰台，攻落垡；其中、东两路，一并纷溃天津军粮城，向山海关退却，于是奉军大败，战局乃告终结。

直系以战胜者之姿态，由吴佩孚建议恢复法统，使民初参、众两院召集复会，欢迎黎元洪复总统位。曹锟及各省军政首长均响应赞成。黎遂于民国十一年六月十二日入京复职，旧国会亦于是年八月一日在北京复会。吴氏此举，似可结束新旧国会之纠纷，与毁法选举总统之争议，宜可安定一时矣！然而不然！

吴氏于胜利之后，虎视洛阳，示不为权位之争，而以中枢大政，坐令昏庸寡德之曹锟，高踞范阳，隐为控制。因而有索饷逼宫，迫走黎氏之举，此出尔反尔，狐埋狐搰也。因而有妄跻尊位、贿选总统之举，此沐猴而冠、自贻伊戚也。因而招致各方责难有三角同盟之结合，此众矢之的，授人以柄也。因而有生聚教训、卷土重来之奉张，此除恶未尽、养痈遗患也。吴氏诚贤矣，高自标致，风雨中州，翊戴孱主，终始不贰，经营江表，无视辽东。然而祸患之来，率伏于满盈之后，虚名之累，每成为矜矫之因。洁己以害其君，犹且不可，况洁己以害天下乎？吾谓吴之贤，正其不贤处也。

大抵吴氏之成功，皆能于险中求胜，是以哀兵愤兵，一鼓作气而得之。幸其所遇之敌，初为皖系之骄兵，此次又为奉张之惰兵。且于胜果，未能多加计虑善为运用，是以徒能耀彩于一时，而不克收成于久远。

张作霖含垢出榆关

奉张军队，久居关外，拥兵自大，无异夜郎，故予称之为惰兵，非若吴部多少尚有北洋典型也。此其一。奉军以关外为家，不免存有胜则享乐，败则东归之想，故其军心涣散。不若吴部对奉有畛域之见，对直有固圉之心。此其二。奉方依京奉铁路为后方漫长之连络线，一切补充，自较直军为难，虽可就地取给，然奉军蛮横，纪律较差，素不为关内百姓所欢迎。以视直军，只叫一声亲切的“老乡”，便已得益不浅。此其三。直军地理熟习，且有广大之后方，偶或败退，仍可增援复战，不易消灭其主力。奉军则反是，小有败挫，必拥集于此唯一之狭长退路——京奉线，且时恐被截于滦东、于山海关。此其四。此一战役，奉方三路大将，老少杂糅，号令不一。中权无劲旅，右翼无将才，吾意若使李芳辰（景林）任西路以代张景惠，以为彼善于此，究不如吴佩孚之新发于铏，背城借一，即王承斌亦临事而惧，有勇知方。此其五。执是以观，胜负之数，岂偶然哉！

奉张含垢东归，收罗人才，刷新军政。越两年，将以第二次直奉战，雪耻于关内。辘轳之战，更有大观。此是后话。

当民国十一年直军之战胜奉军也，曹仲珊鹰扬河朔，吴子玉虎视中州。曹更于是年十二月在保定光园庆祝六十晋一寿辰，吴亦于翌年四月在洛阳欢度五十大寿，各方显要及两院议员多奔走恐后，麕集祝嘏，而吴以英名赫奕，尤多名流颂赞。世所傳诵康南海撰赠之“牧野鹰扬，百岁功名才半纪；洛阳虎视，八方风雨会中州”寿联，而又有人以文圣、武圣相标榜者，即在此时。盖直系之极盛时代，吴氏亦正如日丽中天也。

曹锟贿选每票五千

曹锟于民国七年新国会选举徐世昌为总统时，即与张作霖争思染指副总统一席，以段氏当政未果。今既两次胜利，高下在心，急欲一登总统宝座。徒以吴氏已主张迎黎，同时复阴阻曹之急进，虽不欲重违吴意，亦不肯恝然罢手，遂由直督王承斌，曹之弟侄曹锐、曹锳，嬖人李彦青等奔走部署，先以驱黎运动为入手，继之以收买议员贿选总统。以洛吴仅处于消极反对之地位，因即不顾一切肆意进行，此当时所以有津保派与洛阳派之分也。

驱黎方法，不一而足，先之以排斥历届内阁，使颜惠庆、王宠惠、张绍曾皆不安于位。而又借事生风，如财长罗文干之两次被捕，土匪孙美瑶之劫车巨案，或扩大事态，或牵动外交，皆故使政府为难。最后更图穷匕首见，发动所谓驱黎请愿团，又嗾使军警罢岗，包围总统府，于是黎乃于民国十二年六月挟国玺出京，盖自民国十一年六月复职，及今仅一载耳。遡黎氏以晚清协统（相当于旅长）自始被迫为辛亥首义之都督、而副总统、而以亲王困居瀛台、而大总统、而两次出走，可谓终生傀儡。甚矣！时势造英雄而不能再造时势。若黎氏者，得保首领以殁，其亦食庸人之赐乎？

黎既赴津，政府已成真空，国会通过以高凌蔚摄政，而曹锟乃得放手进行贿选。据当年报章所传，证以议员邵次公所发表之贿选支票为每票大洋五千元。邵氏以接受贿选姿态取得支票，出京后在报章影印发表。计当选票数为四百八十票，合银二百四十万。其中有故示反对，强而后可。及两院议长与夫特别出力之议员秘密交易之数字，尚不在内。约计之，当三百万有奇，以当日之币值，可谓巨矣。

齐卢之战为小插曲

贿选既成，曹乃于是年双十节就职，由是各方指摘，纷至沓来。中山先生以大元帅名义通电讨伐并通缉贿选议员，段合肥亦在天津发出讨曹电，段系之浙督卢永祥（子嘉）亦与淞沪护军使何丰林宣布曹锟罪状，而奉系之张作霖更以镇武军总司令名义通电声讨曹、吴，一面支持卢永祥与苏督齐燮元作战，一面以二十万大兵入关。于此已见多年结合三角同盟之形势，充分表现，而第二次奉直大战，亦于焉开始。

齐卢之战，发生于民国十三年九月三日，可为此次奉直战之绪战，本与奉方相约为南北呼应。殊奉张至九月十五日始命将出师，而又距离甚远，无从应援，昆山一战，卢方失利，孙传芳又由闽至浙乘其后，遂致段氏失去浙沪地盘。齐固旋得旋失，而于尔后段氏执政时之政治地位，则大受影响。其间收渔人之利者，则孙传芳（馨远）耳。原来齐、卢双方为争上海之鸦片收入，业已冷战多年，淞沪警察厅长徐国梁之被刺于长滨路温泉浴室门口，正是苏浙暗斗之高潮。此次局部之战，一方则以响应奉张，为统一东南之计，一方则讨好直系，收猎取上海之功。结果齐燮元不旋踵间，即为南下之奉军所消灭，而代以杨宇霆。卢虽曾由段执政以苏院宣抚使率第一军张宗昌南下，而徒拥虚名，喧赫多年之卢嘉帅，亦从此不振，齐卢之战，正是奉直大战前奏之一小插曲也。

奉张败归决心改革

奉张自上次败退关外，深自韬晦，表现出许多不平凡的作为。其能罗致新人，刷新军政，运用同盟，谋定后动，更见其大刀阔斧，坚毅不拔，有雪耻之决心、复兴之伟抱焉。

作霖既决心改革，每虑其旧人顽梗不化，尝检讨而申儆之，以为当年青纱幛（北方高粱窠盛起之称）里打烂仗，非可语于疆场作战也。三山五岳人马，非经营海内之工具也。蓬头短后，瞋目语难，得之于关外者，非可得之于关内也。至于绿林式之故步自封，行伍式之执迷不悟，皆属过去一阶段之残余，自宜彻底更张，登用新人，以为卷土重来之计。

其时所引用者，以军事人才为第一。杨宇霆（邻葛）为参谋长，总持一切。韩麟春（芳辰）姜登选（朝六）管理陆军整理处，主持征拔人才，筹划编练事宜。一时各方投效者，络绎不绝。举凡士官、陆大速成、保定之不得志者，几于尽入彀中。又以东北讲武堂，造就初级干部，任萧叔宣为教育长。李景林、郭松龄、张学良、王兴文、荣臻、鲍文樾、富双英、胡毓坤、刘一飞……统领新军。更成立航空处，为中国地方军拥有航空部队之始。蓬勃气象，一时称盛。

杨宇霆又兼办东北兵工厂，由留法学生吴晋等为之购置机械器材，规模之大几为全国冠。盖当时国内有四所兵工厂——上海龙华、汉阳、德州、巩县，或半途停顿，或为军阀所把持，或制造力各有短长，实皆远逊于东北兵工厂也。

至于旧军人吴俊升、万福麟、汤玉麟等，仍为作霖看守东北地盘，自固吾圉。张作相、许兰洲、张宗昌、褚玉璞、穆春辈，则备冲锋陷阵之用，俾新旧各得其所。文治派更有王永江、莫德惠、郑谦、刘哲……，而臧式毅尤以稳健派之军人，周旋于其间。关外部署，既粗具规模，乃进而接洽三角同盟，以为远交近攻之计。尤其有关胜负最大策略之一，为以巨金收买直军将领，而得到事半功倍之效果。此其战前各种布置之大概情形也。

奉直二次大战阵容

迨民国十三年九月中旬，奉张出兵二十万，自任镇威军总司令，杨宇霆为总参谋长。分任姜登选为第一路司令，韩麟春为副司令；李景林为第二路司令，张宗昌副之；张学良为第三路司令，郭松龄副之；张作相为第四路司令；吴俊升为第五路司令；许兰洲为第六路司令，吴光新副之。

直军方面：以吴佩孚为总司令，王承斌副之。下分三军：以彭寿莘为第一军总司令，王怀庆为第二军总司令，冯玉祥为第三军总司令，每军各分二、三路不等。又以张福来为援军总司令，下分十路。另以杜锡珪、温树德分任海军正副司令。计陆军亦有二十余万之谱。

就表面观察，双方似皆有盛大之阵容。然细加分析，则直军之弱点较多。盖直军之可靠者，可说只有第一军，因彭寿莘、王维城、董政国皆吴之嫡系也。王怀庆资格虽老，绝非战将，且所部皆杂凑成军。至所谓十路援军，皆与直系无深切关系，战斗序列，等于空摆场面，直同儿戏。至冯玉祥平时待遇不公，每亲谒曹锟请饷，辄受制于总统府军事厅长兼公府收支处长娈童出身之李彦青，横加克扣，即无他因，亦决不为曹吴而战；海军更是空架子。我认为这是秀才兵法，好看而已。胜负只寄望于第一军了。

冯玉祥倒戈囚曹锟

我们再看奉军编制。奉军主力，以精锐之第一路第三路，附有空军正对山海关、九门口、石门塞等处为左翼。而以第二路由义州、朝阳南出冷口为中路，吴光新、穆春之骑兵军经朝阳、建平、赤峰、平泉直趋承德为右翼。在当时情形，奉军左翼最坚强而雄厚，中路最轻捷而勇敢，右翼最薄弱，诚不足以当冯军之一击。至于直军，吴佩孚亲率其主力之第一军沿京奉路（即北宁路）直捣榆关——即山海关为右翼，冯军取热河为左翼。余军或集中，或驻防原地，分布于长城以内广大之幅员中。严格地说，除第一军外，其他皆作壁上观。此双方对垒形势之大较也。

自十月五日接触开始，至十一日，奉军猛扑山海关，激战至十七日，山海关、九门口战况愈烈，双方死亡枕藉，直军为奉方飞机所控制，死亡达数万之众，旋即占领九门口，奉军乘胜入关。而李景林张宗昌亦先后破冷口，直趋乐州，截断直军退路。直军以纵长单线之津榆一段铁路，又为不守交通则例之军队，将无数军车，充塞轨道，致军无退路，直军乃大败。栾东一带，几于全部缴械。吴佩孚乃仓皇南下。

先是冯军进至热河之平泉，与吴光新军遇，仅作戏剧性之接触，即全师而返，转瞬间，后方变为前方。而京绥路居庸关、古北口、喜峰口一带所有冯军，悉其全力，向北京急退。冯军素以夜行军、急行军著称于时，直军猝不及防，加以胡景翼及京畿警备副司令孙岳与冯早有联洽，一夕之间，全城易帜，如入无人之境，冯之先头司令鹿钟麟，瑞伯首先入城，围总统府，囚曹锟于延庆楼。曹亦寻例下令停战，而所谓第二次奉直之战，亦于是告终。

冯玉祥一生行事，皆具有不平凡的动作。自辛亥随张绍曾之第二十镇以营长在滦州起义；民国五年，在成都倒陈宧之戈；民国六年，武穴独立，是为北洋军队以旅长（时为第七混成旅旅长）敢于独立之始；此次奉直战役倒曹吴之戈；及尔后反奉、反段乃至参加革命后历次反蒋：小之影响一时之政局，大之乃动天下之兵，真可谓行伍出身中之怪杰。而尤以民民国十三年挥戈入京所表演之三幕剧（围府、逼宫、锄阉）最为有声有色，精彩绝伦！

围公府、囚曹锟

冯于联奉反直之先，已密授机宜于其先遣司令鹿钟麟（后为京畿警备总司令），令其入京后，以迅雷不及掩耳之手段，先办三件事：即围公府、囚曹锟，入清宫、逐溥仪（宣统帝），锄嬖幸、杀李彦青（时号小李是也。鹿为人潜沉不露，坚毅有文，在冯系各将领中最为资深，对于其所执行之使命，亦殊淋漓有致）。

先讲围府囚曹一幕。曹仲珊本忠厚平庸之辈，段合肥与奉张举视为无足轻重之人，目标实只在倒吴，对曹本无过分为难之意。至于“贿选”一辞，不过借为声罪致讨之表面文章耳。试问吾国自清末，办理咨议局选举以至今日，大者如选举国会议员、选举总统，小者如社团、如党会、如地方自治、如乡市议会之选举，大概不出势力威胁、金钱收买与党团运用诸途，兵围国会、暴民请愿无论矣。吃一碗面，开流水席，送程仪，送交际费，麻袋装钞票，汽车装金条，花样百出，名目繁多，何一非贿选。甚至如最开明之某国，宣传费之浩大，宣传伎俩之离奇，又何一非变相之贿选。盈天下皆贿选也，所谓“戏法人人会变，各有巧妙不同”耳，又何能以区区五千元一票独责曹锟。故囚曹一举，冯实主之。冯之难为人下，更甚于吴；其暂隶直系，羽毛未丰耳。而又待之以杂军，厄之以军饷，辱之以小李，冯既不能得吴而甘心，遂乃借曹而泄愤。延庆楼位在中南海，本总统府之一部，曹居楼上，下驻守兵，在当时满城风雨，认为莫大新闻。自今日世界各国下台首领观之：有流亡者、有囚禁者、有徒刑者、有大辟者。曹氏仅于短期中由段执政改派卫队团长武九清监视，武系当年曹部之军士，吴光新之卫队长，善于趋承，日侍曹之左右，呼总统如仪，曹亦居之自乐。且日写一笔虎字（此为北洋高级军官最拿手本领，以眩其能文），以赐守卒。囚一载余，至民国十五年四月始被释出，移居西城羊市大街某宅，寻迁天津以终。段氏初亦未入总统府，改以铁狮子胡同老陆军部为执政府，以性懒，即在其吉兆胡同私宅办公。此后在津，段曹之间，亦如尹邢之避面也。

入清宫、逐溥仪

至逼宫一幕：清室逊位，享受优待条件，听其盘踞宫廷十有余年。翎顶招摇，命官予谥，依旧小朝廷模样，此千古亡国者得未曾有之奇局。项城避篡窃之名，或者保有此帝室衣冠，以影响国人恢复牵制心理，犹有说也。复辟之役，清室已丧失其优待资格。段合肥于马厂誓师之后，不能当机立断，取消优待，驱逐出宫，不可说也。意者合肥犹有余情于君臣之份乎？（合肥在清末已署理江北提督授官正都统。清制正、副、协都统，相当于上、中、少将。正、副、协参领，相当上、中、少校。军校相当尉官。）清室于复辟后，不知警惕，自动出宫，此尤不可说也。因为几方面不从大义上着想，乃成全冯玉祥。他灵机一动，名正言顺地赶溥仪出宫（逃入东交民巷转赴津），从容不迫地接收故宫。

锄嬖幸、杀小李

此外还有一幕，就是枪毙阉竖型的李彦青。

李本是澡堂擦背出身，生得面如冠玉，肤如凝脂，而又体态轻盈，状如妇人女子，曹锟有断袖癖，时以统带。团长驻防保定，一见生情，收为内侍，固一娈童厮养也。二十年来，宠幸不衰，甚至中媾贻羞，墙茨不扫（曹之戚属白某，在津为我详言曹氏家庭黑幕，有非一般人意想所及者。实亦不堪缕述，以污管氏）。迨曹任总统，竟以李彦青为公府收支处长兼军事厅长。收支处长，本管公府收支，军饷应由财政部解交陆军部分发，而李竟越权兼管军饷出纳，予夺由于好恶，克扣视为例行，权倾内外，人人侧目。冯玉祥自陕督率部转任豫督，在洛阳卧榻之侧，低首下心，毫无活动余地。吴对军饷，一概委诸政府，及派军需至京，并小李亦不得一见。某次冯亲自入京，谒见曹氏。曹亲批三十万，命到收支处领取。据吾友曾任曹之总统府秘书长及内务总长，内政部长之某君于民十八年在天津亲口告予，当时冯见小李有如下之情形及对白：

冯服军服进门后，拍地一声立正，脱帽鞠躬（室内敬礼，西北军最做得精神，所以孙连仲能见信于陈诚），口称："报告厅长，玉祥奉总统命来见。"李兀坐椅上，但以手一扬，"请坐！"冯答："厅长在此，哪有玉祥坐的。"李再扬手请坐，冯乃侧身以臀尖斜坐椅角（这是西北军对上司的规矩）。以后谈到领饷，每谈一句，冯必口称厅长，起立一次，极尽恭谨之能事。最后李乃答应发给一十万，但须缴入三十万印收。盖冯以督军身份，特意如此卑躬屈节，仅领得三分之一，他可知矣。

吾友直北人，告余时形容尽致，予几不敢置信，始知十常侍、魏忠贤之流，虽文如宰辅，武如边帅，未尝不含之深而事之谨。区区小李，尚不足以比李莲英、小德张，乃竟敢跋扈倨傲，捋冯氏之虎须，其终取杀身之祸也，宜哉！

冯军入京，稍事布置，即派兵往李宅掩捕。其时小李爪牙，一闻冯军进城，亟往密报，促其逃亡。殊李自贵显后，官架十足。凡遇其睡眠时，任何人任何事均不得惊醒。此际天方黎明，李正拥妾高卧，诸仆役踟蹰不敢通报，转瞬间而逻者已至。遂于温柔乡中裹而缚之，随即押赴天桥（旧京刑人，本在骡马市大街之菜市口，民后改在天桥）饮弹毙命。其人其事，固不足道，然冯氏要在出一口冤气，仍认为一幕闹剧也。

以上为冯军倒戈入京后所做的三件事。

北洋事、仅及半

今且就二次奉直战后各方局势，分析条目，以便有所归纳。

一、吴佩孚逃亡之经过。

二、奉军南下之情形。

三、国民军——冯军在京畿及京汉线之情形。

四、孙传芳之崛起。

五、奉冯反目与郭松龄之内变。

六、吴佩孚之东山再起。

奉直战局既定，段祺瑞以临时执政主持中枢，勉维北政府局面。因为奉军全力注重东路，长驱苏沪，占领津浦全线，歼灭齐燮元，以杨宇霆督苏，立脚未稳，故有孙传芳五省联军之崛起。因为冯军全力注重西路，以编并之国民二军胡景翼督豫，国民三军孙岳部驻京汉北段，而于湖北之萧耀南部未能彻底肃清，故有吴佩孚之乘机再起。因为冯军把持北京，故奉冯反目，围京驱冯，冯退南口，更有联络郭松龄叛奉之举。因为冯军失去北京及热河之凭借，辗转退入陕甘，故终于投入革命军旗下。因为吴佩孚再起汉皋，故有汀泗桥、贺胜桥之血战，遂敲起北洋第一次丧钟。因为孙传芳坐视吴败，与革命军大战于浙赣，遂敲起北洋第二次丧钟。嗣是而龙潭再败，奉张出关，北洋至此，乃寿终正寝。这其间最能屹立不动，沉机观变，保有三晋之山河，终始民国之正朔者，独一阎锡山耳。

庖丁解牛有言曰："始臣解牛之时，所见无非牛者。"又曰："批大郤，导大窾。"更曰："每至于族，吾见其难为。"吾写北洋事，今仅及半盖所见无非牛。既感批导之艰，更苦难为之族。刀折矣，技逊庖丁远矣。箭在弦上，欲罢不能。

五十年来，南北领袖之失败，美其名曰下野，核其实为逃亡。其归藏养晦之目的地：在北，则天津、大连；在南，则香港；在长江方面，则上海、日本。几为穷蹙出亡之轻车熟路，而东山再起之不二法门。独吴佩孚则不然！他于二次奉直战丧败之余，力持不入租界之矢言。初则遵海而南，继则遡江西上，犹复徘徊郑洛，栖迟鸡公山，小住黄冈，托庇岳阳，以迨汉口查家墩之复出。其辗转奔投之经过，与坚毅硬斡之精神，实非历来下野人物所能望其项背！

舟中敌国、独立苍茫

民国十三年十月底，奉军既占山海关、秦皇岛，日方又牒直军不得利用秦皇岛总退却，于是佩孚乃于塘沽乘军舰南驶，第一步抵烟台，拟假道山东入豫，鲁督郑士琦拒不纳，即乞其补充舰上水米亦不与。南行入吴淞，转长江，过南京；苏督齐燮元登舰会议，极尽拥护之忱，旋即联络十省军政长官及海军将领二十一人通电拥吴在武昌组织护宪军政府。此时齐与浙卢战衅将启，正感孤立，故有此空中楼阁雪中送炭之举。盖前者不啻重耳出亡野人之与块，而后者乃若齐、秦之相接纳也。在宁二日，西行至汉口，鄂督萧耀南本吴嫡系部将，但事先已输诚段执政，乃阴嗾湖北各团体反对吴组护宪军政府，吴遂乘车入豫，经郑州转洛阳，组护宪军总司令部，盖以豫中尚有余部可用也。殊不知大势一去，舟中皆敌国，河南张钫等在郑州组弭兵会，反对在豫作战，陕军憨玉昆逼吴由洛退郑，胡景翼军又南下逼退信阳，继之萧耀南更拒吴入鄂，并请下野，于是，吴乃感到四面楚歌，点段请入鸡公山养病。鸡公山当郑豫之交，为避暑胜地，胡景翼已奉段命督豫，因进兵迫吴离去。吴不得已下山入鄂，鄂人又于广水拆路轨阻其南下，几经疏解，始于民国十四年元旦抵汉口大智门。萧耀南即劝其入法租界，又愿备资斧请其出洋，皆不听，吴已深知萧之不忠于己，且不欲其留汉，乃乘“决川”舰东下黄州。黄州虽可流连风景，然非驻足之区，加以第二舰队司令许建廷奉命率舰捕吴，吴于此际，真有独立苍茫之感矣。适湖南省长力主联省自治之赵炎午（恒惕）电邀吴氏赴湘，供给给养，力任保护，遂以“决川”“浚蜀”二舰及随从官兵乘风雨晦冥冲过武汉，径驶岳州，盖恐许建廷之见逼，与萧耀南之截留也。至此距由塘沽南下，正三个月，几无日不在忧患中，然而未几，又一片潮声下洞庭矣。此其逃亡之经过也。

奉军南下、势力大张

兹且搁下吴之暂住岳州不谈，姑先叙述奉军入关后部署之情形：

奉军自入关后，直军对于总退却，几陷于毫无办法，一因秦皇岛受日方之警告，难于利用，且缺少运输舰；二因京榆段车路阻塞，无法疏通；三因李景林张宗昌吴光新三路由冷口迁安，径占滦州，将直军归路截断，以致首尾隔绝，后援无望。东路四万余众，全被缴械，高级将领亦多数被俘。天津方面，冯部虽已占领杨村，唯因吴光新之旧部第二十师在小站受编仍在奉方势力之下。于是奉军以全力沿津浦路南进，以李景为直隶督办（原任王承斌降后匿津租界）；张宗昌为山东督办（原任郑士琦被逐）；姜登选为安徽督办，原任张文生张勋部，号安武军，望风而逃；只南京之齐燮元，方以战胜卢永祥，统一淞沪，一面通电拥段，一面又对吴大送秋波，冀以左右逢源之态势，保全位置。但段以致憾于卢之失败，即任卢为苏皖宣抚使，率张宗昌之第一军南下驱齐。齐固不敌而去，卢亦以无实力，不为奉方所容，因任杨宇霆为江苏督办，郑谦为省长。张宗昌遂长驱东下，占苏常，入上海，此一东南触角，遂为奉军极盛时代阑入长江之终点，不旋踵遂予孙传芳以崛起之机矣。

冯驻京畿、把持过甚

以上为奉军东路南下扩展之情形。今再叙述国民军在京畿及京汉线之情形。冯玉祥以“先入关者王”之态势，掌握北京。以其嫡系部队张之江占领京东廊坊杨村，控制天津；鹿钟麟坐镇京畿，监临段执政，同时收编南、北、西苑一带之直军余部，以宋哲元驻热河，李鸣钟跨察、绥，为其基本部队所谓国民第一军之本阵地。另以痴肥臃肿之国民第二军胡景翼督豫，后继者为岳维峻；病骨支离之国民三军孙岳占京汉北段直隶西偏；因奉方先已发表李景林为直督，故孙岳不特不能正位北直，在奉方且视为卧榻鼾睡之人。至于河南情形，更见复杂：有吴佩孚之余部靳云鹗、寇英杰、王维城……有陆军之憨朝玺、李纪才、有镇嵩军之刘镇华；真是三山五岳人马，国民二军自然统御不了，更谈不上进窥武汉，彻底消灭直系之萧耀南。故冯氏在京，则因把持过甚，遭张作霖之忌，终成奉、冯破裂之局。而在京汉线，则因未能掌握中原，展足长江，终成吴氏重来之局。盖奉张与冯，对于东西两路战胜之果实，皆有其重大之失策在也。

战胜而骄、奉冯破裂

闾尝论北方形势：以北京居中御外，负扆长城，曳尾蒙疆，骈拇辽海；南下则循津浦、京汉两线并辔长驱，集中于南京、武汉，为东西两螯；夫然后横贯长江，垂绅陇海，乃进而从容图南——此双管齐下左右逢源之道也。今奉方专骛于东，杨邻葛以虚誉督苏，立脚未稳；张宗昌漫无纪律，隳突东南；此夔一足也。冯玉祥既经营西路，乃以新附之国民二、三军，当中原、直北纷扰之局，既不能肃清携贰，更无力底定江表，此一足尚无着处，自然跛不能行。而所据之察、热、绥、皆不足以自给。迨至奉军围京，退出口外，苟安于平地泉，流转于西北，归命于国府，支离灭裂，反复多端，其不能成大业也宜哉！

奉、冯破裂，当然以冯之把持北京，为主要原因，而策动郭松龄倒戈，尤为奉张所深恨。当张作霖第一次战败锐意革新之时，成立二、六旅，以张学良与郭松龄分任旅长，组联合司令部，作霖对郭，不啻父子之亲，而郭与学良亦同昆弟之谊。唯学良幼而好弄，军权不免操自郭氏，且二、六两旅，实亦东北之精锐。山海关之役，战功实多，殊战后杨宇霆、姜登选、张宗昌、李景林皆弹冠相庆，各掌封圻，郭本急功近利之徒，不免异想天开，以捧少帅，倒老帅，革新东北为号召，又未顾及日人在东北特殊情形，利用人子以歼其父，孔子所谓“名不正则事不成”也，其失败被杀，自在意中。此役已有人记述，兹不多赘。独惜此一小插曲中，有名流林长民及以骈四俪六电文名世之黎总统秘书长饶汉祥皆参加被杀。此乃文人不审利害依附军人之结果。张其煌（吴佩孚秘书长）死于乱军，皆此类也。

在全国大动乱时期，军阀之起伏，本可视为寻常。然就每一集团成败经过之实际情形，详加推察，或因地利，或因人和，或因时会，或以内腐而溃，或以外力而不支。无论其为大、小方面，强、弱集团，皆有其不可移易之因素在。而一切因素之和，要当归之于人事。自民国九年段祺瑞下野以后，东南五省，苏、浙、皖、赣、闽势力之消长，莫不由此道也。

欲悉当时东南之形势，必先明了三个集团（苏、皖、赣齐燮元；浙、沪卢永祥；福建王永泉）之形成。能明了此三集团利害之衡突，即知其招致覆亡之原因。知此三者亡之忽，即知孙传芳之兴之勃。知孙之兴之勃，亦知其亡之忽矣。今欲述孙传芳之崛起，先写几句开场白。

李纯之死与齐燮元

自项城于癸丑革命失败后，派冯国璋以宣武上将军名义，驻节南京，坐镇东南。冯任副总统入京后，即调任江西督军李纯（秀山）为江苏督军，兼苏、皖、赣巡阅使，按即前清两江总督之变称，此苏皖赣成为军政特区之始。时陈光远督赣，倪嗣冲督皖，军队则以李纯之第六师（即北洋第六镇）与陈之第十二师，李纪才之第十一师（十一、十二两师为项城模范团所扩充）为主力。不料李纯以暧昧不明之故，猝被枪杀于督署。有谓其爱妾与马弁（时尚无随从称副官之恶习）某私于室中，偶为李所撞破，弁知不免，遂拔枪射杀之。其事言人人殊。时齐燮元为督署参谋长，兼金陵镇守使，秘不发丧，密于署中代制遗书，谓为忧国而自戕。政府虽明知其伪，亦遂因而褒扬之，以掩其丑。齐本陆大出身，资望虽浅，而工于权谋，自非军中一般老粗可比。当三军无主之时，发动省议会及地方各公团一致拥齐，并投拜南通张殿撰謇，函电交驰，以齐继任，幕后附有张謇之子孝若为江苏省长之条件，后为省议员所反对而罢。北府未能重违众意，齐氏遂轻取兼圻。自是齐抚帅（齐字抚万）之声望日隆，隐为东南重镇；此苏皖赣一集团成立先后之经过也。

浙沪集团与王永泉

上海初未设市，本属江苏范围。自淞沪护军使郑汝成被国民党暗杀后，即以第四师长（原北洋第四镇杨善德继任淞沪）寻浙督朱瑞去职，杨升任浙督，卢永祥补淞沪缺。最后卢继杨递升浙督，何丰林主淞沪。由此淞沪遂为浙省之附庸，而成苏浙明争暗斗之杼轴。民国八年段祺瑞既失势，三角同盟，甚嚣尘上，卢嘉帅（卢永祥字子嘉）成为段氏告朔之饩羊。浙沪地盘，骎骎为民国九年至十三年期间纵横捭阖交易而道之无上瑰宝，以其财赋充足地处要津也。此为浙沪集团之沿革。

福建自李厚基去职后，王永泉（字百川）以军务帮办兼掌军民，控制闽省，其弟永彝统兵驻兴、泉、永财赋之区。臧致平（字和斋）以厦门总司令驻兵漳厦，南结民军虚与委蛇（时赖世璜以民军师长驻闽南上杭、龙岩、永定一带，每至厦门与臧周旋），王永泉系段氏门生（北洋出身送日本士官），臧致平本皖籍宿将，皆与合肥信使往还，为三角同盟中段氏之第二注本钱。这三集团，本来各有其历史，各有其实力，且各有其深厚之背景。假使齐卢之战，卢氏一战而胜，因而移节金陵，奄有长江下游，南连闽海，则奉军无南下之必要，而段之执政，不致为徒拥虚名之孱主，北洋历史，或可改观。齐既胜卢，若能保此一隅，不为奉军所消灭，亦未尝不可为吴佩孚再起汉皋之呼应。然而卢之败，固堕其盛名，隐毁段氏，而齐之胜卢，亦不旋踵而败于奉，奉亦不能固守而有之。此中微妙之契机，似皆为孙传芳之五省联帅造机会者。武侯所谓“难平者事也”非此类耶。

孙传芳的三次机会

孙传芳，字馨远，留日士官第六期毕业。貌清癯，性机警，鲁人，与王占元（子春）为同乡。初隶王之第二师，即北洋第二镇，驻防湖北多年，无籍籍之名。民国十年，直系利用鄂人驱王占元，以萧耀南取代鄂督，其实王氏于皖直战初期，曾扣留皖系要员吴光新于武昌，消灭皖系在长江上游大部队，替直系出力不少，至此实为鸟尽弓藏，所以王部之第二师成为愤兵，孙氏领其余众，移防赣东及闽之上游邵武、延平一带，此为其发轫初基，亦是其艰虞岁月。延平踞闽侯上游，有高屋建瓴之势。王永泉在福州志得意满，以孙为同学而易与，孙亦轻车简从，往来福州。王尚懵懵然，不知卧榻之侧，早已有人鼾睡矣。会王弟永彝在闽中横暴失人心，闽南又有杨化昭率军投浙，王永泉在福州既失控制，臧致平对漳厦无凭依，孙氏乃不费一弹，据有闽省。此为其第一次机会。

齐卢之战，既在上海闵行、浏河一带发动，浙军纷纷北调，驻沪之第四师长陈乐山本荒于酒色，何丰林又愚钝昏庸，卢子嘉养尊处优，视齐如无物，而不知其部下多年浸润于山水之胜，已无奋勇作战之人，一败涂地，自在意中。唯卢既失败，浙亦空虚；齐虽战胜，喘息未定，更无暇图浙。孙氏乃挥军北进，占领浙省。此为其第二次机会。

直系首领吴佩孚既败，齐已无所附丽，加之奉军欲争取东南，段亦欲得而甘心，于是奉军乘战胜之威，以泰山压卵之势，入金陵、下苏沪，齐抚万算赢得个惨胜，依然落荒而走。此际局面，似可伪一定时矣。而不料奉军外有冯玉祥之敌视，内有郭松龄之萧墙。张宗昌、褚玉璞以漫无纪律之师，远略苏沪。杨宇霆、郑鸣之以帷幄管记之才，挂名疆寄，遂令孙传芳以浙、闽之根据，着讨奉之先鞭。浙军陈仪、周凤岐，苏军白宝山、郑俊彦等亦纷起响应，奉军遂于十四年十一月退出徐州，孙传芳任陈仪为徐州总司令，遂得占领江苏。此为其第三次机会。

得此三大机会，而孙之羽翼以成，乃于是年十月十五日，自任苏、浙、闽、赣、皖五省联军总司令，此孙氏崛起之经过情形也。

孙传芳以期月之间，奄有东南半壁。当齐卢鏖战之后，张杨撤退之交，收拾余烬，一新耳目，过江名士，群集金陵，孙联帅之旌旗，顿为各方所瞩目，宜若可以称雄江左矣！然而北伐军以方张之势，掀天动地而来，大时代之洪流，终将钟鼎山林，野马尘埃，巨细靡遗，席卷以去。所谓“兴也勃、亡也忽。”势也，亦数也。孟子曰：“亦运而已矣。”今之经营天下者，既得之而旋失之，诚运输之隶也。稼轩词：“吴楚地，东南坼；英雄事，曹刘敌。被西风吹尽，了无陈迹。楼观才成人已去，旌旗未卷头先白。叹人间，哀乐转相寻，今犹昔。”后之视今，亦犹今之视昔；不其然乎！

五省联军的新局面

孙传芳以江苏为文物之邦，上海为通商重镇，乃敦请名流陈陶遗为江苏省长，地质专家丁文江（在君）为上海市政督办，此为军阀时代注意上海市政之始，亦即此后设市之滥觞。丁氏以科学家之精神，悉心擘划，时间维暂，实为他日树之萧规。陈氏以文治派作风，刷新吏治，整理财政，为苏省偿还公债数十万，更为历届军阀卵翼下之省长所得未曾有。苏省本无劲旅，如马玉仁、白宝山等之在苏北皆地方性乌合之众。大江以南，孙之嫡系部队，已足坐镇，唯浙省则子大于母，故孙之于浙，处处表示倚畀浙人，原有三师，概未更动。而以夏超主政，周凤岐、张载阳、童葆萱等掌军。另调陈仪为徐州总司令，与奉军张宗昌部划疆而守，掌其北门之管。苏浙既定，皖赣两省，更若风行草偃。皖省自倪嗣冲去职后（倪氏于复辟前后，主持督军团，甚觉猖狂，随于民国九年去位，上文所写微误），张文生、马联甲之安武军，纯系清末之巡防营，奉军南下，姜登选席未暇暖，自余如陈调元、王普诸将，皆望风归命之流，故能传檄而定。江西自李秀山督苏、陈光远挟第十一、十二两师精锐（此系项城模范团所孕育之队伍）督赣多年，腰缠既满，早无远志。其第十一师开京沪线作战，师长李奎元在南翔镇坠楼而亡。且自二次革命李烈钧失败后，久在北军掌握之下，至是亦入孙氏五省范围之内，而五省联军之局面以成。

陈光远一部饭碗经

因写到陈光远，不禁想到其在赣时另一作风，颇饶兴趣。

陈光远的饭碗经：陈在江西，另有一套作风，注意解决其部属的饭碗问题。他将全省县长、税局，及各项差缺、局所，分别加以调查，何者正规收入若干，陋规及积弊所入若干，详细列表，密置于其签押房中；再将其嫡系职官，权衡其劳积大小、年资多寡、地位高下、关系亲疏、家累轻重，退职后需资金若干，可以维持生活。规定某也几千，某也几万，亦详细列表，完成初步计划之标准。第二步则分别差委，某当县长、某当局长、某优缺、某次缺，或经年而调，或数月而迁，则默计其所得而取盈焉。如此更番调济，各有所得，而各如其份。陈氏本人，则有军事费、机密费、临时费、税收小比（按从前税收，多为包税制。照比较定额，若投标然。有大比，公开缴纳者；有小比，报效主官者）以及各种巧立名目之报销，自然保有一大饭碗。余则自督署、省署幕僚以至军队首长，亦皆分润大中小饭碗有差。既无偏枯之弊，亦无向隅之憾，实做到有饭大家吃，而皆大欢喜。

陈氏下台后，息影津门，其所部正不少小康之家。于是亦纷纷在津置产，大小公馆，环拱如列星，暇则追陪左右，以卫生麻将，为例行之娱乐。林下风光，优游自在。此于北洋诸将，可算别创一格。此颇似变相之分脏，与物业之配给。在贪夫中尚能顾及部属，军阀中下驷而上达者德。因忆多年后，本港颇有几位过气大佬，洋房汽车，铁门严扃，保镖随护，恶狗守门；而借贷者纷来，索饷者麕集。乃至乞灵外警，驱逐同胞；甚有接恐吓之函，杯蛇弓影；来不速之客，匕现图穷；此当为老粗督军陈光远所窃笑矣。

金陵王气·别有所钟

闲话表过，言归正传，孙传芳既雄踞五省，在北方则曹吴新败，张冯交讧，段执政亦强弩之末。大有江东孙郎，目无余子，以为整军经武，自固吾圉，莫予毒也已。于是雍容裘带，雅歌投壶（孙曾于南京集合名流仿古礼举行投壶，时论讥之。予以为揖让之争，投壶、射箭，皆无不可。不一定高尔夫球方算文明，唯非其时耳），习礼周旋，虚名陶醉。孰知黄浦高潮，南风方竞，金陵王气，别有所钟。霹雳一声，国民革命军已奋起北伐之师，西取湘鄂，东袭浙赣矣。

当北伐之初，吴佩孚已再起汉皋（此节下文再述），以其残破之余，与方兴之革命军，血战于湘鄂之郊。孙氏坐观成败，莫能救也。迨武汉已下，蒋介石移节高安，经略赣东，孙乃感觉局势严重，不能再作壁上观，遂乘江新舰泊驻九江，总部并设舰上。此时双方胜负，两无把握，便有酝酿谈判议和者，而以孙部之徐州总司令陈仪（字公洽）为最努力。陈氏赋性中和，整饬有方，既隶孙部，又爱护国民党，诚恐两败俱伤，故派其参谋长葛敬恩（湛侯）赴汉进行和谈。彼时南方固无把握灭孙，孙亦无意图南，但求自保而已。微闻条件中之最扞格者，为孙方坚持要用五色国旗，遂成僵局。孙犹自大，以为南军不足平。而浙省之旧军人，除陈公洽外，若蒋尊簋、吕公望、张载扬、周凤岐（周后任第二十六军军长主浙，蒋氏第一次下野过杭赴日，索二十万，亦靳而不与，终于抗战之初，将附维新政府任绥靖部被杀于沪。虽顺逆之势应尔，亦恩怨之报昭然）、夏超（夏任省长，与革命军战，被俘而死）等，多不嗛于蒋。故孙于东路（即浙西）作战，一委之浙军，而注其全力于赣省。迨赣西失利，革命军长驱南昌。（凡关此类北伐战役，记载已多，本文皆从略），东路亦节节败退。奉军又卷土重来，苏沪陷于混乱，陈调元等更通电拥蒋，皖省亦不战而定，福建更早入南军之手。寻而南军底定金陵，肃清浙沪，至是而孙之五省地盘，完全瓦解，所谓“亡也忽焉”者此也。

龙潭弄险·津门遇刺

孙氏于丧败之余，只身北上，抵津后微服与其夫人乘一骡车，径驶河北张作霖寓所（德记军衣庄、张在津一向寓此），卑辞请援，张亦不计前嫌（孙曾讨奉），加以慰藉。随即转赴济南，暂住王占元宅，与鲁督张宗昌相周旋，以为待机之计。民国十六年，国府奠都南京，其夏即发生宁汉分裂，继之唐生智率部东下，何健据安庆、刘兴抵芜湖，金陵震动。蒋又以内部问题下野东渡，国民党中央无主，建业（南京）空虚。孙传芳认定为大好时机，乃鸠合江北余众，星夜偷渡龙潭。龙潭地居宁镇之间，密迩京畿，危险万状，幸赖白崇禧、何应钦等当机立断，率队堵击，江中兵舰，又从而要截之。孙军既冒偷渡之险，又属背水之阵，水陆受敌，后援不继，遂致全军覆没。是役也，孙氏妄欲行险侥幸，以成希世之功，虽曰奇计，亦险着也。假令南都群公，稍有犹疑，则危急存亡，系于俄顷矣。孙亦人杰矣哉！

后数年至民国十九年，阎冯反蒋之役，孙又久蛰思动，受阎委为某总司令。余因事赴晋，于石家庄正太饭店遇之。孙拍余肩曰："老弟！上海存有五百坛好黄酒，当请你痛饮！"盖彼以为阎胜，则可仍回东南，又以余素豪于饮，故作此言。其始终不能忘情东南也如此。

阎氏既败，大局已定，孙还寓津门，殚心禅悦，日赴某居士林礼佛以为常。有女子施剑翘者，亦在同处参拜。某日施坐孙后，突出手枪击之，一发而中，盖相距咫尺又出其不意也。事后施谓为其父施从滨报仇，从滨在皖充师长，为孙所杀云云。究竟内容如何，言人人殊，世莫能详。孙氏既势败，其家族亦莫之或诘也。

尝论北方领袖人物，沉潜莫如阎，机智莫如孙，北人之二难也。孙氏事业，若早建立数年，其成就或不止此。惜乎创业未久，根基未固，又不能援吴联奉，自陷孤立，骤当大敌，复轻忽以处之，不败何待。此后虽犹待机于济垣，涉险于龙潭，乞怜于奉张，曳尾于晋阎，终不免死于妇人之手。所谓"春蚕到死丝方尽"者，其孙氏之谓乎！

吴佩孚自民国十四年三月初，由黄州西上，冲出武汉，得湖南省长赵炎午之庇护，息影岳州，历时六个月。中间于其本人及张氏夫人诞辰，依然置酒高会，各方代表，云集聚议。始则酝酿湘、鄂、川、黔四省联防，继则接受十四省区之拥戴，而有再起汉皋，就讨贼联军总司令之一幕。此一阶段之形成，自然完全得力于赵炎午之收容。因此一关系，演变到唐生智与赵炎午湘政之争。吴以道义上之报施，不能不左袒赵而与唐为敌。由是而唐遂加入粤方，而湘南之门户大开，国民革命军遂得长驱北上。而北洋之命运，不及两年，遂亦寿终正寝。政治上之恩怨，其关键顾不重哉！

吴因旧直系军人，群集岳阳，日谋再起，同时鄂督萧耀南亦改变态度，电岳拥吴。孙传芳正在讨奉，亦愿与吴为掎角之势。吴遂于是年八月二十一日离岳赴汉，就讨贼联军总司令职，设总部于汉口之查家墩。并委出鄂豫川黔各路总司令。其计划：一、东联孙驱奉，以张声势。二、以寇英杰、靳云鹗进攻豫省之国民二军岳维峻，冀得规复中原。三、以袁祖铭（鼎卿）为川黔联军总司令，安抚西南。吴氏曾亲笔函袁，有“西南半壁弟与吾兄共之”语，其属望于袁甚殷。而袁在西南，自刘显世、王文华而后，确有其不可侮之势力，终于在常德覆灭，余波至王天培被杀而止，其中恩怨循环，渊源至广，尚多未经人道者。四、撑持赵恒惕，抵制唐生智。这其中一、与三，本属具文。对河南虽小有进展，亦旋得旋失。而最为吴氏致命之打击者，则湖南问题也。

民国十五年春夏之交，吴以赵炎午在湘被迫下野，坚决反对唐生智之湖南省长。旋又任叶开鑫为湘军总司令兼湖南省长，助叶入岳阳取长沙，迫唐南退衡阳。且复派宋大霈、王都庆、唐福山、董政国等为四路司令援湘。虽经其参谋长蒋百里、秘书处长唐天如往返斡旋，吴仍坚执，必欲倒唐而后已。此在吴图报赵氏维护之德，就个人道义言，固未可厚非，而就当时形势利害言，必欲轻启战争，以扭转湘局，寻而引致非常之后果，造成另一时代之历史。虽运数之来，终不可免，而迟速之间，宁非吴氏执拗之性，有以致之耶！

唐生智既参加国民革命军，被任为第八军军长兼北伐前敌总指挥，与第四军、第七军下长岳、攻武汉，吴氏虽于武胜桥、贺胜桥抵抗，终告不支；其部将刘玉春死守武昌，至罗掘雀鼠，城亦卒下。盖至是而北伐之怒潮澎湃横溢，不可遏止。吴氏遂于民国十六年五月，率高级幕僚及卫队一部，仓皇西行。经豫西鄂西各小道，攀藤附葛，履险陟艰，沿途驻军，迎拒无常，夷险万状，卒得川军将领杨森之迎护，始由巫山转入川境。流徙蜀中，又复数年，虽谈禅论道，偶慰羁旅之怀，而成败撄心，自有沧桑之感矣。

吴氏赋性执拗，御下綦严。大者如冯玉祥之卖己，靳云鹗（副总司令）之叛己，余如阎相交之自杀，萧耀南之毒毙（萧以迎拒不定，被迫而死，其子曾诉之于武汉政府），刘玉春之疽发背（刘率死守武昌部将谒吴，未得慰藉，气愤疽发，殁前曾亲为余言），皆其著者。其对上也，打倒北洋之中心人物段合肥，而翊戴庸鄙无能之曹仲珊，拥护法统之总统黎元洪，而任令佥壬辈驱逐之而去。其用兵也，对于战斗序列，徒事夸张，不务实际。对于战法，徒恃一己之勇，而未计及全局之非（皖直之胜，实出侥幸）。其政治主张，并无一贯主义。表面言和平，实际重武力。其始，利用南方，以操同室之戈；其继，亲率北军，以抗革命之士。其矛盾之处，实有难于自解者。唯义薄云天交称患难者，得二人焉，赵炎午、杨子惠是，然皆非北洋之旧侣也。综吴氏事业之发展，实源于衡阳之撤兵；而其事业之告终，亦由于衡阳之北伐。起伏之机，因果之数，可谓较然矣。

自吴氏大败，不期年间，北伐完成。张作霖以最后之大元帅出关殒命，阎锡山唾手而得平津，迨张学良归命易帜，而统一以成。

综观北洋全局，袁世凯固是开创之祖，段祺瑞实为不祧之宗，吴佩孚启北洋分裂之端，曹仲珊成北洋式微之渐，张作霖结北洋残破之局，阎锡山收北伐胜利之果，国民革命军享打倒军阀完成统一之名，如是而已。此十七年中，表里万端，变化百出，挂漏之处，不知凡几，岂秃笔所能尽？以是知吾人读《通鉴纲目》，寥寥数十字，其所包举每一时代国家社会之勤态，正无穷也。其在记载以外者，自可想象得之。